日照政法

砥砺奋进三十年

（1989～2019）

上卷

中国政法大学出版社

图书在版编目（ＣＩＰ）数据

日照政法砥砺奋进三十年：1989～2019 /《日照政法砥砺奋进三十年》编纂委员会编. --
北京 ：中国政法大学出版社，2020.10
ISBN 978-7-5620-9652-8

Ⅰ．①日… Ⅱ．①日… Ⅲ．①政法工作－概况－日照市－1989～2019 Ⅳ．①
D927.523.61

中国版本图书馆CIP数据核字 (2020) 第194530号

出 版 者	中国政法大学出版社	
地　　址	北京市海淀区西土城路 25 号	
邮　　箱	fadapress@163.com	
网　　址	http://www.cuplpress.com （网络实名：中国政法大学出版社）	
电　　话	010-58908435 (第一编辑部)　58908334 (邮购部)	
承　　印	日照日报印务中心	
开　　本	720mm × 960mm　1/16	
印　　张	45.75	
字　　数	631 千字	
版　　次	2020 年 10 月第 1 版	
印　　次	2020 年 10 月第 1 次印刷	
定　　价	258.00 元	

编纂委员会

主　　编　丁陆海

副主编　熊桂登　徐光然　徐　慧　马运德　张焱涛

特邀编辑　蔺洪生　季　伟

编　　辑　政法委系统

李　敏　秦近华　张　健　刘　丹　王　玉　王晓凤　蔡素素
卢绪伟　刘　慧　王守升　王光亮　郭凤彩　陈　涛　李洪涛
王新军　郭凤凤

法院系统

李洪泉　牟晓璇　张京常　丁兆峰　李军红　王志远　王　丽
王学军　黄永博　王　剑　陈美娟　董　波　张　颖

检察系统

葛　敏　彭凤超　于慧玲　刘朝梁　王　岗　李　娜　史金标
王立臣　赵凤垒　许　丽　宋庆迎　来志娟

公安系统

王均章　王守礼　曹现法　李鲁平　于海龙　薄子山　魏玉成
辛崇江　李克明　张传东　兰庆兴　郭海春　王青光　刘　涛
王　芳　刘恒杲　陈为良　杜艳丽　李晓明　刘　明　张文忠
郭　庆

司法系统

高月强　唐　磊　李　梅　董家旺　商玉奎　刘媛媛　解明宝
刘明涛　朱发兰　冯　浩　徐淑昌　刘猛猛

国家安全系统

申传军　姜　淞

日照日报社

马克刚　陈修文　赵文军

序

　　2019年是新中国成立70周年，地级日照市建立30周年，也是全市政法战线取得突出成就的第30年。30年来，改革开放进程波澜壮阔，日照经济社会飞速发展，社会大局持续稳定，迈入全国最平安城市行列。市政府荣获"首届中国法治政府奖"。全市政法机关和广大政法干警以党和政府工作大局为重，以最广大人民利益为念，以平安建设、法治建设、队伍建设为载体，积极维护国家政治安全、确保社会大局稳定、促进社会公平正义、保障人民安居乐业，为服务改革发展作出了重要贡献，涌现出一大批先进英模人物，荣获政法综治工作"长安杯"和全国社会治安优秀市"三连冠"，用辉煌的战果、优异的成绩，回应人民群众的关切和诉求，诠释着中国特色社会主义事业建设者、捍卫者的神圣使命，赢得上级领导高度评价和全市人民的充分信赖。

　　"治政之要在于安民"。有安全的政治环境、稳定的社会环境、公正的法治环境，才有人民群众的获得感、幸福感、安全感。30年来，尤其党的十八大以来，全市政法战线之所以能在推进平安日照、法治日照建设中成绩斐然，谱写出忠诚履职尽责、勇于担当作为、锐意改革创新的壮丽篇章，主要原因在于坚持党对政法工作的绝对领导，坚持以人民为中心的发展思想，坚持围绕中心服务大局，加快推进政法领域全面深化改革，加快推进政法队伍革命化、正规化、专业化、职业化建设，锻造新时代高素质的政法队伍。市委政法委在总结这些重要经验的基础上，牵头编纂出版《日照政法砥砺奋进三十年》一书，这作为一部回溯沿革、展示成就、表彰典型、收录文献、记载荣光的日照政法发展史书籍，既有着借鉴咨询、探索规律、服务现实、推动发展的重要意义，又堪称"不忘初心，牢记使命"主题教育的生动教材，有利于坚持科学立法、严格执法、公正司法、全民守法这个新时代法治建设的基本方针，全面提升新时代政法工作能力和水平，推动政法工作有新气象新作为，不断开创政法事业发展新局面。

　　习近平总书记指出："发展是硬道理，稳定也是硬道理，抓发展、抓稳定两手都要硬。"未来 30 年，是把我国建成富强民主文明和谐美丽的社会主义现代化强国的新时代，也是日照发力超越、全面建设现代化海滨城市的新时代。在这期间，要实现政治清明、社会公平、民心稳定、长治久安，最根本的还是要靠法治。只有真正把思想和行动统一到以习近平同志为核心的党中央决策部署上来，加快推进社会治理现代化，努力建设更高水平的平安日照，才能适应社会发展新形势，满足人民群众新期待。全市政法机关要把学习贯彻习近平总书记在中央政法工作会议上的重要讲话精神作为首要政治任务来抓，深刻把握新时代政法工作的历史方位、使命任务和总体思路，旗帜鲜明地把政治建设放在首位，把党的绝对领导落实到政法工作各方面全过程，坚持稳中求进工作总基调。坚持不懈打好防范化解政治安全风险攻坚战，切实维护国家政治安全；坚持不懈深化扫黑除恶专项斗争，推动政治生态、社会生态持续向好；坚持不懈做好社会矛盾风险防范化解工作，切实维护社会和谐稳定；坚持不懈推进社会治理现代化，切实提高平安建设水平；坚持不懈推进政法领域全面深化改革，切实提高服务经济社会发展的能力水平；坚持不懈锻造一支政治过硬、业务过硬、责任过硬、纪律过硬、作风过硬的政法队伍。切实履行好维护国家政治安全、确保社会大局稳定、促进社会公平正义、保障人民安居乐业的"四大职责任务"，做到人民对平安的呼唤在哪里，政法机关工作的重点和方向就在哪里，不负党和人民的期待。要进一步弘扬政法精神，大力宣传政法队伍时代楷模、时代正气、时代风采，唱响新时代政法战线英雄赞歌，创造更多无愧于新时代的新业绩。

奋斗的征程，只有进行时没有完成时。站在三十而立的新起点上，政法战线使命更加光荣，责任更加重大。让我们在习近平新时代中国特色社会主义思想指导下，不忘初心，砥砺奋进，为实现中华民族伟大复兴的中国梦，加快把日照建设成美丽富饶、生态宜居、充满活力的现代化海滨城市作出新贡献。

中共日照市委副书记　李在武
2019 年 12 月 18 日

1992年5月24日至25日，时任最高人民检察院检察长刘复之来我市视察工作。图为刘复之检察长听取日照市委、市检察院的有关工作汇报

2001年9月，时任中央纪委副书记、监察部部长何勇（左三）视察日照公安工作

　　2004 年 4 月 12 日至 13 日，时任最高人民检察院副检察长孙谦（左三）来日照调研

　　2006 年 7 月 12 日，时任最高人民法院院长肖扬（左二）到日照中院调研工作

　　2007年4月，时任公安部副部长张新枫（右一）到日照市看守所视察监管执勤改革工作

　　2010年9月，时任司法部副部长郝赤勇（左二）来日照视察社区矫正工作

2015 年 6 月 15 日，时任中央政治局委员、中央政法委书记孟建柱（前排左二）出席第三届中国—中亚合作论坛会议期间，视察安保工作

2015 年 12 月 17 日，最高人民法院院长周强（前排右二）到日照中院调研工作

2017 年 6 月 30 日，时任中央综治办主任陈训秋（前排左二）来日照调研

2019 年 5 月 11 日，全国政协社会和法制委员会主任沈德咏（前排中），省委常委、政法委书记林峰海到日照调研扫黑除恶工作

1992 年 7 月，时任山东省人民检察院检察长臧坤（右三）视察日照市检察院

1995 年 5 月，时任山东省人民检察院检察长赵长风（右二）来市检察院检查指导工作

2006年10月，时任山东省委常委、政法委书记阎启俊（前排中）等领导出席在日照市召开的全省公安监管执勤改革现场会

2009年6月，时任山东省长助理、省公安厅厅长吴鹏飞（前排中）到日照调研指导公安工作

2010 年 10 月 28 日，时任山东省委常委、政法委书记柏继民（左二）来日照调研

2010 年 11 月 16 日至 18 日，时任山东省高级人民法院院长周玉华（前排左二）到日照中院调研工作

2012年6月29日，时任山东省委常委、政法委书记才利民（左二）来日照调研

2014年11月5日至6日，时任山东省高级人民法院院长白泉民（左一）来日照法院调研工作

2016年6月，时任山东省委常委、政法委书记张江汀（左二）到日照市道路交通事故处理中心、五莲县公安局调研指导工作

2018年2月，时任山东省副省长、省公安厅厅长孙立成（前排中）到日照看望慰问基层公安民警

2018年5月22日至24日，山东省人民检察院党组书记、检察长陈勇（右三）来日照调研，市人民检察院检察长韩敏（左三）汇报全市检察工作情况

2018年12月5日至6日，山东省高级人民法院院长张甲天（右二）到日照法院调研工作，市中级人民法院院长高益民（左二）汇报全市法院工作情况

2019年5月，山东省委副书记、省长龚正（左三）到日照调研公安工作

2019年8月7日，山东省副省长、省公安厅厅长范华平（右四）到日照调研指导公安工作，看望慰问基层民警

2018年9月，日照市委书记齐家滨（前排中）视察公安工作

2018年10月，日照市委副书记、市长李永红（左二）检查督导国庆节期间旅游交通安全管理工作

2019年3月5日，日照市委副书记李在武（中）到市公安局督导重大活动安保

2017年3月，日照市委常委、政法委书记耿学伟（前排中）到公安机关检查指导工作

目　录

砥砺与展望

沿革篇

成就篇

经验篇

荣誉篇

文献篇

文化篇

附　录

砥砺奋进三十年

砥砺与展望

日照市委常委、政法委书记耿学伟

接续奋斗　接力探索
不断推动全市政法工作高质量发展

日照市委常委、政法委书记　耿学伟

在举国欢庆新中国 70 华诞之际，日照市迎来建市 30 周年。30 年来，日照从一个默默无闻的海边小城，变成了一座欣欣向荣的海滨城市，经济社会发展取得了巨大成就。30 年来，全市政法机关紧跟全市发展步伐，在市委、市政府坚强领导下，紧紧围绕防范化解重大风险维护社会大局稳定这条主线，持续深化平安日照、法治日照建设，强化推进稳定责任制落实、执法司法规范化建设、打造过硬政法队伍，着力夯实综治中心建

当事人为检察干警送来锦旗

设、网格化管理、矛盾纠纷排查化解、"雪亮工程"建设等基础工作，在全市上下创造安全的政治环境、稳定的社会环境、公正的法治环境、优质的服务环境，人民群众获得感、幸福感、安全感不断增强。2016年至2018年，在全省群众安全感满意度调查中，日照市群众安全感连续三年位列全省第一；2017年，日照首次捧得全国综治最高奖"长安杯"。成绩的取得是全市各级政法机关接续奋斗、接力探索的结果。实现政法工作高质量发展，需要在承前启后、继往开来中落地生根。

一要始终把"政治引领"贯穿政法工作全过程，学思践悟、知行合一。政治上的坚定、党性上的坚定，离不开理论上的坚定。各级政法机关要深入学习贯彻习近平新时代中国特色社会主义思想，巩固和拓展"不忘初心、牢记使命"主题教育成果。在理论学习上，要自觉主动学，铢积寸累、日就月将；要及时跟进学，做到学习跟进、认识跟进、行动跟进；要联系实际学，决不能坐而论道、凌空蹈虚；笃信笃行学，学出坚定信仰、学出使命担当，学以致用、身体力行，把学习成果落实到干好本职工作、

2018 年日照市平安建设暨政法工作会议

推动事业发展上。各级政法机关要牢固树立"四个意识"，坚定"四个自信"，做到"四个服从"，坚决维护习近平总书记在党中央和全党的核心地位，坚决维护以习近平同志为核心的党中央权威和集中统一领导，做到对党忠诚，对党的信仰忠诚，对党组织忠诚，对党的理论和路线方针忠诚，善于从政治上把大局、看问题，善于从政治上谋划、部署、推动工作，坚决贯彻落实党中央决策部署，决不打折扣、搞变通，确保党的路线方针政策在政法机关落地生根、开花结果。

二要始终把"问题意识"贯穿政法工作全过程，下好先手棋、打好主动战。问题是时代的声音。当前，社会领域风险呈现"叠加效应""联动效应""放大效应"更加明显的特点，特别是互联网成为意识形态斗争的主阵地、主战场、最前沿，是我们面临的"最大变量"。各级政法机关一定要倍加珍惜来之不易的大好形势，始终保持清醒政治头脑，把维护社会稳定作为一项重大政治任务，切实增强政治责任感和使命感。要坚持底线思维，既要高度警惕"黑天鹅"事件，也要防范"灰犀牛"事件；既要有防范风险的先手，也要有应对和化解风险挑战的高招；既要打好防范和抵御风险的有准备之战，也要打好化险为夷、转危为机的战略主动战。要聚力攻坚防范化解重大风险、扫黑除恶专项斗争、营创营商法治环境、创新社会治理、深化政法领域改革、重大活动安保维稳等重点工作，坚持问题导向，倾听人民呼声，始终把人民群众对美好生活的向往作为我们不懈奋斗的目标，深化职能化建设，严格执法、公正司法，切实履行好维护国家政治安全、确保社会大局持续稳定、促进社会公平正义、保障人民安居乐业的主要职责。

三要始终把"创新落实"贯穿政法工作全过程，担当作为、狠抓落实。惟创新者进，惟创新者强，惟创新者胜。当前，世界多极化、经济全球化、文化多样化、社会信息化深入开展，全球治理体系深度调整，不稳定性不确定性上升，各项发展正处于"船到中流浪更急，人到半山路更陡"的关头，是一个"愈进愈险，愈进愈难"而又"不进则退，非进不可"的时刻，给做好新形势政法工作带来许多新挑战，对政法队伍发挥自身作用提出更高要求。各级政法机关要紧紧围绕中心、主动服务大局，深

全市政法系统联合举办"致敬日照政法英模"活动

入贯彻落实党的十九届四中全会精神，弘扬"创新、落实"主旋律，充分发挥政治、法治、德治、自治、智治"五治"作用，进一步解放思想，敢于打破以往的习惯性认识和做法，善于用创新的视野去认识问题，用创新的思路去分析问题，用创新的胆识去解决问题，拿出"踏石留印、抓铁有痕"的作风，从创新中谋发展、在落实中求突破，不断增强推进社会治理现代化的内生动力。

四要始终把"纪律建设"贯穿政法工作全过程，锤炼一流队伍、锻造政法铁军。党的十八大以来，以习近平同志为核心的党中央驰而不息抓作风建设，取得了重大成就，党风政风为之一新，但是也要看到形式主义、官僚主义在一些部门单位依然积习难改。各级政法机关要带头弘扬党的光荣传统和优良作风，坚持严字当头，把纪律挺在前面，持续深化纠"四风"工作，力戒形式主义、官僚主义，树立正确政绩观，大兴调查研究之风，切实做到对上负责和对下负责的统一、让市委放心和让人民群众满意的统一、为了群众和依靠群众的统一。各级政法机关要坚持政治过硬、业务过硬、责任过硬、纪律过硬、作风过硬的要求，建设信念坚定、执法为民、敢于担当、清正廉洁的新时代政法队伍。要弘扬斗争精神、增强斗争本领，始终保持敢于斗争的风骨、气节、操守、胆魄，在大是大非问题上敢于亮剑，在全面从严治党中敢于动真，在推进改革创新中敢于碰硬，主动担当起与重大困难风险作斗争的政治责任，确保政法队伍全面正确履行中国特色社会主义事业建设者、捍卫者的使命。

五要始终把"舆论引导"贯穿政法工作全过程，营造氛围、凝聚共识。党的十九大报告明确指出，意识形态决定文化前进方向和发展道路，要加强阵地建设和管理，注意区分政治原则问题，思想认识问题，学术观点问题，旗帜鲜明反对和抵制各种错误观点。当前，意识形态领域风险凸显，政法宣传舆论工作任务艰巨。各级政法机关要掌握分析政法舆情动态，完善处置预案，强化实战练兵，依法稳妥处置，主动发声、敢于发声、善于发声，牢牢把握政法意识形态工作主动权、主导权。要结合工作

全市行政机关负责人现场观摩行政诉讼庭审

实际，创新开展各项宣传舆论工作，紧紧围绕群众最关心、与群众利益最直接的工作开展好宣传舆论引导，保障群众的知情权、参与权，让社会各界和群众广泛了解政法工作、监督政法工作、宣传政法工作。要严格按照专业化要求，加强自身建设、提升能力素质，加强对新思想新理论新知识的学习，不断增强政治敏锐性，提升政治修养、专业素养、个人涵养，理直气壮、大张旗鼓宣传好经验、好做法，把政法系统顽强作风、良好风貌展现出来、推广开来。

日照市副市长、市公安局党委书记、局长　张培林

创新实施"精准警务"战略
推动日照公安工作高质量发展

日照市副市长、市公安局党委书记、局长　张培林

　　时间，是开拓者前行的刻度，更是奋斗者筑梦的见证。从 1989 年到 2019 年，日照市走过了建立地级市 30 年的波澜壮阔之路，经济社会发展取得了重大成就。伴随着改革开放的浪潮，日照公安也经历了 30 个不平凡的春秋。30 年来，日照公安机关在市委、市政府和上级公安机关的坚强领导下，在历届公安局党委班子的正确指挥下，在社会各界和广大人民群众的帮助支持下，主动融入社会发展大局，紧贴人民群众平安需求，坚持与时俱进、改革创新，成功应对并战胜各类风险挑战，持续深化平安日照、法治日照建设，推动了传统体制下的公安工作不断发展、创新、完善，使日照公安工作和公安队伍建设发生了翻天覆地的变化，为维护国家政治安全、确保社会大局稳定、促进社会公平正义、保障人民安居乐业作出了巨大贡献。

　　党的十八大、十九大以来，日照公安机关紧紧围绕增强群众获得感、幸福感、安全感总目标，创新推行"精准警务"战略，紧抓基层基础攻坚、标准规范建设和纪律作风整顿"三条战线"，运用重大安保维稳攻坚倒逼力、标准规范建设牵引力、改革创新驱动力"三个引擎"，着力构建平安警务、数据警务、规范警务、民生警务、合成警务、质效警务"六大精准警务"，全力保稳定、促发展、护民生、深改革、强队伍，圆满完成了党的十九大、上海合作组织青岛峰会期间的安保维稳等党和人民交给的一系列重大任务，确保了全市社会政治稳定、治安持续平稳，全面开启以高质量运行为主要特征的现代警务新征程，着力打造新时代日照公安工作升级版。2016年、2017年，在全省群众安全感满意度调查中，日照市群众安全感连续位列全省第一；2017年，日照首次捧得全国综治最高奖"长安杯"；2018年，日照市群众安全感达95.38分，高于全省平均分2分，连续三年蝉联全省第一，再创历史新高，市公安局被表彰为全省优秀公安局。

2017年始，市公安局党委着眼现代警务发展规律，精准把脉当前全市公安工作存在警力不足、机制不健全、信息化应用不到位的现状，创新提出

2013年2月19日，日照市交警支队新增50辆警用摩托车，进一步增强网格化布警能力

践行"精准警务"理念，推行切合日照实际的警务运行新体制，着力打造日照公安特色"精准警务"。精准警务是一种警务理念，要求每位民警、每项工作都要始终以"精准"为标尺，来衡量内外部形势判断是否精准、工作目标规划是否精准、工作措施和策略是否精准、工作质效评估是否精准、工作责任落实是否精准等等，事不厌精，干则一流，出则精品。精准警务是一种警务模式，核心是"理念+机制+科技"，特征就是高质量，关键是标准规范体系建设和科学技术应用，基础是坚实的基层基础支撑，根本是警务主体能力建设。精准警务是一种警务实践，是适应新时代公安工作发展需求的警务流程再造、警务资源再组、警务主体再塑。精准警务主要是解决当前存在的警务运行随意性、粗放式，警务结构松散性、倒置式，以及警务资源不足、配置不合理，警务主体主动性差、创新驱动力不足等问题。精准警务是一种警务战略，其总体布局包括四部分：一是精准警务理念，包括标准、规范、科学、合理、精细、高效六大理念；二是精准警务方式，包括精准感知、精准决策、精准指挥、精准实施、精准考评、精准保障六大内容；三是精准警务主体能力，包括研判能力、组织能力、执行能力、创新能力、学习能力、掌控能力六大能力；四是精准警务主要表现形式，包括平安警务、规范警务、数据警务、民生警务、合成警务、质效警务六大警务。这一理念从提出到2018年底，通过两年的努力，精准警务理念深入警心，深度改变着日照公安民警的思维方式和工作习惯，有力推动了各项机制制度进一步健全，警务工作效能进一步提升，为圆满完成各项重大安保维稳任务、维护社会治安大局持续平稳提供了有力的机制保障。

围绕"精确规范"下功夫、求突破，着力推动基础执法要素管理精准到位、基层执法行为规范高效

精准执法、流程再造，规范警务成为日照公安"亮点"。一方面，构建精准执法保障体系。推进执法办案场所升级改造，市、县两级公安机关全部建成高标准执法办案中心，所有派出所全部建成案件管理室、受立案窗口。

2017 年，全市公安机关年度荣休暨新警入警宣誓仪式

紧紧围绕办案中心、案管中心、涉案财物管理中心"三个中心"，整合"警情、案情、人员、场所、卷宗、涉案财物"等执法要素，实现集约化、智能化、合成化执法管理。强化执法闭环系统应用，研发基于大数据技术的精准执法实战智能系统，实现智能量罚、远程讯问、模拟法庭等功能。加强执法动态数据实时监测，编纂执法白皮书，提升了执法数据信息预警研判效能。另一方面，构建精准警务标准规范体系。部署开展标准规范建设年活动，引入质量管理、流程再造、绩效管理等理念，"清单化""项目化""智能化"推动每项业务、每个岗位细化完善工作标准和流程，实现全警触网、体系化运转。目前，健全完善涉及决策指挥、安保维稳、社会管控、执法办案、队伍建设、服务保障、基层基础等七个领域的标准、流程、规范 2000 余项，建立起覆盖全警种、全流程、全要素的标准规范体系。

围绕"精准制导"下功夫、求突破，着力推动基础要素管控扎实到位、基础科技支撑力明显增强

精准打防、靶向整治，平安警务成为日照公安"品牌"。一是在重大活动安保维稳方面靶向发力。创新推行情报信息搜集研判、指挥处置、督导整改一体化工作机制，最大限度实现预知预警预防，战时维稳能力进一步提升。"全市一盘棋"指挥调度，"市县一体化"高效融合，"海陆空网"安保体系，全面实现了安全绝对化、稳定常态化、民生最大化、效果最优化，圆满完成了历年全国"两会"、党的十九大、上海合作组织青岛峰会等重大活动安保维稳、重要警卫任务。二是在严打整治方面靶向发力。完善合成侦查打击机制，实行领导包案、挂牌督办制度，多警种同步上案，合成打击，快侦快破。不间断地叠加开展严打"铁拳""净网""清库"等系列专项行动，成功破获一系列重大刑事案件。以空前的决心和力度开展扫黑除恶专项斗争，创新专职民警+全员民警、单元攻坚+合成作战、属地管辖+异地用警、人力扫黑+智慧扫黑、专项斗争+人民战争等"五+模式"，以雷霆之势"扫黑帮、打黑伞、挖黑财、断黑网、刨黑根"。2017 年以来，成功打掉黑社会性质犯罪组织 5 个，打掉涉恶团伙 149 个，抓获团伙成员 901 名，首次打掉跨省恶势力集团。依法严厉打击网络违法犯罪，强力推进"净网"专项行动，严打群众反映强烈的侵犯公民个人信息、黑客攻击破坏等违法犯罪。三是在反恐防范方面靶向发力。创新推行反恐督导检查工作机制，运用重大安保活动倒逼力，充分发挥反恐办牵头作用，建立健全"暗访—通报—整改—再暗访—通报—整改—处罚"主体责任和监管责任落实链条，推动行业场所实名制落实到位，运用《中华人民共和国反恐怖主义法》接连开出大额反恐罚单，倒逼隐患整改落实，反恐责任落实能力进一步提升。四是在社会面管控方面靶向发力。创新推行查堵封控工作机制，结合全市路网布局、人车流量、实战需求等实际情况，重新规划建设 17 处公安检查站，高标准升级建设环鲁环青公安检查站，适时启动相应查控勤务等级，依托信息化手段和各类检查设备，突出对重点排查涉稳人员、可疑车辆的盘查，强化对危爆物品、"三非"物品检查力度，有效发挥"防火墙"和"过滤器"作用。创新推行等级化巡逻工作机制，将市区划分成若干网格，科学设置"10 个战斗单元"，打造单元区域"一分钟处置圈"，形成网格布警、密集布防。根据社会面管控层级要求，适时启动社会面巡防等级勤务，严格落实公安武警联勤武装巡逻机制，最大限度屯警街面，始终保持严密布防、高压震慑的街面维稳态势。创新推行精准视频巡逻工作机制，在指挥调度大厅设立 3

个专职视频巡逻岗位，坚持 24 小时数据化、精准化、实战化视频巡逻，把 3684 个路面监控打造成为永远在岗的"电子警察"，精准巡防能力进一步提升。

精准智创、科技强警，数据警务智慧警务成为日照公安"动力"。随着全球科技创新空前密集活跃，以人工智能、量子信息、移动通信、物联网为代表的新一代信息技术加速突破应用，利用高科技手段实施的新型犯罪不断增多，一些传统犯罪也在借助新技术手段不断升级，带来了新的安全风险，社会治理难度空前加大。2017 年以来，市公安局按照上级公安机关部署，结合日照实际，大力实施公安大数据战略，着力建设智慧公安、打造数据警务，不断推进公安机关社会治理能力的跨越式发展。一方面，以新技术打造"智慧决策"，提升精准决策水平。创新推行信息化、装备建设专家论证工作机制，专门成立由局长挂帅的市公安局科技信息化委员会和装备建设委员会，定期召开论证会，对拟建设的项目进行专业论证。创新推行数据整合复用工作机制，全力推进数据兼容共享复用，做到数据整合与智能应用同步发力，着力以科技强警推动警务变革，推动传统警务向信息警务、数据警务、科技警务转型升级。完成警务云基础平台、安全平台建设，打造"公安智脑"，整合社会部门、公安内部以及互联网数据资源 5200 多亿条，依托全网数据实现对人、事、物、地、组织的全维度分析。提升指挥决策信息化水平，建设实战指挥应用平台、卫星应急通信系统，购买应急指挥车，配备具备夜视功能的无人机，实现可视化指挥调度。推进"天网"智能化建设，整合 10 个部门视频监控资源，全市 11 万余个探头联网联控，形成视频建设、管理运行、数据应用"三网合一"。另一方面，以新手段打造"数据作战"，提升精准打防能力。研发精准数据作战系统，涵盖 110 接处警服务、侦查办案服务、重大活动安保、大数据常态化分析等 4 大模块，实现数据分析刻画、数据预测预警。搭建基于"三维建模+"和标准地址的精准数字应用系统，实现一标三实采集、反恐防范、城市管道应急处置等应用，使民警抛开了 80% 的重复工作量，切实变人海战术为精准作战。在车站、

2009 年，"泰山 2 号"反恐演练

机场、码头、检查站布建人证核验、人脸识别、虹膜身份核查系统，加强社会面感知系统建设，实时追踪重点人员、车辆轨迹。探索开展"警企"合作新模式，联合浪潮、诚方、睿企、海康等知名互联网企业开展深度合作，建设了市公安局"精准警务智创中心"，引入机器学习等人工智能技术，开展智能刻画、智能调解、智能搜索等智能研发，有效提升公安机关核心战斗力。经公安部对全国 28 个申报城市进行评审，日照成为全国社区智慧警务模式建设应用 4 个示范单位之一，"社区智慧警务+"项目列为市委深化改革重点项目，写入《市政府工作报告》，至 2018 年底，已在全市 40 个社区开展试点工作，着力为全省乃至全国提供"日照方案"，打造"日照样板"。依托科技手段加强新业态管控，会同达因公司研发智能手机拍系统，让业主"零投资"实现旅客信息上传；将共享单车管理客户端数据接入公安机关，实现实时轨迹查询；会同大疆公司研发无人机反制系统，并建立相关部门联动机制，实现"低慢小"飞行器处置资源有机融合；建立行业管理+治安查控管理模式，配合交通部门依法办结涉网约车案件 21 起；规范 488

处日租房经营管理，取缔非法日租房 172 处；指导 43 家寺庙落实"三防"设施建设，消除寺庙留宿管理盲区。

精准指挥、联合作战，合成警务成为日照公安"利剑"。做优实战化指挥中心。建强市局、分县局实战型指挥中心，在特警、边防等警种和 19 个城区派出所设立勤务指挥室，形成上下联动的实战指挥体系。做强合成作战中心。整合全警资源、聚焦一线实战，形成"情报+打击""情报+防范""情报+巡逻"新机制。建立完善市局、分县局、基层所队三级联动的信息合成作战机制，与指挥中心一体化运行，实行 110 刑事警情实时研判和未破案件深度研判，抓获漂白身份潜逃 14 年以上的命案逃犯等重大逃犯 9 名。做专反诈骗中心。推进"四位一体"实战化反电信网络诈骗中心建设，完善快速冻结止付、精准落地阻断、合成侦查打击、快速通报防范等机制，2018 年，紧急止付被骗资金 5728 万元，冻结涉案被骗资金 4.6 亿元，冻结资金总额和单笔冻结资金额位居全省第一。2018 年，全市八类主要案件同比下降 34%，"两抢"案件同比下降 58.2%。做实"组团式"功能区。按照"1+1 大于 2"的组团式融合发展模式，打造信访、法制功能区，集合成作战、反电信网络诈骗于一体的数据作战功能区，成立以优秀民警姓名命名的工作室 10 个，组建有刑侦、技侦、网安、情报民警参与的打黑、反诈、追逃作战单元，有效拓宽合成警务的外延。创新智侦智防模式。围绕实战需求，探索推行基于大数据、智能化的信息集成侦防模式。在智侦方面，综合运用互联网、物联网、云计算、智能感测等技术手段，深度挖掘社会运行中的各类数据，对与案件相关的人、事、物、空间、行为等要素进行智能关联串并、智慧分析研判，实现快速破案、精准打击。2018 年以来，通过智侦模式共破获各类案件 470 余起，抓获网上逃犯 42 人，其中，成功破获一起 12 年前命案积案，成功抓获潜逃 2 年的邪教组织骨干 1 名。在智防方面，以推进"社区智慧警务+"项目为牵引，统筹信息化支撑、网格化管理、组团式服务，实现社区警务与社区政务、社区事务、社区服务深度融合，着力构建智能化、网格化、社会化治安防控网络。2018 年，全市可防性案件同比下降 19.5%。

围绕"精益求精"下功夫、求突破,着力推动人人工作精益求精、事事做到精致精彩

精准服务、常态长效,民生警务树立日照公安"新形象"。创新打造互联网"微警务",将报警求助、政策咨询、群众信访、防范宣传等多项服务从窗口延伸到网上、连接到掌上。出台《深化户籍制度改革加快提高户籍人口城镇化率服务人民群众四项措施》,进一步方便群众。健全完善大回访工作机制,紧盯群众不满意的"小数字",实时分析改进群众不满意事项,2018 年,回访群众 256.1 万人次,一级回访满意率 99.26%。深化平安志愿者队伍建设,推动平安志愿服务向治安防范、治安调解、应急处置等领域延伸,平安志愿者达 5.3 万人。东港分局以"枫桥式东港"建设为抓手,借力大数据的深度融合与运用,统筹各方力量、整合各类资源形成工作合力,及时为群众化解矛盾纠纷,真正实现"小事不出村、大事不出镇、矛盾不上交";交警部门通过推行"一站式、一体化、一网办"等便民新举措,推进了道路交通事故处理流程再造和机制创新,精心打造了让群众按照自己意愿自主选择、网上全流程一体化运行的事故处理和矛盾纠纷化解"日照模式"。

2017 年,"迎接十九大 忠诚保平安"誓师大会

　　精准保障、履职尽责，质效警务保障改革发展。牢固树立"跳出公安看公安"理念，自觉把公安工作放在全市经济发展大局去谋划，紧紧围绕日照"五大战略"实施和争创"长安杯"、创建全国文明城市，持续发力、攻坚克难，全力打头阵、当先锋、做表率，为服务保障经济发展提供新动能和强有力的"公安支持"，被市委、市政府表彰为日照市系列攻坚行动突出贡献奖。聚力保障全市经济发展改革整顿，开展日照港集团整顿"利剑1号"行动，抓获"蛀虫"23名，清欠70亿元，推动日照港集团由连续十年亏损转为盈利，实现"浴火重生"；开展打击逃废银行债务"利剑2号"行动，坚持全市统一用警、以打开路，合力唱好"快、准、狠、稳"四字诀，实现"打击、挽损、化解、维稳"四个并重，集中警力打"歼灭战"，坚决将转移、藏匿资产、逃废银行债务的不法分子绳之以法。推动相关部门和区县形成统一战线，依法处置涉案财产，建立完善打击化解金融风险长效机制，打出了挽救金融危局的组合拳。2017年以来，共抓获犯罪嫌疑人183名，挽回经济损失69.4亿元，敦促银行企业达成还款协议30.56亿元，直接带动金融风险化解，推动全市金融回稳向好，公安部、省公安厅推广经验做法。聚力服务新旧动能转化重大工程，围绕"突破园区、聚力招引"大局和重点项目建设，在全省公安机关率先出台服务保障新旧动能转换重大工程28条举措，进一步深化警务前置机制，推行"项目警务"，组建服务团队，设立相关事项审批"绿色通道"，落实矛盾纠纷排查、重大经济隐患预警措施，确保重点项目顺利落地、投产。聚力服务乡村振兴战略，选任农村警务助理2883名，实现行政村全覆盖，同步研发"警信通"警务助理APP软件，以此加强对农村警务助理的任务派发和管理考核，确保充分发挥其应有作用。聚力服务海洋经济建设，深入推动"平安海区"创建，牵头开展为期7个月的创建"平安海区"专项整治行动，清理违规养殖用海16.8万亩，整治问题海域近11万亩，查获、拆解涉渔"三无"船舶60艘，查获盗采海砂船2艘，打掉7个涉嫌寻衅滋事、敲诈勒索的海上恶势力犯罪团伙，抓获犯罪嫌疑人43名。同时，推动市政府出台管理办法、建立长效工

作机制，推行海陆一体护海警务模式，开展海上联合执法行动，全力维护良好的海上治安秩序，创出了"平安海区"建设的"日照经验"。聚力服务旅游城市建设，在全省率先建立专职旅游警察队伍，主动对接铁路部门建立联动联勤机制，超前做好"高铁旅游"治安保障工作，部署开展日照西综合客运站安全隐患大排查大整治活动。规范旅游警察专业化队伍建设，健全完善旅游纠纷快速调解、外地旅游车辆快速通行等"绿色通道"，着力做强旅游警务品牌。同时，开展"严纪律、强作风、树正气"专项整顿"清风"行动，推行最严"四个一律"禁酒规定，加强党建、廉政、警营文化中心建设，着力打造忠诚型、学习型、实干型、创新型、廉洁型、团结协作型"六型阳光警队"，为精准警务战略实施提供有力队伍保障。

人民公安，国之重器；国家安危，系于一半。回顾历史，解放思想、改革创新铸就了 30 年日照公安工作的辉煌；展望未来，解放思想、改革创新依然是推动公安工作发展进步的动力源泉。站在新中国成立 70 周年、日照建市 30 周年新的历史起点，日照公安机关和 2000 余名公安民警的"四个意识"更加强烈、"四个自信"更加坚定、"两个维护"更加坚决，将以习近平新时代中国特色社会主义思想为指导，不忘初心、牢记使命，锐意进取、扎实工作，全力以赴、坚决打赢维护国家政治安全和社会稳定的一系列硬仗，积极回应人民群众的新期待、不断满足人民群众的新要求，努力在新的历史起点上推动新时代日照公安工作取得新发展、实现新跨越、创造新辉煌。

日照市中级人民法院党组书记、院长　高益民

凝心聚力　砥砺前行
不断谱写新时代法院工作新篇章

日照市中级人民法院党组书记、院长　高益民

筚路蓝缕三十年，沧海桑田一念间。1989 年 11 月，地级日照市成立后，日照市中级人民法院筹建，1990 年 5 月对外办公，开启了日照司法审判工作的新篇章。

30 年时光荏苒，30 年沧海桑田，日照经济社会发生了巨大而深刻的变化，日照中院带领全市法院紧跟时代的步伐，在市委的坚强领导，人大的有力监督，政府、政协和社会各界的关心支持下，锐意进取，开拓创新，步伐坚定，成绩斐然！全市法院各项工作取得长足进步，审判执行工作得到创新发展，队伍素质全面加强，干警司法能力全面提升，涌现出了一大批在全国、全省叫得响的先进人物，总结推广了一大批先进典型经验，人民群众对法院工作的满意度不断提升。

斗转星移，日月更新。建院 30 年来，法院的基础设施和物质装备水平大幅提高。当年简陋的法庭、落后的交通工具、艰苦的办案环境已成为"过去时"。法官撰写文书从"爬格子"、敲键盘发展到语音转写，外出办案交通工具从大金鹿、摩托车发展到"全交通"，下乡办案的巡回审判车也实现了"当天去当天回"，缩短了司法便民的"最后一公里"，办公用房从租借办公室到建设独栋的办公楼和审判楼，报道案件从黑白照片到庭审直播，现代化、精细化、数字化已经渗透到办公办案的各个方面，一切都实现了"旧貌"换"新颜"。这承载着老一代日照法院人的丰功伟绩，凝结着一代又一代日照法院人的法律智慧、政治智慧、社会经验和辛勤汗水，是一代又一代日照法院人 30 年风雨同舟的创业史。

回顾往事，变化的是办案方式，不变的是我们肩负的使命。30 年来，全市法院人将重托担在肩上，公平烙在心中，为社会安定有序、人民安居乐业、弘扬公平正义保驾护航、扬鞭奋蹄、风雨兼程。居中裁判、刚正不阿，严厉打击各类刑事犯罪，保障人民群众生命财产安全；司法为民，定分止争，维护社会和谐稳定；加强金融审判，防范金融风险；强化产权保护，服务创新驱动发展；保障全市重大战略实施，促进经济社会快速发展；推进环境资源审判专门化，呵护美丽家园；支持行政机关依法行政，促进法治政府建设；培育和践行社会主义核心价值观，弘扬社会主义法治精神；严惩腐败犯罪，促进党风廉政建设和反腐败斗争深入开展；决胜基本解决执行难取得阶段性胜利，又打响了切实解决执行难攻坚战。

30 年来，破难题、闯难关、敢啃硬骨头，全市法院的改革大刀阔斧、稳步推进，让人民群众对公平正义有了最直接的获得感。立案登记制、司法责任制、法官员额制、司法人员分类管理等重大改革任务全面落实，新型审判权力运行机制基本建立；智慧法院建设突飞猛进，网上立案、庭审直播、文书上网、24 小时法院建成、智能语音庭审输入、卷宗随案同步生成，让人民群众从"多趟跑"到"一条龙服务"，从现金缴费到网上缴费，从立案审查制到立案登记制，从立案大厅到诉讼服务中心，诉讼更便捷了，诉讼服务更贴心了；深入开展扫黑除恶专项斗争、打击逃废银行债务、化解贸易融

国家宪法日法官集体宣誓

资风险、服务保障高质量发展，全市法院在维护社会长治久安、营造稳定的发展环境中，自觉担当起历史使命，并积极探索服务保障新形式，为营造优质司法环境作着不懈的努力。

30年来，从建院到发展壮大，全市法院人传承和积累了一些宝贵的经验。

第一，必须始终坚持党的领导。30年的艰苦创业，30年的辉煌成就，证明了人民司法事业一条颠扑不破的真理，人民法院必须坚持中国共产党领导的信念不动摇，必须坚定走中国特色社会主义道路的信心不动摇。党的领导，是做好法院工作的根本保证，离开了党的领导就会寸步难行、一事无成。全市法院始终坚持把党的领导作为法院工作健康发展的根本前提，逐步建立起重大事项、重大问题向党委请示报告、向人大及其常委会报告工作、向政府政协通报情况等制度。此举获得了各级党委、人大、政府、政协的支持与肯定。无论是机构设置、人才引进还是办公经费、物质装备建设，无论是审判执行工作问题还是重大、棘手案件的解决，党委政府都给予积极协调，在政策上予以倾斜，确保了法院工作始终沿着正确的方向健康发展。

第二，必须始终坚持服务大局。人民法院是国家的审判机关，其重要职能就是维护社会秩序、促进社会和谐、保障经济发展，为建设中国特色社会主义事业提供司法保障和服务。可以说，服务大局，既是人民法院的重大使命，也是法院工作发展的重要保证。因此，中院从组建伊始，就把审判工作的重点放在维护稳定、服务发展上，不断强化刑事审判职能维护社会长治久安，依法理顺各类经济关系优化经济发展环境，化解矛盾纠纷促进社会和谐，搞好行政审判促进依法治市，始终秉持为日照全市人民谋幸福、为日照发展创辉煌的初心和使命，勇于担当，守土尽责，积极为全市发展大局提供有力的司法服务和保障。

第三，必须始终坚持建设过硬队伍。没有一支高素质的队伍，是做不好任何工作的。建院以后，日照中院始终把队伍建设作为推动法院工作发展的基础性工作来抓，对所进人员严格要求、严格把关，除急需专业外，一律从法律专业应届大学毕业生中择优录用，从而使中院从一开始就站在了人才队伍的制高点上，为法院工作快速健康发展打下了坚实基础。同时，把人才培养作为提高素质、增强能力的关键措施，全面加强对法官的思想政治教育、廉洁司法教育和业务技能培训，积极探索实施岗位目标责任制、调研宣传工作考核奖惩、优秀人才选拔使用等措施，鼓励干警各尽所能、干事创业，形成了争先恐后、比学赶帮超的浓厚氛围。

第四，必须始终坚持公正司法。司法公正是审判工作的方命，也是法院形象的根本体现。建院30年来，始终把公正司法作为一项根本目标，确保每一起案件都能经得起历史和法律的检验。深入推进审判方式改革，认真落实公开审判、"谁主张谁举证"等原则。充分调动当事人的诉讼积极性，积极推动庭审方式由纠问式向对抗式或辩论式转变，满足了人民群众对公正司法的期待和要求。同时，稳步推进司法责任制改革，认真落实"让审理者裁判，由裁判者负责"要求，超过95%裁判文书由合议庭、独任审判员直接签发。立案登记制改革深得民意，对依法应当受理的案件做到了"有案必立、有诉必理"。全面搭建了审判流程、裁判文书、执行流程、庭审直播四大司法公开平台，努力实现了"看得见的公平正义"。不断完善外部监督机制，广泛接受社会各界监督，及时发现和解决问题，促进案件质量和效率不断

市行政争议审前和解中心揭牌

提高。

第五，必须始终坚持司法为民。民惟邦本，本固邦宁。我们党和国家一切工作的出发点和归宿就是为了人民。人民法院，是人民的法院，人民法院的一切工作，都是为了人民。2005年，"公正司法、一心为民"被确定为人民法院工作的指导方针。2013年，"司法为民、公正司法"被明确为人民法院工作主线。党的十八大以来，习近平总书记明确要求，要"努力让人民群众在每一个司法案件中感受到公平正义"。这是人民群众的殷切期盼，更是人民法院矢志不渝的遵循。建院三十年，司法为民从未改变，全市法院干警始终脚踏实地，通过办理一件件案件，来消除社会一起起矛盾纠纷，来解决群众一个个问题困难，让人民感受到公平正义，让人民实现安居乐业。

30年，弹指一挥间。时代在变、人员在变、环境在变，但是日照法院人勇立潮头、护航发展、公正司法、司法为民的决心和行动从未改变。新时代，新征程。全市法院人将以习近平新时代中国特色社会主义思想为引领，以充分发挥审判职能为主线，以护航改革发展为己任，继续争当护航改革、服务发展、公正司法、司法为民的排头兵，为建设美丽富饶、生态宜居、充满活力的现代化海滨城市作出更大的新贡献！

日照市人民检察院党组书记、检察长　韩敏

凝聚检察力量　强化创新落实
为推动高质量发展提供有力司法保障

日照市人民检察院党组书记、检察长　韩　敏

　　市委、市政府审时度势，把"创新、落实"作为今年工作的主旋律，作出"五城同创""十大突破"等系列决策部署，为全市经济社会高质量发展指明了一条"日照路径"。作为检察机关，将紧紧围绕市委决策部署，聚焦全市工作大局，创新有为，聚力落实，为实现经济持续健康发展和社会大局稳定、塑造我市高质量发展新优势提供有力司法保障，以实实在在的成绩为日照建市 30 周年献上一份"检察贺礼"。

　　转理念、明思路，深刻把握检察工作在服务大局中的时代坐标。"不谋全局者，不足谋一域"，从偏重反贪到检察职能全面发展，是检察机关恢复重建 40 年新的起步。在检察职能发生重大变化的时代背景下，如何找准自身在服务大局工作中的新方位、新路径，把握司法工作与经济社会发展的结合点、着力点，则是摆在检察机关面前最现实的问题。新的一年，全市检察机关将从理清思路、创新理念入手，认真落实修改后的《中华人民共和国刑事诉讼法》和《中华人民共和国人民检察院组织法》，按照顶层设计，结合日照实际，忠实履行好宪法法律赋予的法律监督职责。立足刑事、民事、行政和公益诉讼"四大检察"全面协调充分发展，引导全体检察人员树牢双赢多赢共赢等法律监督新理念，用新理念指导办案，在办案中深化认识，与被监督单位建立起良性、互动、积极的工作关系，共同维护社会公平正义和公共利益，助力我市经济社会高质量发展。要践行以办案为中心强化法律监督的理念，在监督中办案、在办案中监督，坚持个案价值平衡原则，通过每一起案件、每一个检察环节来体现服务的态度和效果。

顾大局、勇担当，着力营造法治化的经济发展环境。"善谋者行远，实干者乃成"，要在新理念的指引下为全市经济发展营造公平、公正、透明的法治环境。一要用心保障国家创新型城市的创建。当前，全市上下正在以创建国家创新型城市为契机，激活创新第一动力，推动加快全市新旧动能转换、实现经济高质量发展。作为检察机关，则要围绕创新平台搭建、创新产业提升、创新主体培育、创新人才集聚等工程提供及时高效的司法服务。严厉打击侵犯专利权、商标权、著作权等知识产权领域的犯罪，抓紧甄别纠正一批社会反映强烈的知识产权申诉案件，帮助企业打造能够有效占领国内外市场的主导品牌产品，最大限度激发市场创新活力。要继续聚焦加快建设海洋强市，强化对我市海洋装备制造、海洋生物医药、海洋新能源等新兴产业的司法保护，依法严厉打击阻扰港口工程建设、破坏海洋资源、侵犯海洋科技创新权益的违法犯罪，继续深化海洋生态环境保护领域公益诉讼专项活动，依法保护现代海洋产业发展，做强我市特色创新产业集群。二要用心保障全市金融生态环境的优化。围绕打好防范化解重大风险攻坚战，深化打击非法吸收公众存款、集资诈骗等涉众型经济犯罪，同时把办理案件与化解风险、追赃挽损、维护稳定结合起来，主动配合做好依法追缴、处置涉案资产

全市检察长会议

工作。进一步强化与公安、法院、金融监管部门的合作，积极履行审查逮捕、审查起诉等职能，提前介入侦查引导取证，加大对逃废银行债务的打击力度，尽快消除贸易融资风险对我市的影响，维护我市良好经济、金融秩序。三要用心保障民营经济的健康发展。把最高检发布的检察机关办理涉民营企业案件11条执法司法标准落实好，严厉打击侵犯民营企业和民营企业家人身安全、财产安全的各类犯罪，强化对涉民营企业案件审判活动和执行活动的监督。明确办案对于企业发展的影响，严格区分正当融资与非法集资、产权纠纷与恶意侵占、个人财产与企业法人财产等界限，审慎采用限制人身和财产权利的办案强制措施，最大限度保证涉案企业的正常运转经营。进一步健全联系民营企业常态机制，领导班子成员每人联系一个重点民营企业，通过召开民营企业代表座谈会、组织检察官走进民营企业开展法律实务宣讲等多种形式，及时了解企业经营情况，帮助解决企业实际困难，努力把各项服务保障工作做到家、做到位、做到实处。

保稳定、促和谐，积极推进更高水平的平安日照建设。"发展是硬道理，稳定也是硬道理"，要认识到稳定是第一发展环境，切实扛起"促一方发展，保一方平安"的政治责任。一要强化斗争精神、提高斗争本领，坚决维护国家政治安全。切实增强政治警觉性和政治鉴别力，严密防范和坚决打击各种渗透颠覆破坏活动，妥善办理重大敏感刑事案件，决不允许在检察环节贻误任何战机、发生任何问题。二要从广度和深度两个方向，持续深化扫黑除恶专项斗争。在广度方面，以持续打击面上犯罪为主要任务，充分发挥专项斗争的辐射作用，坚持"有黑扫黑、有恶除恶、有乱治乱"。对于已经进入检察环节的案件，市院要充分发挥统筹作用，采取统一调配办案力量、蹲点指导等措施，加快办案节奏、提高办案效率，确保办案质量，争取办成"样本案""精品案"。在深度方面，注重打财断血，加大对黑恶势力犯罪案件涉案财物的审查和监督力度，彻底铲除黑恶势力经济基础。要把深挖彻查"保护伞"作为下步主攻方向，加强与纪委监委、公安机关的协调联动，完善线索核查、快速移送、双向反馈等机制，确保"扫黑"与"打伞"同步。三要立足司法办案参与社会治理，当好党委政府的法治参谋。认真贯彻新时代"枫桥经验"，积极妥善化解检察环节的矛盾纠纷。在依法办案的同时，将办案职能向社会治理领域延伸，做好标本兼治工作。内设机构改革完

扫黑除恶专项斗争联席会议

成后，检察机关各部门分工将更加专业化、精细化，各业务条线都要根据本部门管辖的罪名、负责的工作，注重研究一类案件的发案特点、规律、趋势等，分析办案发现的社会问题和治理漏洞，及时提出高质量的检察建议，努力实现"办理一案、治理一片"的社会效果。要健全"捕、诉、监、防、帮"一体化办案机制，进一步加强未成年人司法保护，系统做好司法办案、权益维护、犯罪预防等工作，持续深入开展检察长兼任法治副校长工作。

　　强措施、重提升，切实推动各项服务保障工作落地落实。"知之之要，未若行之之实"，要把美好蓝图变为现实，离不开苦干实干。今年，从省委到市委，都把"落实"摆在了特殊重要的位置，全市检察机关将紧紧围绕这一要求，强化组织领导，优化服务举措，做到凡是部署的工作，有跟踪、有总结、抓到底、见成效。要把坚持党的绝对领导作为最高原则，坚决贯彻《中国共产党政法工作条例》《中国共产党重大事项请示报告条例》，对事关全局的重大复杂敏感案件，第一时间向市委和上级院报告，确保案件及时准确处理。要特别加大精准化、个性化、实战化的培训力度，扎实开展"不忘初心、牢记使命"主体教育，以政治业务素质明显提升的自觉，忠实履行宪法法律赋予的法律监督职责。要深化司法责任制改革，严格规范司法行为，严查到发案单位吃拿卡要或者干预发案单位正常经营秩序等行为，以优良的作风促进工作的落实。要做好督导检查和跟踪问效，细化分解各项任务。各区县院、市院各部门要定期报送服务保障工作的阶段性报告，并作为年底述职述廉的重要内容。市院也将建立报送制度，及时向市委、人大汇报服务保障高质量发展的工作进展，及时向政府、政协和社会各界通报工作情况，主动争取各方支持，形成落实合力。

日照市司法局党组书记、局长　赵久成

铭记30年奋斗历程
再谱新时代辉煌篇章

日照市司法局党组书记、局长　赵久成

　　30年，是我们司法行政发展进程中极不平凡的30年。1989年12月，地级日照市司法局建立。从此翻开了日照司法行政发展史上崭新的一页。30年来，在党的正确领导下，在市委、市政府、省司法厅的亲切关怀下，在历届市局党组的团结和带领下，日照司法行政工作面貌焕然一新，法律服务水平和法治保障能力得到质的提升，全民法治素养不断增强，为我市经济社会发展、社会政治稳定、人民生活改善贡献司法行政力量。

　　30年来，公共法律服务体系建设呈现新局面。日照市公共法律服务中心从无到有到启用运行，"12348"法律服务热线从无到有到整体改造升级完成，市县两级公共法律服务中心从无到有到实现全覆盖，相关政策法规从无到有到涵盖各领域。相继出台《关于开展乡镇（街道）规范化公共法律服务站创建活动的实施意见》，基层基础建设取得重大突破，出台《贯彻落实〈关于开展"一村（社区）一法律顾问"工作的实施意见〉的工作方案》，联合市财政局出台《政府购买公共法律服务办法》《"一村（社区）一法律顾问"工作补助经费管理暂行办法》。搭建市、县（区）、乡镇（街道）、村（社区）四级微信群，助推"一村（社区）一法律顾问"工作深入开展。为村居（社区）聘请法律顾问，实现法律顾问全覆盖。

30 年来，普法依法治理工作迈上新台阶。从"二五"普法到"七五"普法，已然走过了 30 个春秋。30 年来，普法工作坚持以法治促发展，特别是近几年来，普法工作不断提质增效。不断压实"谁执法谁普法"工作责任，普法合力进一步增强；召开日照市全民普法依法治理工作领导小组（扩大）会议，扎实推进"七五"普法规划和深化法治日照建设。开展"法治直通车""法律六进"等法治惠民活动，法治创建持续发力；全面解读和宣传《山东省法治宣传教育条例》；搭建法治宣传平台，加强法治文化阵地建设，先后打造了五莲县青少年法治教育基地、莒县夏庄青少年法治教育基地、东港沁园春法治景区等一系列法治文化阵地，截至 2019 年初，全市建成省级法治文化示范基地 6 个、法治宣传教育示范基地 4 个，青少年法治教育基地 4 个，法治文化公园（广场）217 个，法治文化长廊 370 个，村居法治宣传教育中心 513 个，户外广告 1964 个。突出抓好领导干部这个关键少数的学法用法，把学法用法情况列入领导班子、领导干部年终述职重要内容，提高了领导干部学法用法的自觉性和主动性。

30 年来，维护社会稳定工作取得新成效。加强社区矫正工作，率先在全省发布《社区矫正刑罚执行工作规范》市级地方标准，在全市社区矫正服刑人员中推行"电子腕带"监管，社区矫正"五莲模式"在全国推广。推行实施司法行政远程帮教视频会见系统，使罪犯亲属足不出县便可通过网络进行亲情会见，实现刑罚教育改造工作社会化、社会服务工作前端化。打造人民调解亮点品牌。出台《关于进一步加强人民调解员队伍建设的意见》，打

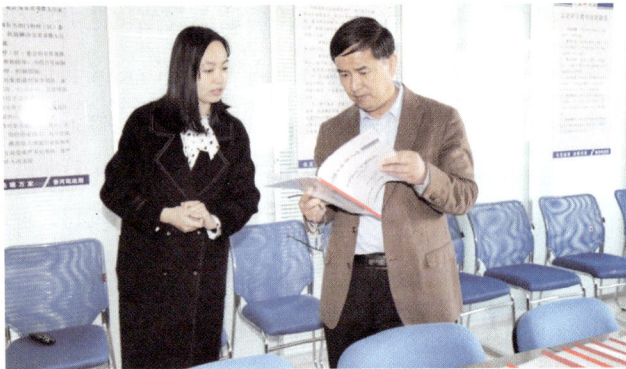
市司法局党组书记、局长赵久成到东港区调研基层司法行政工作

造"你有矛盾纠纷，我来免费调解""家事调解室""沙盘调解""大嫂调解"等工作品牌，建立"1+N"多元调解机制，开发日照"智慧民调"系统；完善律师参与化解和代理涉法涉诉信访案件工作制度，发挥了律师化解矛盾纠纷的疏导调节作用。

30 年来，法律服务行业实现新提升。日照律师事业是伴随着改革发展起来的，同时又在改革中不断完善，改革是日照律师事业发展的根本动力。1980 年日照市建立了第一家法律顾问处。随着改革开放的不断深入，我们确立并实施了律师工作"深化改革、加快发展、强化管理、注重提高、积极开拓"的基本思路，按照机构设置放开、人员放开、内部管理机制搞活的思想，进一步深化了律师工作改革。市司法局出台了《日照市律师体制改革方案》和一系列配套的规范性文件，不断加强对律师工作的管理和指导。近几年不断加强律师执业监管，在市律师协会挂牌成立"维护律师执业权利中心""投诉受理查处中心"，完善律师行业诚信"红黑榜"发布制度，积极参与涉法涉诉信访工作。加强公证管理与服务，出台《加强金融风险防控搞好金融公证服务的意见》《人民法院司法部关于开展公证参与人民法院司法辅助事务工作的通知》等一系列文件，在巩固金融、房地产公证领域基础上，积极探索介入了提存、证据保全、现场监督、知识产权等公证领域，重点向建立现代企业制度、外经外贸、政府采购、招标投标以及维护社会秩序等方面拓展。健全完善司法鉴定工作制度，出台《关于加强司法鉴定队伍的管理意见》。强化基层法律服务，1984 年设立乡镇法律服务所。为加强基层法律服务工作，日照市司法局深化基层法律服务体制改革，围绕基层法律服务内部运行机制与管理，不断加大改革力度，为基层改革、发展、稳定做出了突出贡献。加强法律援助工作，我市于1997年3月正式建立日照市法律援助中心。法律援助工作正式开展之初，在全国没有成型模式与经验的情况下，针对当时工作中遇到的实际困难，不等不靠，积极探索，及时向市委、市政府提出了建立法律援助委员会的建议，得到了市领导的高度重视。法律援助委员会的成立，为协调全市法律援助工作提供了组织保障，解决了法律援助工作初创阶段的许多重点、难点问题。30年来，日照市法律援助中心先后创出了十项第一被司法部在全国推广：全国第一家法律援助委员会、首家十三个部门联合行文规范法律援助工作、全国第一家军人军属法律援助联络站、首家全市按系统成立法律援助联络站、全国第一家《接受社会捐赠法律援助经费实施办法》出台、全国首家向社会广大受援公民颁发"受援资格证"实施、全国率先建立"一乡一站、一村一员"的农村法律援助网络体系、全国最先将法律援助纳入社会救助体系实行、首次出台文件把司法鉴定纳入法律援助的范畴、首家在市劳动和社会保障局设立农民工法律援助站。为加强对公民尤其是弱势群体法律知识的普及，扩大法律援助在广大市民中的影响，日照市法律援助中心建立了法律援助新闻媒体宣传报道机制，定期与日照电视台"社会零距离""德与法"日照广播电台"法律热线"和《日照日报》《黄海晨刊》等栏目合作，及时报道法律援助典型案例，通过"12348"咨询热线接受群众法律咨询。形成了包括报刊、广播、电视、网络等多种媒体，涵盖市、区县的多级宣传教育基地，日照市的法律援助工作更加贴近实际，贴近群众，贴近生活，真正做到了体现时代性、把握规律性、富于创造性，使政府法律援助这一民心工程深入人心。

30年来，司法行政改革工作取得新进展。抢抓改革机遇，着力破解制约工作发展的体制性机制性保障性问题。积极推进律师行业改革，召开全市律师工作联席会议、全市律师工作座谈会议、日照市第四次律师代表大会，出台《关于加强律师工作的意见》《关于加强律师队伍的意见》，对中长期发展作出规划。推行法律顾问制度和公职律师、公司律师制度，出台《关于推行法律顾问制度和公职律师公司律师制度的实施方案》，提高了律师管理水平。优化公证体制机制，由行政体制到公益一类事业单位体制再到公益三类事业单位体制，目前正着力推进合作制公证处改革。召开全市公证工作会议，出台《关于加强公证工作的意见》《关于加强公证队伍的意见》，提出中长期发展规划，顺利完成公证机构体制改制。

30 年来，综合服务保障工作得到新加强。全面推进信息化建设提档升级，召开全市司法行政系统信息化建设推进会议，与江苏无锡中铠集团签订信息化战略合作协议，推进智慧民调、智慧公证、社区矫正、法律援助、"12348"法律服务热线等系统建设，全面优化行政审批流程，提升服务效能。从 1986 年全国律师资格考试制度建立到 1995 年初任法官、检察官考试制度的建立，到 2002 年对初任法官、检察官和申请律师、公证员执业资格实行统一的司法考试制度，直至 2018 年统一法律职业资格考试制度正式实行，我国法律职业准入制度历经三十余年后，更加健全完善。截至 2019 年，全市共参加考试人数一万四千人，通过率达 14.8%，为我市政法队伍建设输送了大批法律专业人才。全面加强新闻宣传工作，召开全市司法行政新闻宣传工作会议，创刊《日照司法》，为司法行政工作发展营造了良好的舆论氛围，市法律援助中心被法制日报（山东站）确定为基层联系点。

市司法局赵久成局长、高挺华副局长等一行六人到山东东方太阳律师事务所等多家律所调研指导

30 年来，党建和班子队伍工作展现新风貌。加强班子队伍建设，出台《局党组会议议事规则》《局长办公会议议事规则》等一系列工作制度，促进决策科学化规范化。注重思想教育，制定《党组理论学习中心组学习计

划》，制定《日照市司法局关于推进"两学一做"学习教育常态化制度化的实施方案》，固定"周五"学习日制度，开展"机关讲堂"活动，组织到上海交大培训，召开党组理论学习中心组读书会，请省委党校专家教授讲课，班子队伍整体素质得到明显提升。强化"五支队伍"建设，完成四个协会换届和两个协会成立，确保了行业队伍职能作用发挥。召开党的建设暨作风建设工作会议、绩效考核暨创建省级文明单位动员会议，发出"从我做起、对我监督"和"走在全省司法行政系统前列"动员令，作风建设明显增强；开展"解放思想树标杆，争先进位走在前"活动，选标对标、赶标超标和树标得到扎实推进。全面履行从严治党责任，严格党内组织生活，印发《市司法局党组贯彻落实"三会一课"制度的通知》《关于落实好党支部书记"双述职、双评议"工作的通知》，召开党建工作和党风廉政工作会议，落实党风廉政建设"一岗双责"，层层签订党风廉政建设目标责任书，党建工作明显增强。

工作饱含艰辛，成绩来之不易。30年来，所有成绩的取得，是市委、市政府和省司法厅正确领导、悉心关怀的结果，是各级党委政府和有关部门关心关注、大力支持的结果，是全系统上上下下凝心聚力、真抓实干、拼搏进取的结果。在此，我代表市司法局党组，向各位领导，向长期以来关心支持司法行政工作的各级党委政府、有关部门表示衷心地感谢！向爱岗敬业、无私奉献、拼搏进取的全市司法行政干警、法律服务工作者致以崇高的敬意！

新时代意味着新起点，呼唤着新作为。希望全市广大司法行政干警职工和法律服务工作者，要紧紧围绕市委、市政府"一三五"总体发展思路，以党的十九大精神为指导，沿着习近平新时代中国特色社会主义思想指引的前进方向，不忘初心、牢记使命，开拓创新，埋头苦干，不断开创新时代司法行政工作新局面，为建设美丽富饶、生态宜居、充满活力的现代化海滨城市作出新贡献。

砥砺奋进三十年

沿革篇

　　30年风雨与共，砥砺前行；30年牢记使命，司法为民。30年日照政法事业沿革史，是一部在解放思想中统一思想、在改革开放中开拓创新的光辉历史，是一段同时代发展脉搏共同跳动、与经济社会共同进步的卓越历程，也是政法队伍不断壮大、政法体系不断完备、政法战线不断增强的奋进之路。30年来，从"法制建设"到"依法治市"再到"法治日照"，从摸索试点到统筹兼顾的"四梁八柱"改革逐渐成型，全市司法改革经历了起步阶段、全面展开阶段、统一推进阶段、逐步深化阶段直至全面深化阶段，始终与改革开放紧密结合、相辅相成，相互促进、共同发展。一段段旧貌换新颜的壮阔历程，一个个跨越式进步的丰硕成果，无不凝聚着全市政法机关和政法干警的责任与担当。30年实践充分证明，变法就是改革，改革必须变法，变法与改革必须以党的领导作为根本保证，作为战胜各种风险挑战、推动政法事业发展进步的重要法宝。尤其党的十八大以来，全市政法战线坚决贯彻落实以习近平同志为核心的党中央治国理政新理念新思想新战略，牢固树立政治意识、大局意识、核心意识、看齐意识，以落实全面从严治党要求为主线，切实加强机关党的建设，营造风清气正的政治生态，为政法事业健康发展提供了坚强保证。"法者，天下之仪也"。肩扛公正天平、手持正义利剑，政法战线使命光荣、责任重大。认真贯彻落实党中央改革决策部署，忠诚履职尽责，勇于担当作为，锐意改革创新，着力形成系统完备、科学规范、运行有效的政法制度体系，就一定能创造促进社会公平正义、保障人民安居乐业的新成绩。

第一章　日照市委政法委及政法单位沿革

日照市委政法委员会

（1990年～2019年）

1990年7月，设立中共日照市委政法委员会，正处级，与日照市社会治安综合治理委员会办公室合署办公。科室设置为人事秘书科、综合治理科、打击经济犯罪科；1997年1月三定方案核定科室设置为办公室、政治处、研究室、综合指导科；2001年5月政治处更名为政治部；2008年11月新增科室执法监督室。2018年12月，根据日照市党和国家机构改革方案要求，市委610办公室、市维稳办整建制划转市委政法委，新三定方案核定科室设置为办公室、研究室、干部科、政治安全和维稳指导科、综治督导科、基层社会治理科、执法监督和法治科、机关党委。

日照市委政法委员会历任领导班子成员名录

名　称	职　务	姓　名	任职时间	备　注
中共日照市委政法委员会 1990.7～1992.3	书　记	于学田（兼）	1990.7～1992.3	
	副书记	熊可山（兼）	1990.7～1992.3	

续表1

名　称	职　务	姓　名	任职时间	备　注
1990.7 ~ 1992.3	副书记	董瑞昌	1991.6 ~ 1994.3	1991.6 兼任市综治办主任
		刘志春	1990.7 ~ 1992.3	
1992.3 ~ 1995.6	书　记	朱士杰	1992.3 ~ 1995.6	
	常务副书记	董瑞昌	1994.3 ~ 1995.10	
	副书记	葛彦京	1994.3 ~ 1995.10	
		刘志春	1992.3 ~ 1994.3	
		刘银贤	1994.3 ~ 1997.8	1994.3 兼任市综治办主任
1995.10 ~ 2001.1	书　记	肖开富（兼）	1995.10 ~ 1998.3	
	常务副书记	葛彦京	1995.10 ~ 1998.3	1997.8 兼任市综治办主任
		王献增（兼）	1998.3 ~ 1999.9	
	副书记	徐志强	1995.10 ~ 1998.12	
		张成全	1996.6 ~ 2001.1	
2001.1 ~ 2003.4	书　记	李守民	2001.1 ~ 2003.4	
	副书记	卜光富	2001.1 ~ 2003.4	
		李洪杰	2001.1 ~ 2007.8	2001.1 兼任市综治办主任
2003.4 ~ 2012.2	书　记	黄金华	2003.4 ~ 2012.2	
	常务副书记	卜光富	2003.4 ~ 2007.8	
		李洪杰	2007.8 ~ 2009.9	
		郭正聚	2010.12 ~ 2012.2	
	副书记	刘祥亮	2006.12 ~ 2012.2	2008.10 兼任市综治办主任
		闫　岩	2010.12 ~ 2012.2	
2012.12 ~ 2015.4	书　记	高　杰	2012.12 ~ 2015.4	
	常务副书记	郭正聚	2010.12 ~ 2013.5	
		朱孝童	2013.5 ~ 2015.4	
	副书记	刘祥亮	2012.12 ~ 2015.4	
		闫　岩	2012.12 ~ 2015.4	

续表 2

名 称	职 务	姓 名	任职时间	备 注
2015.4 ~ 2017.2	书 记	刘西良	2015.4 ~ 2017.2	
	常务副书记	朱孝童	2015.4 ~ 2017.2	
	副书记	刘祥亮	2015.4 ~ 2017.2	2015.9 不再兼任市综治办主任
		闫 岩	2010.12 ~ 2017.2	2015.9 兼任市综治办主任
		刘森林	2016.12 ~ 2017.2	
2017.2 ~	书 记	耿学伟	2017.2 ~	
	常务副书记	朱孝童	2013.5 ~ 2018.12	
		张桂伟	2018.12 ~ 2019.4	
	副书记	窦永胜	2017.2 ~	2017.2 ~ 2018.12 兼任市委 610 办主任
		丁陆海	2017.2 ~	2017.2 ~ 2018.12 兼任市维稳办主任
		刘森林	2017.2 ~ 2018.12	2017.2 兼任市综治办主任
		王 芳	2019.6 ~	
		赵家峰	2019.7 ~ 2019.11	

日照市社会治安综合治理委员会办公室

（1991 年 ~ 2018 年）

日照市社会治安综合治理委员会办公室 1991 年 6 月设立，与市委政法委合署办公，正处级。2018 年 12 月因机构改革撤销，其职能并入市委政法委。

日照市社会治安综合治理委员会办公室历任领导班子成员名录

名　称	职　务	姓　名	任职时间	备　注
日照市社会治安综合治理委员会办公室 1991.6 ~ 1994.3	主　任	董瑞昌（兼）	1991.6 ~ 1994.3	
1994.3 ~ 1997.8	主　任	刘银贤（兼）	1994.3 ~ 1997.8	
	副主任	李洪杰	1996.6 ~ 1997.8	
1997.8 ~ 1998.3	主　任	葛彦京（兼）	1997.8 ~ 1998.3	
	副主任	李洪杰	1997.8 ~ 2001.1	
2001.1 ~ 2008.10	主　任	李洪杰（兼）	2001.1 ~ 2008.10	
	副主任	赵永春	1999.11 ~ 2006.4	
		王宗友	2003.8 ~ 2008.10	
		边永生	2006.4 ~ 2008.10	
		袁利强	2008.7 ~ 2008.10	
2008.10 ~ 2015.9	主　任	刘祥亮（兼）	2008.10 ~ 2015.9	
	副主任	王宗友	2008.10 ~ 2009.9	
		边永生	2008.10 ~ 2010.12	
		袁利强	2008.10 ~ 2010.4	
		司彦勇	2010.12 ~ 2015.9	
		张焱涛	2011.10 ~ 2015.9	
2015.9 ~ 2017.2	主　任	闫　岩（兼）	2015.9 ~ 2017.2	
	副主任	司彦勇	2015.9 ~ 2017.2	
		张焱涛	2015.9 ~ 2017.2	
		刘学凯	2015.9 ~ 2017.2	
2017.2 ~ 2018.12	主　任	刘森林（兼）	2017.4 ~ 2018.12	
	副主任	司彦勇	2017.2 ~ 2017.10	
		张焱涛	2017.2 ~ 2018.12	
		刘学凯	2017.2 ~ 2018.12	
		姚志宇	2017.10 ~ 2018.12	

日照市法学会

（1997 年 ~ 2019 年）

1997 年 8 月，设立日照市法学会办公室，由市司法局管理，规格为科级，使用司法行政编制。1998 年 7 月，经市政府批准，成立日照市法学会，规格为正处级事业单位，由市委政法委领导、市司法局管理。2011 年10 月，经市编委研究并报经市委批准，法学会机关由市司法局管理调整为市委政法委管理。2017 年 1 月，经市委组织部研究，同意市法学会列入参照公务员法管理范围。2018 年 7 月，经市委研究同意设立中共日照市法学会党组。

日照市法学会历任领导班子成员名录

名　称	职　务	姓　名	任职时间	备　注
日照市法学会第一届理事会 1999.7 ~ 2013.7	会　长	吴建秀	1999.7 ~ 2008.12	兼　任
		黄金华	2008.12 ~ 2013.5	兼　任
	常务副会长	王　智	2008.11 ~ 2013.7	兼　任
	副会长	王洪国	1999.7 ~ 2008.11	兼　任
		刘再亭	1999.7 ~ 2008.11	兼　任
		李相竹	1999.7 ~ 2008.11	兼　任
		辛崇法	1999.7 ~ 2008.11	兼　任
		张成全	1999.7 ~ 2008.11	兼　任
		张永明	1999.7 ~ 2008.11	兼　任
		夏召法	1999.7 ~ 2008.11	兼　任
		盛聚堂	1999.7 ~ 2008.11	兼　任
		焦安南	1999.7 ~ 2008.11	兼　任
		刘祥亮	2008.11 ~ 2013.7	兼　任
		王　冉	2008.11 ~ 2013.7	兼　任

续表

名　称	职　务	姓　名	任职时间	备　注
1999.7～2013.7	副会长	张永明	2008.11～2013.7	兼　任
		郭同华	2008.11～2013.7	兼　任
		夏召法	2008.11～2013.7	兼　任
		张念明	2008.11～2013.7	兼　任
		郭滨泉	2008.11～2013.7	兼　任
		袁兆春	2008.11～2013.7	兼　任
	秘书长	夏召法	1999.7～2013.5	兼　任
日照市法学会第二届理事会 2013.7～	会长	高　杰	2013.5～2015.5	兼　任
		刘西良	2015.5～2017.2	兼　任
		耿学伟	2017.2～	兼　任
	副会长	程乐群	2013.5～2015.8	兼　任
		高益民	2015.9～2016.7	兼　任
		徐光然	2016.8～	兼　任
		巩盛昌	2013.5～2016.12	兼　任
		韩　敏	2017.1～	兼　任
		丛培浩	2013.5～2017.1	兼　任
		张培林	2017.1～	兼　任
		朱孝童	2013.7～	兼　任
		刘祥亮	2013.7～	兼　任
		闫　岩	2013.7～	兼　任
		张念明	2013.7～	兼　任
		李卫东	2013.7～	兼　任
		相玉茂	2013.7～	兼　任
		王　智	2013.7～	兼　任
		赵文胜	2013.7～	兼　任
		唐培臣	2013.7～	兼　任
		吴　宏	2013.7～	兼　任
	专职副会长秘书长	李永刚	2013.5～	

日照市委防范和处理邪教问题领导小组办公室

（2001 年 ~ 2018 年）

日照市委防范和处理邪教问题领导小组办公室 2001 年 2 月设立，行政建制，正处级。2018 年 12 月因机构改革撤销，其职能并入市委政法委。

日照市委防范和处理邪教问题领导小组办公室历任领导班子成员名录

名　称	职　务	姓　名	任职时间	备　注
中共日照市委防范和处理邪教问题领导小组办公室 2001.2 ~ 2006.12	主　任	赵修品	2001.2 ~ 2006.12	
	副主任	管锡云	2001.2 ~ 2006.12	
		尹小鹏	2001.4 ~ 2006.12	
2006.12 ~ 2011.5	主　任	李崇禧	2006.12 ~ 2011.5	
	副主任	管锡云	2006.12 ~ 2007.8	
		尹小鹏	2006.12 ~ 2011.5	
		丁兆海	2008.10 ~ 2011.5	
2011.5 ~ 2015.11	主　任	冯建军	2011.5 ~ 2015.11	
	副主任	尹小鹏	2011.5 ~ 2012.5	
	常务副主任	崔禄久	2013.5 ~ 2014.9	
	副主任	崔禄久	2014.9 ~ 2015.11	
		丁兆海	2011.5 ~ 2015.11	
		孙献堂	2013.5 ~ 2014.12	
2015.11 ~ 2017.2	主　任	丁陆海	2015.11 ~ 2017.2	
	副主任	崔禄久	2015.11 ~ 2016.12	
		丁兆海	2015.11 ~ 2017.2	
2017.2 ~ 2018.12	主　任	窦永胜	2017.2 ~ 2018.12	
	副主任	丁兆海	2017.2 ~ 2018.12	
		李新宇	2017.7 ~ 2018.12	

日照市维护稳定领导小组办公室

（2008 年 ~ 2018 年）

日照市维护稳定领导小组办公室 2008 年 9 月设立，事业单位，正处级。2018 年 12 月因机构改革撤销，其职能并入市委政法委。

日照市维护稳定领导小组办公室历任领导班子成员名录

名 称	职 务	姓 名	任职时间	备 注
日照市维护稳定领导小组办公室 2008.9 ~ 2010.10	主 任	安佰利	2008.9 ~ 2010.10	
	副主任	李明良	2008.9 ~ 2010.10	
		王彦伟	2009.11 ~ 2010.10	
2010.12 ~ 2013.5	主 任	朱孝童	2010.12 ~ 2013.5	
	副主任	高栋兴	2010.12 ~ 2013.5	
		王彦伟	2010.10 ~ 2013.5	
2013.5 ~ 2017.3	主 任	郭正聚	2013.5 ~ 2017.3	
	副主任	高栋兴	2013.5 ~ 2017.3	
		王彦伟	2013.5 ~ 2017.3	
2017.3 ~ 2018.12	主 任	丁陆海	2017.3 ~ 2018.12	
	副主任	高栋兴	2017.3 ~ 2018.12	
		王彦伟	2017.3 ~ 2018.11	

日照市中级人民法院

（1989 年 ~ 2019 年）

1990 年设办公室、刑事审判庭、民事审判庭、经济审判庭、告诉申诉审判庭、政治处。

1991 年增设全国法院干部业余法律大学山东分校日照分部（政治处代管）、研究室（办公室代管）、监察室（政治处代管）。

1992 年增设行政审判庭、执行庭。

1993 年研究室不再由办公室代管。

1995 年经济审判庭分为经济审判第一庭、经济审判第二庭，监察室不再由政治处代管，增设法医技术室、赔偿委员会办公室（与告诉申诉审判庭合署办公）。

1997 年增设法警支队，全国法院干部业余法律大学山东分校日照分部（政治处代管）更名为法官培训中心。

1998 年撤销告诉申诉审判庭，设立立案庭、审判监督庭。

1999 年刑事审判庭分为刑事审判第一庭、刑事审判第二庭，法医技术室更名为技术室，增设机关党委。

2000 年执行庭更名为执行局，下设执行一庭、执行二庭。

2002 年撤销民事审判庭、经济审判第一庭、经济审判第二庭，增设民事审判第一庭、民事审判第二庭、民事审判第三庭、民事审判第四庭，政治处更名为政治部，下设组织人事科（加挂法官管理科牌子）、教育培训科，赔偿委员会办公室由与审判监督庭合署办公调整为与行政审判庭合署办公，增设审判委员会办公室（与研究室合署办公）。

2003 年法官培训中心更名为山东法官培训学院日照分院。

2005 年政治部下设的组织人事科（加挂法官管理科牌子）、教育培训科，更名为组织人事处（加挂法官管理处牌子）、教育培训处。

2008 年审判委员会办公室不再与研究室合署办公。

2011 年增设司法行政装备管理处、信息通讯处。

2014 年增设信访庭。

2015 年增设金融审判庭。

截至 2019 年，现有内设机构 21 个：办公室、司法行政装备管理处、政治部（下设组织人事处，加挂法官管理处牌子，教育培训处）、立案庭、信访庭、刑事审判第一庭、刑事审判第二庭、民事审判第一庭、民事审判第二庭、民事审判第三庭、民事审判第四庭、金融审判庭、行政审判庭、审判监督庭、执行局（下设执行一庭、执行二庭）、技术室、审判委员会办公室、研究室、机关党委、法警支队、信息通讯处，下设事业单位 1 个：山东法官培训学院日照分院。

日照市中级人民法院历任领导班子成员名录

名 称	职 务	姓 名	任职时间	行政职务	任职时间	备 注
日照市中级人民法院党组 1990.1～1997.12	书 记	于焕伦	1990.1～1997.12	院 长	1990.1～1997.12	
	副书记	李建友	1990.1～1993.8	副院长	1990.1～1993.8	
		卜光富	1996.5～1997.12	副院长	1990.7～1997.12	
	成 员	谭立厚	1994.11～1997.12	副院长	1994.11～1997.12	
		王洪国	1996.1～1997.12	副院长	1996.1～1997.12	
		夏培军	1996.5～1997.12			纪检组长
1997.12～2000.1	书 记	燕振安	1997.12～2000.1	院 长	1997.12～2000.1	
	副书记	卜光富	1997.12～2000.1	副院长	1997.12～2000.1	
	成 员	谭立厚	1997.12～1999.12	副院长	1997.12～1999.12	
		王洪国	1997.12～1999.12	副院长	1997.12～1999.12	
		王 冉	1997.12～2000.1	副院长	1997.12～2000.1	

续表 1

名 称	职 务	姓 名	任职时间	行政职务	任职时间	备 注
1997.12~2000.1	成员	夏培军	1997.12~1999.3			纪检组长
		谭玉美	1999.3~2000.1			纪检组长
2000.1~2010.1	书记	王胜科	2000.1~2010.1	院 长	2000.1~2010.1	
	副书记	卜光富	2000.1~2001.1	副院长	2000.1~2001.1	
		张成全	2001.1~2009.12	副院长	2001.1~2009.12	
	成员	王 冉	2000.1~2010.1	副院长	2000.1~2010.1	
		谭玉美	2000.1~2005.4			纪检组长
		王 玮	2000.6~2010.1	副院长	2001.5~2010.1	
		徐光然	2006.4~2009.9			纪检组长
			2006.4~2010.1	副院长	2009.9~2010.1	
		王永进	2005.8~2006.12	执行局局长	2002.4~2006.12	
		庄济华	2005.8~2007.8	政治部主任	2001.3~2007.8	
		王道新	2007.10~2010.1	副院长、政治部主任	2007.10~2010.1	
		林彦芹		副院长	2007.10~2010.1	
	成员	卜宪博	2009.9~2010.1		2009.9~2010.1	纪检组长
		岳思卫	2007.4~2010.1	执行局局长	2007.8~2010.1	
2010.1~2015.9	书记	程乐群	2010.1~2015.9	院 长	2010.1~2015.9	
	副书记	王 冉	2010.12~2013.5	副院长	2010.1~2013.5	
		徐光然	2013.12~2015.9	副院长	2010.1~2015.9	
	成员	王 冉	2010.1~2010.12	副院长	2010.1~2013.5	
		徐光然	2010.1~2013.12	副院长	2010.1~2015.9	
		林彦芹		副院长	2010.1~2015.9	
	成员	卜宪博	2010.1~2010.12			纪检组长
			2010.12~2015.9	副院长		
		岳思卫	2010.1~2010.12	执行局局长		
			2010.12~2015.9			纪检组长
		张 华	2013.9~2015.9	政治部主任	2010.12~2013.12	
				副院长	2013.12~2015.9	

续表2

名　称	职　务	姓　名	任职时间	行政职务	任职时间	备　注
2010.1～2015.9	成　员	陈令春	2013.9～2015.9	执行局局长	2010.12～2013.12	
				政治部主任	2013.12～2015.9	
		刘红军	2014.12～2015.9	执行局局长	2013.12～2015.9	
		许崇安	2014.12～2015.9	审判委员会专职委员	2008.12～2015.9	
		田玉斌	2014.12～2015.9	审判委员会专职委员	2011.5～2015.9	
		李洪泉	2014.12～2015.9	副调研员	2013.12～2015.9	
2015.9～	书　记	高益民	2015.9～	院　长	2016.1～	
	副书记	徐光然	2015.9～	副院长	2015.9～	
		林彦芹		副院长	2015.9～2017.2	
	成　员	卜宪博	2015.9～2019.1	副院长	2015.9～2019.1	
		岳思卫	2015.9～2017.12			纪检组长
		林　芳	2019.1～	副院长	2019.1～	
		张　华	2015.9～	副院长	2015.9～	
		陈令春	2015.9～	副院长	2017.7～	
				政治部主任	2015.9～2019.1	
		刘红军	2015.9～2018.1	执行局局长	2015.9～2018.1	
		许崇安	2015.9～2019.1	审判委员会专职委员	2015.9～2019.1	
		田玉斌	2015.9～2019.1	审判委员会专职委员	2015.9～	
		李洪泉	2015.9～	副调研员	2015.9～2019.1	
				政治部主任	2019.1～	
		胡　建		审判委员会专职委员	2019.1～	
		钱守吉		执行局局长	2019.1～	

日照市人民检察院

（1989 年 ~ 2019 年）

1989 年 8 月 26 日山东省七届人大常委会第 11 次会议，决定设立"山东省日照市人民检察院"和"日照市城郊人民检察院"。

1990 年 2 月，内设机构 6 个：刑事检察处（兼管监所、检察技术）、经济检察处、法纪检察处、控告申诉检察处、政治处（含纪检）、办公室。

1990 年 3 月 1 日市人民检察院对外办公。

1990 年 7 月 6 日市人民检察院举行挂牌仪式，挂"山东省日照市人民检察院"和"山东省日照市人民检察院举报中心"两块牌子。

1991 年 8 月，经济检察处改称反贪污贿赂工作局。1994 年 1 月，设立法律政策研究室、行政装备处，将刑事检察处分为一处、二处。1994 年 5 月，反贪污贿赂工作局改称反贪污贿赂局（正处级），内设机构有综合指导处、侦查一处和侦查二处。1995 年 2 月，增设教育处。

1996 年 6 月，设立市人民检察院驻岚山办事处检察室、驻日照经济开发区检察室、驻日照港务局检察室。检察室增至 4 个（含税务检察室）。

1997 年，市院机关进行了机构改革。内设 12 个机构和反贪污贿赂局，分别是办公室、审查批捕处、审查起诉处、反贪污贿赂局（副处级）、法纪检察处、监所检察处、民事行政检察处、控告申诉检察处（与举报中心一个机构两块牌子）、检察技术处、法律政策研究室、行政装备处、监察处和政治处。反贪局内设综合科、侦查科。驻税务检察室于 1997 年 6 月机关机构改革后撤销。1998 年 12 月，成立警务处，对外称司法警察支队。

2002 年 3 月，市院机关进行了机构改革。机关内设 13 个机构，分别是办公室、政治部（下设组织人事科、宣传教育科）、公诉处、侦查监督处、反贪污贿赂局、渎职侵权检察处、监所检察处、民事行政检察处、控告申诉检察处、检察技术处、法律政策研究室、警务处、行政装备处。纪检组与监察处合署。

2003 年 7 月，渎职侵权检察处更名为渎职侵权检察局。2006 年 3 月，渎职侵权检察局更名为反渎职侵权局。2008 年 12 月，反贪污贿赂局内设的职务犯罪预防处调整为市检察院内设处室。2014 年 1 月，设立案件管理办公室。2015 年 9 月，监所检察处更名为刑事执行检察处，检察技术处更名为检察技术信息处。2016 年 3 月，设立日照市人民检察院派驻山东省鲁南监狱检察室。2016 年 5 月，设立未成年人检察处。

2019 年 10 月，市院机关进行了内设机构改革。内设机构优化整合为15 个：设置业务机构 7 个，分别为第一检察部、第二检察部、第三检察部、第四检察部、第五检察部、第六检察部、第七检察部；综合业务机构 3个，分别为法律政策研究室、案件管理办公室、检务督察部（挂巡察工作领导小组办公室牌子）；综合机构 5 个，分别为办公室（挂新闻宣传办公室牌子）、人事处、组织教育处、检察业务保障部（挂法警支队牌子）、检察事务保障部。机关党委按照有关规定设置。

日照市人民检察院历任领导班子成员名录

名　称	职务	姓　名	任职时间	行政职务	任职时间	备　注
日照市人民检察院党组 1990.1 ～ 1992.3	书记	董书堂	1990.1 ～ 1992.3	检察长	1990.1 ～ 1992.3	
	副书记	赵文新	1990.1 ～ 1999.1	副检察长	1990.3 ～ 1999.1	
	成员	尹世荣	1991.12 ～ 1997.1	反贪局副局长	1991.4 ～ 1995.3	
			1991.11 ～ 1997.1		1991.11 ～ 1997.1	纪检组长

续表1

名　称	职务	姓　名	任职时间	行政职务	任职时间	备　注
1992.3～1994.3	书　记	孙运河	1992.3～1994.3	检察长	1992.3～1994.3	
	副书记	赵文新	1990.1～1999.1	副检察长	1990.3～1999.1	
	成　员	尹世荣	1991.12～1997.1	反贪局副局长	1991.4～1995.3	
					1991.11～1997.1	纪检组长
		司锡联	1992.4～1994.3	副检察长兼反贪局局长	1994.3～1997.6	
				副检察长	1997.6～2001.1	
1994.3～1998.2	书　记	何克睦	1994.3～1997.12	检察长	1994.3～1997.12	
	副书记	司锡联	1992.4～1994.3	副检察长兼反贪局局长	1994.3～1997.6	
				副检察长	1997.6～2001.1	
	成　员	赵文新	1990.1～1999.1	副检察长	1990.3～1999.1	
		尹世荣	1991.12～1997.1	反贪局副局长	1991.4～1995.3	
					1991.11～1997.1	纪检组长
		张永明	1995.3～2009.1	反贪局局长	1995.3～1998.10	
				副检察长	1998.10～2009.1	
		魏绪珊	1996.5～1999.1	副检察长	1996.5～1999.1	
		王慧清	1997.11～2009.11	副检察长	1998.12～2009.11	
		史宗印	1997.10～1999.6			纪检组长
1998.2～2005.12	书　记	李克英	1997.12～2005.12	检察长	1997.12～2005.12	
	副书记	司锡联	1994.3～2001.1	副检察长兼反贪局局长	1994.3～1997.6	
				副检察长	1997.6～2001.1	
		张永明	2001.4～2009.1	副检察长	2001.4～2009.1	
	成　员	赵文新	1990.1～1999.1	副检察长	1990.3～1999.1	
		魏绪珊	1996.5～1999.1	副检察长	1996.5～1999.1	

续表2

名　称	职　务	姓　名	任职时间	行政职务	任职时间	备　注
1998.2～2005.12	成　员	张永明	1995.3～2009.1	反贪局局长	1995.3～1998.10	
				副检察长	1998.10～2009.1	
		王慧清	1997.11～2009.11	副检察长	1998.12～2009.11	
		史宗印	1997.10～1999.6			纪检组长
		赵纪春	1999.1～2005.4		1999.8～2005.4	纪检组长
		王延英	1999.1～2005.4	政治部主任	1998.12～2005.4	
		张守军	1999.11～2011.3	反贪局局长	2000.4～2003.8	
				副检察长	2003.8～2006.4	
		郑玉竹	2002.6～2013.12	公诉处处长	2002.6～2005.4	
				副检察长	2005.4～2013.12	
		王义民	2005.4～2014.1	反贪局局长	2005.4～2007.10	
					2007.10～2009.9	纪检组长
				政治部主任	2009.9～2014.1	
				副检察长	2009.11～2014.1	
		尹兴东	2005.4～	政治部主任	2005.4～2009.9	
				反贪局局长	2009.9～2013.12	
				副检察长	2014.1～	
2005.12～2016.12	书　记	巩盛昌	2005.12～2016.12	副检察长	2006.1～2006.3	
				检察长	2006.3～2016.12	
	副书记	张永明	2001.4～2009.1	副检察长	2001.4～2009.1	
		郑玉竹	2012.6～2013.12	副检察长	2010.12～2013.12	
	成　员	王慧清	1997.11～2009.11	副检察长	1998.12～2009.11	
		张守军	1999.11～2011.3	反贪局局长	1999.11～2003.8	
				副检察长	2003.8～2006.4	
		王义民	2005.4～2014.1	反贪局局长	2005.4～2007.10	
					2007.10～2009.9	纪检组长

续表3

名 称	职 务	姓 名	任职时间	行政职务	任职时间	备 注
2005.12～2016.12	成 员	王义民	2005.4～2014.1	政治部主任	2009.9～2009.11	
				副检察长	2009.11～2014.1	
		尹兴东	2005.4～	政治部主任	2005.4～2009.9	
				反贪局局长	2009.9～2013.11	
				副检察长	2014.1～	
		朱孔政	2006.4～2013.12		2006.4～2007.10	纪检组长
				副检察长	2007.10～2013.12	
		钟树芳	2007.10～2014.1	反贪局局长	2007.10～2009.9	
					2009.9～2014.1	纪检组长
		秦林玉	2009.9～	副检察长	2009.11～	
		曹春霞	2009.9～2017.8	副检察长	2009.11～2017.8	
		管锡露	2013.12～	副检察长	2014.1～	
		徐慧	2014.12～	副处级检察员	2014.12～2017.7	
				政治部主任	2017.7～2019.1	
				副检察长、政治部主任	2019.1～	
		蔡浩	2014.12～2018.1	反贪局局长	2014.12～2018.1	
		史文辉	2014.12～	副调研员	2014.12～	
2017.1～	书 记	韩敏	2017.1～	检察长	2017.3～	
	副书记	秦林玉	2013.12～	副检察长	2013.12～	
	成 员	尹兴东	2005.4～	副检察长	2014.1～	
		管锡露	2013.12～	副检察长	2014.1～	
		徐慧	2014.12～	政治部主任	2017.7～2019.1	
				副检察长、政治部主任	2019.1～	
		史文辉	2014.12～	副调研员	2014.12～	

日照市公安局

（1989 年 ~ 2019 年）

地级日照市建立后，市公安局为行政正处级建制。1990 年 4 月，市公安局机构设置：办公室、政治处、政研室、信访科、刑事侦察大队、治安科、保卫科、政保科、外事科、预审科、通信科、消防科、户政科、行政装备科、看守所、治安拘留所、巡逻警察大队、交通警察支队和纪检组，直管 27 处公安派出所，辖石臼分局、城郊分局。此后，市公安局为适应经济社会发展的需要，经报上级批准后适时调整内设机构。1996、2001、2011 年依据日照市编办"三定"方案，进行 3 次较大调整。

2019 年底，日照市公安局辖莒县、五莲县 2 个县公安局，东港、岚山、日照经济技术开发区、山海天旅游度假区、机场、坪岚铁路 6 个分局和港航公安局。内设机构 25 个：指挥中心、经济犯罪侦查支队、技术侦察支队、监所管理支队、出入境管理支队、法制支队、信息通信处、网络安全保卫支队、宣传处、警务保障处、信访处、警务督察支队、审计处、警卫支队、户政管理处、情报信息处、行政服务处、禁毒支队、食品药品与环境犯罪侦查支队、反恐怖支队、旅游警察支队、监察留置看护支队，国内安全保卫支队、政治部、机关党委。直属机构 10 个：刑事侦查支队、交通警察支队、治安警察支队、特警支队、车辆管理所、日照市看守所、日照市拘留所、高速公路交通警察支队、边防支队、森林警察支队。事业单位 1 个：人民警察训练中心。

市公安局实行党委领导下的行政首长负责制。1989 年 12 月，设立市公安局党组，1993 年 7 月改为党委。1989~2019 年，市公安局领导班子历经多次调整充实。

日照市公安局历任领导班子成员名录

名 称	职 务	姓 名	任职时间	行政职务	任职时间	备 注
日照市公安局党组 1989.12～1993.7	书 记	朱士杰	1990.4～1993.7	局 长	1990.4～1992.3	
					1992.3～1993.7	市委常委、政法委书记
	副书记	刘银贤	1989.12～1993.7	副局长	1989.11～1990.4	主持市公安局工作
					1990.4～1993.7	
	成 员	顾法余	1989.12～1991.9	副局长	1989.11～1990.6	
				副局长、交通警察支队支队长	1990.6～1991.9	
		赵修品	1991.3～1993.7	副局长	1990.1～1990.3	现役。临沂地区边防保卫分局局长
				副局长、边防保卫分局局长	1990.3～1991.2	现 役
				副局长、武警日照市边防支队支队长（边防保卫分局局长）	1991.2～1993.7	现 役
		陈永山	1991.5～1993.7	武警日照市支队支队长	1990.9～1993.7	现 役
		李雅庭	1991.9～1993.7	副局长	1991.8～1991.9	
				副局长、交通警察支队支队长	1991.9～1993.4	
				副局长、交通警察支队支队长、东港分局局长	1993.4～1993.5	
				副局长、东港分局局长	1993.5～1993.7	
		盛聚堂	1993.5～1993.7	政治处主任	1993.5～1993.7	
日照市公安局党委 1993.7～1995.6	书 记	朱士杰	1993.7～1995.6	局 长	1993.7～1995.6	市委常委、政法委书记
	副书记	刘银贤	1993.7～1994.2	副局长	1993.7～1994.2	1994年2月调市委政法委工作

续表1

名　称	职　务	姓　名	任职时间	行政职务	任职时间	备　注
1993.7～1995.6	委员	赵修品	1993.7～1995.6	副局长、武警日照市边防支队支队长(边防保卫分局局长)	1993.7～1995.6	现　役
		李雅庭	1993.7～1995.6	副局长、东港分局局长	1993.7～1994.8	
				副局长	1994.8～1995.6	
		陈永山	1993.7～1995.6	武警日照市支队支队长	1993.7～1993.10	现　役
				副局长、武警日照市支队支队长	1993.10～1994.6	现　役
				副局长	1994.6～1994.7	转业待任职
				东港分局局长	1994.8～1995.6	
		盛聚堂	1993.7～1995.6	政治处主任	1993.7～1995.3	
				副局长	1995.3～1995.6	
	纪委书记	成之森	1993.7～1995.6			
1995.6～1999.9	书　记	王献增	1995.6～1999.9	局　长	1995.6～1998.3	
					1998.3～1998.8	市委政法委常务副书记
					1998.8～1999.10	享受副市级干部待遇。兼任市委政法委常务副书记至1999年9月
	副书记	毕宝文	1995.6～1999.9	副局长	1995.6～1999.10	
		刘银贤	1997.8～1999.9	副局长(正处级)	1997.9～1999.9	
	委员	赵修品	1995.6～1999.9	副局长、边防支队支队长	1995.6～1997.8	
				副局长	1997.8～1999.9	
		陈永山	1995.6～1999.9	东港分局局长	1995.6～1995.10	
				巡逻警察支队副支队长	1995.10～1996.6	
				巡逻警察支队支队长	1996.7～1999.9	
		盛聚堂	1995.6～1999.9	副局长	1995.6～1999.9	

续表 2

名　称	职务	姓名	任职时间	行政职务	任职时间	备　注
1995.6～ 1999.9	纪委 书记	成之森	1995.6～1999.9			
	委员	王万起	1995.6～1999.9	副局长	1995.6～1999.9	
		戴龙祥	1996.6～1999.9	政治处主任	1996.6～1997.2	
				政治部主任	1997.2～1999.9	
		来永庆	1996.12～1999.9	副局长	1996.12～1999.9	
		孙运涛	1997.5～1999.9	办公室主任	1995.5～1999.9	
		史继波	1997.5～1999.9	交通警察支队 支队长	1993.5～1999.9	
		林苍	1999.4～1999.9	副局长	1999.4～1999.9	公安部 干部。挂职
1999.9～ 2001.9	书记	毕宝文	1999.9～2001.9	局长	1999.10～2001.9	
	副书记	刘银贤	1999.9～2001.9	政委	1999.9～2001.9	
		来永庆	1999.9～2001.9	副局长	1999.9～2001.9	
	委员	赵修品	1999.9～2001.9	副局长	1999.9～2001.2	
				副局长	2001.2～2001.9	另任正处级 领导干部
		陈永山	1999.9～2000.12	巡逻警察支队 支队长	1999.9～2000.12	2000年12 月离任后， 任副处级 干部至退 休
		盛聚堂	1999.9～2001.9	副局长	1999.9～2001.9	
	纪委 书记	成之森	1999.9～2001.9			
	委员	王万起	1999.9～2001.9	副局长	1999.9～2001.9	
		戴龙祥	1999.9～2001.9	政治部主任	1999.9～2001.9	
		孙运涛	1999.9～1999.10	岚山分局局长	1999.9～1999.10	岚山 工委委员
		史继波	1999.9～2001.9	副局长	1999.9～2001.9	
		林苍	1999.9～2000.4	副局长	1999.9～2000.4	公安部干 部。挂职
		郭同华	2000.2～2001.9	交通警察支队 支队长	1999.9～2001.9	
		成荣恩	2000.2～2001.9	东港分局局长	1997.2～2000.8	
				东港分局政委	2000.8～2001.4	
				巡逻警察支队 支队长	2001.5～2001.9	

续表3

名 称	职 务	姓 名	任职时间	行政职务	任职时间	备 注
1999.9～2001.9	委 员	王 鹏	2000.4～2001.4	局长助理	2000.4～2001.4	东港区委政法委干部。挂职
2001.9～2006.12	书 记	张志华	2001.9～2006.12	局 长	2001.9～2004.12	
					2004.12～2006.12	副市级干部
	副书记	刘银贤	2001.9～2003.03	政 委	2001.9～2003.3	2003年3月离任后，任正处级侦察员至退休
		来永庆	2001.9～2006.12	副局长	2001.9～2003.3	
				政 委	2003.3～2006.12	
	委 员	赵修品	2001.9～2006.12	副局长	2001.9～2006.12	另任正处级领导干部。2006年12月离任后，任正处级侦察员至退休
		盛聚堂	2001.9～2006.12	副局长	2001.9～2003.8	
				副局长、正处级侦察员	2003.8～2006.12	
		王万起	2001.9～2006.12	副局长	2001.9～2005.4	
				副局长、正处级侦察员，日照港公安局局长	2005.4～2006.12	
		史继波	2001.9～2006.12	副局长	2001.9～2005.4	
				副局长、正处级侦察员	2005.4～2006.12	
	纪委书记	成之森	2001.9～2002.12			
		王玉琛	2002.12～2006.12	副政委	2002.12～2006.10	
				副政委、正处级侦察员	2006.10～2006.12	
	委 员	戴龙祥	2001.9～2005.5	政治部主任	2001.9～2005.4	
				交通警察支队政委	2005.4～2005.5	
		郭同华	2001.9～2006.12	交通警察支队支队长	2001.9～2005.4	
				副局长	2005.04～2006.10	
				副局长、正处级侦察员	2006.10～2006.12	
		成荣恩	2001.9～2006.4	巡逻警察支队支队长	2001.9～2002.4	
				治安巡逻警察支队支队长	2002.4～2006.5	

续表4

名　称	职　务	姓　名	任职时间	行政职务	任职时间	备　注
2001.9~2006.12	委　员	曾宪威	2004.4~2006.12	指挥中心主任	2002.4~2005.4	
				东港分局局长	2005.4~2006.12	
		孙运涛	2004.11~2006.12	局长助理	2004.11~2005.4	
				政治部主任	2005.4~2005.10	
				副局长、政治部主任	2006.10~2006.12	
		熊桂登	2005.4~2006.12	副局长	2005.4~2006.12	
		任焕新	2005.5~2006.12	指挥中心主任	2005.4~2006.12	
2006.12~2011.12	书　记	槐国栋	2006.12~2011.12	局　长	2006.12~2007.11	
					2007.11~2010.12	副市级干部
					2010.12~2012.1	市政府党组成员、副市级干部
	副书记	来永庆	2006.12~2010.12	政　委	2006.12~2010.12	2010年12月离任后，任正处级侦察员至退休
		盛聚堂	2010.12~2011.12	政　委	2010.12~2011.12	
	委　员	盛聚堂	2006.12~2010.12	副局长、正处级侦察员	2006.12~2010.12	
		王万起	2006.12~2011.12	副局长、正处级侦察员，日照港公安局局长	2006.12~2011.12	
		史继波	2006.12~2011.10	副局长、正处级侦察员	2006.12~2011.11	2011年11月离任后，任正处级侦察员至退休
	纪委书记	王玉琛	2006.12~2010.12	副政委、正处级侦察员	2006.12~2010.12	
	委　员	王玉琛	2010.12~2011.12	副局长、正处级侦察员	2010.12~2011.12	
		郭同华	2006.12~2010.6	副局长、正处级侦察员	2006.12~2010.7	2010年7月离任后，任正处级侦察员至退休
		熊桂登	2006.12~2011.12	副局长	2006.12~2010.12	
				副局长、正处级侦察员	2010.12~2011.12	

续表5

名 称	职 务	姓 名	任职时间	行政职务	任职时间	备 注
2006.12 ~ 2011.12	委 员	孙运涛	2006.12 ~ 2011.12	副局长、政治部主任	2006.12 ~ 2008.7	
				副局长	2008.7 ~ 2010.12	
				副局长、正处级侦察员	2010.12 ~ 2011.12	
		曾宪威	2006.12 ~ 2011.12	东港分局局长	2006.12 ~ 2010.7	
				副局长、东港分局局长	2010.7 ~ 2010.8	
				副局长	2010.8 ~ 2011.12	
		任焕新	2006.12 ~ 2010.12	指挥中心主任	2006.12 ~ 2010.12	
	纪委书记	任焕新	2010.12 ~ 2011.12	副政委	2010.12 ~ 2011.12	
	委 员	王 芳	2008.7 ~ 2011.12	政治部主任	2008.7 ~ 2011.11	
				副政委、政治部主任	2011.11 ~ 2011.12	
		孙世和	2009.2 ~ 2011.12	交通警察支队支队长	2005.4 ~ 2011.12	
		冯念东	2010.10 ~ 2011.12	边防支队支队长	2010.5 ~ 2011.12	现 役
	纪委书记	周 波	2011.11 ~ 2011.12	治安警察支队支队长	2006.10 ~ 2011.12	
	委 员	李海防	2011.11 ~ 2011.12	刑事侦察支队支队长	2002.4 ~ 2011.12	
2011.12 ~ 2017.1	书 记	丛培浩	2011.12 ~ 2017.1	局 长	2012.1 ~ 2015.5	市政府党组成员、副市级干部
					2015.5 ~ 2017.1	市政府副市长、党组成员
	副书记	盛聚堂	2011.12 ~ 2016.12	政 委	2011.12 ~ 2016.12	2017年2月调市人大工作
		王玉琛	2014.12 ~ 2016.12	正处级侦察员	2014.12 ~ 2016.12	2016年12月离任后，任正处级侦察员至退休
		熊桂登	2016.12 ~ 2017.1	政 委	2016.12 ~ 2017.1	
	委 员	王万起	2011.12 ~ 2012.3	副局长、正处级侦察员，日照港公安局局长	2011.12 ~ 2012.2	2012年2月调日照港公安局任调研员至退休

续表 6

名　称	职　务	姓　名	任职时间	行政职务	任职时间	备　注
2011.12 ~ 2017.1	委　员	王玉琛	2011.12 ~ 2014.12	副局长、正处级侦察员	2011.12 ~ 2014.12	
		熊桂登	2011.12 ~ 2016.12	副局长、正处级侦察员	2011.12 ~ 2016.12	
		孙运涛	2011.12 ~ 2016.12	副局长、正处级侦察员	2011.12 ~ 2016.7	市旅游发展委员会副主任（兼）。2016年12月离任后,任正处级侦察员至退休
					2016.7 ~ 2016.12	
		曾宪威	2011.12 ~ 2017.1	交通警察支队支队长	2011.12 ~ 2013.6	
				副局长、交通警察支队支队长	2013.6 ~ 2016.1	
				副局长（正处级）	2016.1 ~ 2017.1	
		任焕新	2011.12 ~ 2017.1	副局长、正处级侦察员	2011.12 ~ 2017.1	
		王芳	2011.12 ~ 2017.1	副政委、政治部主任	2011.12 ~ 2014.12	
				政治部主任	2014.12 ~ 2015.1	
				政治部主任、正处级侦察员	2015.1 ~ 2017.1	
		冯念东	2011.12 ~ 2012.9	边防支队支队长	2011.12 ~ 2012.5	现役。2012年5月至9月转业待任职
	纪委书记	周波	2011.12 ~ 2016.12			2014年1月任正处级侦察员
				副政委、正处级侦察员	2014.12 ~ 2016.12	2016年12月离任后,任正处级侦察员至退休
	委　员	李海防	2011.12 ~ 2017.1	副局长	2011.12 ~ 2016.1	
				交通警察支队支队长	2016.1 ~ 2017.1	
		魏志峰	2012.9 ~ 2016.9	边防支队支队长	2012.5 ~ 2016.9	现役
		张仲武	2016.12 ~ 2017.1	副局长	2016.12 ~ 2017.1	

续表 7

名称	职务	姓名	任职时间	行政职务	任职时间	备注
2011.12～ 2017.1	委员	刘军	2013.9～2017.1	指挥中心主任	2010.12～2017.1	
		杨乐清	2013.12～2017.1	副局长、 东港分局局长	2013.12～2014.12	
				东港分局局长	2014.12～2016.1	
				副局长、 东港分局局长	2016.1～2017.1	
2017.1～	书记	张培林	2017.1～	局长	2017.1～2017.2	市政府 党组成员
					2017.2～	市政府 副市长、 党组成员
	副书记	熊桂登	2017.1～	政委	2017.1～	
	委员	曾宪威	2017.1～	副局长 （正处级）	2017.1～	2017年10月 至2019年1 月，兼任市旅 游发展委员 会副主任
		任焕新	2017.1～2018.12	副局长、 正处级侦察员	2017.1～2019.1	2019年1月 离任后，任正 处级侦察员
		王芳	2017.1～2019.6	政治部主任、 正处级侦察员	2017.1～2019.6	2019年6月 调市委政法 委工作。主持 市公安局政 治部工作至 2019年10月
		李海防	2017.1～2018.12	交通警察支队 支队长	2017.1～2017.10	
				副政委 （正处级）	2017.10～2018.12	2018年12月 离任后，任正 处级干部至 退休
		张仲武	2017.1～2018.8	副局长	2017.1～2017.10	
				交通警察支队 支队长	2017.10～2018.8	
		刘军	2017.1～	指挥中心主任	2017.1～2017.10	
				副局长、 指挥中心主任	2017.10～2018.11	
				副局长、 东港分局局长	2018.11～	

续表8

名 称	职 务	姓 名	任职时间	行政职务	任职时间	备 注
市公安局党委 2017.1～	委 员	杨乐清	2017.1～	副局长、东港分局局长	2017.1～2018.11	
				交通警察支队支队长	2018.11～	
		高 伟	2017.10～	边防支队支队长	2016.9～2018.12	现 役
					2019.1～	
		史文明	2018.11～	指挥中心主任	2018.11～2019.12	
				副局长	2019.12～	
		胡训立	2019.3～	副局长	2019.3～	
		赵家峰	2019.10～	政治部主任	2019.10～	

日照市司法局

（1989年～2019年）

1989年12月，地级日照市司法局成立。

1990年8月23日，市编委以日编发〔1990〕号文批准成立日照市对外律师事务所，批准每个乡镇设立司法所（正股级）。

1993年，市司法局直属机构有：日照市第一律师事务所、对外律师事务所、日照市公证处。2004年8月，成立日照市第二公证处。2006年9月日照市公证员协会成立。2007年6月24日，日照市第二公证处更名为山东日照德信公证处。同月，日照市公证处更名为山东日照阳光公证处。

2017年11月14日，市委办公室日办发〔2017〕39号文件：市司法局不再保留纪检监察机构，取消原核定的纪检监察领导职数。

2018年12月机构改革，市司法局与市法制办合并，成立新的市司法局。

日照市司法局领导历任领导班子成员名录

名　称	职务	姓名	任职时间	行政职务	任职时间	备注
市司法局党组 1989.12 ～ 1992.11	书记	纪德尚	1990.1 ～ 1992.11	副局长（主持工作）	1989.12 ～ 1992.11	
	副书记	贺桂林	1989.12 ～ 1992.1	副局长	1989.12 ～ 1990.2	
		徐锦伯		副局长	1989.12 ～ 1990.2	
		丁兆仁		副局长	1989.12 ～ 1990.2	
	成员	顾法余	1990.1 ～ 1993.2	副局长	1990.1 ～ 1993.2	
1992.11 ～ 2001.1	书记	吴建秀	1992.11 ～ 2001.1	局长	1992.11 ～ 2001.1	
	成员	范建俊	1993.1 ～ 2001.1	副局长	1993.2 ～ 2001.1	
		韩敬足	1993.4 ～ 2001.1	副局长	1993.5 ～ 2001.1	
		吴茂传		调研员	1994.1 ～ 2001.1	
	成员	夏召法	1997.1 ～ 2001.1	副局长	1996.12 ～ 2001.1	
	纪检组长	谭玉美	1995.5 ～ 1999.3			
	纪检组长	夏培军	1999.3 ～ 2001.1			
		林彦芹		副局长	2000.7 ～ 2001.1	
2001.1 ～ 2012.11	书记	王智	2001.1 ～ 2012.10	局长	2001.1 ～ 2012.11	
	成员	夏召法	2001.1 ～ 2007.9	副局长	2001.1 ～ 2007.9	
		范建俊	2001.1 ～ 2006.12	副局长	2001.1 ～ 2006.12	
		韩敬足	2001.1 ～ 2006.12	副局长	2001.1 ～ 2006.12	
		夏培军	2001.1 ～ 2006.12			纪检组长
			2006.12 ～ 2008.10	副局长		
		林彦芹		副局长	2001.1 ～ 2007.10	

续表1

名 称	职 务	姓 名	任职时间	行政职务	任职时间	备 注
2001.1 ～ 2012.11	成 员	杜克成	2005.4 ～ 2012.7	副局长	2006.12 ～ 2012.11	
	副书记		2012.7 ～ 2012.11			
	成 员	徐公德	2007.10 ～ 2010.6	副局长	2007.10 ～ 2010.7	
		武爱民	2006.12 ～ 2012.11	副局长	2010.7 ～ 2012.11	
			2006.12 ～ 2010.6			纪检组长
		丁元秋	2007.1 ～ 2012.11			
		刘书荣	2007.1 ～ 2012.11	副局长	2008.11 ～ 2012.11	
		高挺华	2008.10 ～ 2012.11	副局长	2008.11 ～ 2012.11	
		冯志法	2010.6 ～ 2012.11			纪检组长
		贾秀琴	2010.9 ～ 2012.11			
		史安祥	2010.6 ～ 2012.11	副局长	2010.7 ～ 2012.11	
		徐淑昌		副调研员	2010.12 ～ 2012.11	
2012.11 ～ 2017.1	书 记	赵文胜	2012.10 ～ 2017.1	局 长	2012.11 ～ 2017.1	
	副书记	杜克成	2012.11 ～ 2013.5	副局长	2012.11 ～ 2013.6	
	成 员		2012.11 ～ 2013.5	副局长	2012.11 ～ 2015.1	
	副书记	武爱民	2013.5 ～ 2014.12	调研员	2015.1 ～ 2017.1	
	成 员		2014.12 ～ 2016.12			
	成 员	丁元秋	2012.11 ～ 2013.5	副调研员	2013.6 ～ 2017.1	
		刘书荣	2012.11 ～ 2017.1	副局长	2012.11 ～ 2017.1	
		高挺华	2012.11 ～ 2017.1	副局长	2012.11 ～ 2017.1	
		冯志法	2012.11 ～ 2013.5			纪检组长
		贾秀琴	2012.11 ～ 2017.1			
		徐淑昌	2013.5 ～ 2017.1	副调研员	2012.11 ～ 2013.6	
				副局长	2013.6 ～ 2017.1	

续表 2

名　称	职务	姓名	任职时间	行政职务	任职时间	备　注
2012.11 ～ 2017.1	成员	马运德	2016.2 ～ 2017.1	副局长	2016.2 ～ 2017.1	
		史安祥	2012.11 ～ 2016.2	副局长	2012.11 ～ 2016.2	
		张薇		副局长（挂职）	2017.4 ～ 2017.1	
		张逸之		政治部主任	2013.5 ～ 2017.1	
		申亮		副调研员	2013.6 ～ 2017.1	
2017.1 ～ 2018.12	书记	张桂伟	2017.1 ～ 2018.12	局长	2017.1 ～ 2018.12	
		武爱民		调研员	2017.1 ～ 2018.12	
	成员	刘书荣	2017.1 ～ 2018.12	副局长	2017.1 ～ 2018.12	
		高挺华	2017.1 ～ 2018.12	副局长	2017.1 ～ 2018.12	
		贾秀琴	2017.1 ～ 2018.12			
		徐淑昌	2017.1 ～ 2017.7	副局长	2017.1 ～ 2017.8	
	副书记	曹春霞	2017.7 ～ 2018.12	调研员	2017.8 ～ 2018.12	
	成员	马运德	2017.1 ～ 2018.12	副局长	2017.1 ～ 2018.12	
		张薇		副局长（挂职）	2017.1 ～ 2018.3	
		张逸之		政治部主任	2017.1 ～ 2018.12	
		申亮		副调研员	2017.1 ～ 2018.12	
2018.12 ～	书记	赵久成	2018.12 ～	局长	2018.12 ～	

续表3

名　称	职　务	姓　名	任职时间	行政职务	任职时间	备　注
2018.12 ~	副书记	曹春霞	2018.12 ~	调研员	2018.12 ~	
		武爱民		调研员	2018.12 ~ 2019.6	
	成　员	马运德	2018.12 ~	副局长	2018.12 ~	
		刘书荣	2018.12 ~	副局长	2018.12 ~	
		高挺华	2018.12 ~	副局长	2018.12 ~	
		贾秀琴	2018.12 ~			
		贾秀玲		副局长	2019.1 ~	
		王　祥		副局长	2019.1 ~	
		张逸之		政治部主任	2018.12 ~	
		申　亮		副调研员	2018.12 ~	

日照市公安边防支队

（1990 年 ~ 2018 年）

1990 年 3 月，临沂地区公安处边防保卫分局撤销，组建中国人民武装警察部队日照市边防支队（正团级），又称日照市公安局边防保卫分局。2001 年 3 月，边防保卫分局改为市公安边防支队（保留武警日照市边防支队番号）。2018 年 12 月，市公安边防支队随着体制调整退出现役，武警日照市边防支队番号撤销。边防支队设党委。

日照市公安边防支队历任领导班子部分成员名录

名　称	职　务	姓　名	任职时间	党内职务	任职时间	备　注
日照市公安局边防保卫分局 1990.1 ～ 1997.8	局　长	赵修品	1990.3 ～ 1997.8	书　记	1990 ～ 1997.8	市公安局党委委员、副局长、边防保卫分局局长
	政治委员	蔺洪昌	1995.10 ～ 1998.8	副书记	1996.4 ～ 1998.9	
1997.9 ～ 2002.1（2001年3月改为日照市公安局边防支队党委）	支队长（局长）	蔺洪昌	1998.8 ～ 2002.1	书　记	1998.8 ～ 2002.2	
	政治委员	徐恩玉	1998.8 ～ 2001.3	副书记	1998.9 ～ 2001.3	
		王善良	2001.9 ～ 2002.1	副书记	2001.9 ～ 2002.2	
2002.1 ～ 2010.5	支队长	王善良	2002.1 ～ 2010.5	书　记	2002.2 ～ 2010.5	
	政治委员	李建福	2002.2 ～ 2003.5	副书记	2002.2 ～ 2003.6	
		程道杰	2003.5 ～ 2006.7	副书记	2003.6 ～ 2006.1	
		冯念东	2006.7 ～ 2010.5	副书记	2006.1 ～ 2010.5	
2010.5 ～ 2012.5	支队长	冯念东	2010.5 ～ 2012.3	书　记	2010.5 ～ 2012.5	市公安局党委委员
	政治委员	陈志国	2010.5 ～ 2012.3	副书记	2010.5 ～ 2012.5	
2012.5 ～ 2016.7	支队长	魏志峰	2012.5 ～ 2016.7	副书记	2012.5 ～ 2016.7	市公安局党委委员
	政治委员	陈志国	2012.3 ～ 2014.7	书　记	2012.5 ～ 2014.7	
		姜家渠	2014.7 ～ 2016.7	书　记	2014.7 ～ 2016.7	
2016.7 ～ 2018.12	支队长	高　伟	2016.7 ～ 2018.12	副书记	2016.7 ～ 2018.12	市公安局党委委员
	政治委员	李敬坤	2016.7 ～ 2018.12	书　记	2016.7 ～ 2018.12	

日照市公安消防支队

（1990 年 ~ 2018 年）

1990 年 8 月，经公安部批准组建武警日照市消防大队，副团级建制。同年 12 月经公安部批准，日照市消防大队升格为日照市消防支队，正团级建制。1996 年 6 月，武警日照市消防支队改称日照市公安消防支队。

2018 年 10 月，公安消防部队根据党和国家机构改革部署，集体退出现役，组建国家综合性消防救援队伍，成建制划归应急管理部，同时撤销中国人民武装警察部队消防局及其所属部队番号，暂称日照市消防支队。2019 年 11 月，中央编办印发《消防救援队伍总队及以下单位机构编制方案》，改称日照市消防救援支队。同年 12 月，正式挂牌成立。

日照市公安消防支队历任领导班子部分成员名录

单位名称	姓 名	职 务	任职时间	备 注
武警日照市消防大队 1990.8 ~ 1990.12	薄洪武	副大队长	1990.8 ~ 1992.9	1990.12 ~ 1992.9 升级为支队后，领导职务未改任
	李庆福	副政委	1990.8 ~ 1992.9	
武警日照市消防支队 1990.12 ~ 1996.6	薄洪武	副支队长	1996.6 ~ 1994.10	
		支队长	1994.10 ~ 1996.6	
	李庆福	副政委	1992.9 ~ 1994.10	
		政 委	1994.10 ~ 1996.6	
日照市公安消防支队 1996.6 ~ 2000.12	薄洪武	支队长	1996.6 ~ 2000.12	
	李庆福	政 委	1996.6 ~ 2000.12	

续表

单位名称	姓 名	职 务	任职时间	备 注
2001.1 ~ 2005.12	薄洪武	支队长	2001.1 ~ 2002.4	
	李庆福		2002.10 ~ 2004.2	
	张仁庆		2004.2 ~ 2005.12	
	李庆福	政 委	2001.1 ~ 2002.10	
	刘和金		2002.10 ~ 2004.2	
	田永胜		2004.2 ~ 2005.12	
2006.1 ~ 2010.12	张仁庆	支队长	2006.1 ~ 2010.12	
	田永胜	政 委	2006.1 ~ 2007.12	
	范永晶		2007.12 ~ 2010.12	
2011.1 ~ 2015.12	张仁庆	支队长	2011.1 ~ 2011.4	
	董新明		2012.6 ~ 2013.7	
	刘正贵		2013.7 ~ 2015.12	
	范永晶	政 委	2011.1 ~ 2012.4	
	路 军		2012.10 ~ 2015.12	
2016.1 ~ 2018.10	刘正贵	支队长	2016.1 ~ 2017.12	
	陈洪震		2017.12 ~ 2018.10	
	路 军	政 委	2016.1 ~ 2017.7	
	刘正贵		2017.12 ~ 2018.10	

日照市港航公安局

（1989 年 ~ 2019 年）

1983 年 6 月，设立石臼港公安局，1992 年 6 月改为日照港公安局。2018 年 3 月，日照港公安局转制市公安局，改为日照市港航公安局，行政建制，正处级。日照市港航公安局设党委。

日照市港航公安局历任领导班子部分成员名录

名　称	职　务	姓　名	任职时间	行政职务	任职时间	备　注
石臼港公安局党总支 1989.7 ~ 1991.5	书　记	郏全顺	1989.7 ~ 1991.5	副局长	1989.7 ~ 1991.5	
石臼港公安局党委 1991.5 ~ 1992.6	书　记	郁家志	1991.5 ~ 1992.6	局　长	1991.5 ~ 1992.6	
日照港公安局党委 1992.6 ~ 2018.3	书　记	郁家志	1992.6 ~ 1994.7	局　长	1992.6 ~ 1994.7	
		郏全顺	1994.7 ~ 2005.4	局　长	1994.7 ~ 2005.4	
		王万起	2005.4 ~ 2012.2	局　长	2005.4 ~ 2012.2	市公安局党委委员、副局长
		段洪波	2012.2 ~ 2017.2	局　长	2012.2 ~ 2017.2	
		秦玉伟	2017.2 ~ 2018.3	局　长	2017.2 ~ 2018.3	
	副书记	郏全顺	2005.4 ~ 2008.8	政　委	2005.4 ~ 2008.8	
		段洪波	2008.8 ~ 2012.2	政委、督察长	2008.8 ~ 2012.2	兼纪委书记
		申　山	2012.2 ~ 2018.3	政委、督察长	2012.2 ~ 2018.3	兼纪委书记
日照市港航公安局党委 2018.3 ~	书　记	秦玉伟	2018.3 ~	局　长	2018.3 ~ 2019.11	
				局长、督察长	2019.11 ~	
	副书记	申　山	2018.3 ~	政委、督察长	2018.3 ~ 2019.11	兼纪委书记
				政　委	2019.11 ~	

日照市公安局交通警察支队

（1989 年 ~ 2019 年）

　　1990 年 1 月，日照市公安交通警察队更名为日照市公安交通警察支队，升格为副处级机构。同年 6 月，完成组建，成立支队党支部。1991 年 4 月，市公安交通警察支队改为市公安局交通警察支队。1993 年 5 月，成立支队党总支。1995 年 2 月，成立支队党委。

日照市公安局交通警察支队历任领导班子部分成员名录

名　称	职　务	姓　名	任职时间	行政职务	任职时间	备　注
日照市公安局交通警察支队党支部 1990.6～1991.9	书　记	顾法余	1990.6～1991.9	市公安局副局长、交通警察支队支队长	1990.6～1991.9	副处级
	副书记	徐善琛	1990.6～1991.9	副政委	1990.6～1991.9	正科级
1991.9～1993.5	书　记	李雅庭	1991.9～1993.5	市公安局副局长、交通警察支队支队长	1991.9～1993.5	副处级
	副书记	徐善琛	1991.9～1993.6	副政委	1991.9～1993.6	正科级
日照市公安局交通警察支队党总支、党委 1993.5～1999.9	书　记	史继波	1993.5～1999.9	支队长	1993.5～1999.9	副处级
	副书记	赵庆和	1993.5～1999.9	政委	1993.5～1999.9	
	党总支副书记	徐善琛	1993.6～1997.9	副政委	1993.6～1997.9	正科级
	党总支副书记	牟宗连	1997.3～1998.9			
	党委副书记		1998.9～1999.9			副处级
日照市公安局交通警察支队党委 1999.9～2005.4	书　记	郭同华	1999.9～2005.4	支队长	1999.9～2005.4	副处级
	副书记	赵庆和	1999.9～2003.8	政委	1999.9～2003.8	
		孙世和	2003.8～2005.4	政委	2003.8～2005.4	
	党委副书记	牟宗连	1999.9～2005.5			
2005.4～2011.12	书　记	孙世和	2005.4～2011.12	支队长	2005.4～2011.12	副处级
	副书记	戴龙祥	2005.4～2007.8	政委	2005.4～2007.8	
		姜少利	2009.1～2011.11	政委	2009.1～2011.11	
	党委副书记	牟宗连	2005.5～2006.4			
		陈鹏路	2006.4～2010.12			

续表

名　称	职务	姓　名	任职时间	行政职务	任职时间	备　注
2011.12～ 2016.1	书　记	曾宪威	2011.12～2016.1	支队长	2011.12～2013.6	正处级
				市公安局 副局长、交通 警察支队 支队长	2013.6～2016.1	
	副书记	孙世和	2011.12～2016.1	政　委	2011.12～2016.1	
		姜少利	2011.12～2016.1			
2016.1～ 2017.10	书　记	李海防	2016.1～2017.10	支队长	2016.1～2017.10	正处级
	副书记	孙世和	2016.1～2016.12	政　委	2016.1～2016.12	
		姜少利	2016.1～2016.12	副书记	2016.1～2016.12	
2017.10～ 2018.11	书　记	张仲武	2017.10～2018.8	支队长	2017.10～2018.8	正处级
	副书记	相玉杰	2018.9～2018.11	副支队长	2018.9～2018.11	副处级
2018.11～	书　记	杨乐清	2018.11～	支队长	2018.11～	正处级
	副书记	相玉杰	2018.11～	政　委	2018.11～	

日照市公安局机场分局

（2016年～2019年）

2015年9月，设立日照市公安局机场分局，行政建制，正科级。2016年4月，建立机场分局党总支。是年6月，完成党总支班子组建工作。

日照市公安局机场分局历任领导班子部分成员名录

名　称	职务	姓　名	任职时间	行政职务	任职时间
机场公安分局 党总支 2016.6～	书　记	王龙森	2016.6～	局　长	2016.1～
	副书记	时培玺	2016.6～	政　委	2016.1～

日照市公安局坪岚铁路分局

（ 2001 年 ~ 2019 年 ）

2000 年 1 月，设立山东省地方铁路公安局坪岚分局。 2018 年 11 月，山东省地方铁路公安局坪岚分局转制日照市公安局，改为坪岚铁路分局，行政建制，正科级。坪岚铁路分局设党支部。

日照市公安局坪岚铁路分局历任领导班子部分成员名录

名　称	职　务	姓　名	任职时间	行政职务	任职时间	备　注
坪岚铁路公安分局党支部2004.6 ~	书记	费立旺	2004.6 ~ 2013.12	局　长	2001.3 ~ 2013.12	
		童良刚	2013.12 ~ 2019.12	副局长	2013.12 ~ 2019.9	主持分局工作
					2019.9 ~	
		刘　伟	2019.12 ~	政　委	2019.9 ~	主持分局工作

日照监狱

（ 1998 年 ~ 2019 年 ）

1998 年 4 月 20 日，省政府批准筹建山东省日照监狱。1999 年 4 月 22 日，省编办确立日照监狱为处级建制。2000 年 3 月 23 日，日照监狱筹建处挂牌办公。2009 年 8 月 29 日，山东省人民政府印发《关于同意组建日照市劳动教养管理所的批复》，同意在日照市组建日照市劳动教养管理所，收容规模为 1000 人。2010 年 4 月 2 日，日照市劳动教养管理所筹建处正式挂牌成立。2014 年 4 月 30 日，省政府批准将日照市劳教所设置为山东省日照监狱，关押规模为 1000 人。

日照监狱筹建处领导班子部分成员名录

姓 名	职 务	任职时间
吴建秀	监狱长、政委	1998.10 ~ 2001.1
王 智	监狱长、政委	2001.1 ~ 2010.7

2010 年 ~ 2014 年日照市劳教所领导班子部分成员名录

姓 名	职 务	任职时间
王 智	所 长	2010.7 ~ 2012.12
徐公德	政 委	2010.7 ~ 2013.5
	所 长	2013.6 ~ 2016.5
	党支部书记、所长	2013.7 ~ 2016.5
赵文胜	第一政委	2013.5 ~ 2014.12
杜克成	政 委	2013.5 ~ 2016.4
	党支部副书记、政委	2013.7 ~ 2016.4

2016 年 ~ 2019 年日照监狱领导班子部分成员名录

姓 名	职 务	任职时间
徐公德	监狱长	2016.5 ~ 2016.12
	党支部书记、监狱长	2016.7 ~ 2016.12
张桂伟	党委书记	2017.7 ~ 2018.12
杜克成	政 委	2016.4 ~ 2018.12
	党支部副书记、政委	2016.7 ~ 2017.7
	党委委员、政委	2017.7 ~ 2019.1
赵久成	党委书记	2018.12 ~
徐淑昌	党委副书记	2017.7 ~
	党委副书记、监狱长	2017.8 ~
闫 岩	政 委	2019.7 ~

第二章　区县党委政法委与政法单位沿革

日照市东港区委政法委与政法单位沿革

日照市东港区委政法委员会

（1993年～2019年）

中共日照市东港区委政法委员会1993年5月设立，行政建制，正科级。

日照市东港区委政法委员会历任领导班子部分成员名录

名　称	职　务	姓　名	任职时间	备　注
中共日照市东港区委政法委员会 1993.5～1996.2	副书记	丁兆仁	1993.5～1993.9	
		尹德亮	1993.5～1993.11	
		张胜英	1993.9～1997.2	
1996.2～1996.12	书　记	张博华	1996.2～1996.12	
1997.1～2001.2	书　记	孔凡征	1997.1～2001.2	
2001.5～2006.3	书　记	牟善海	2001.5～2006.3	
2006.3～2006.12	书　记	刘锋慧	2006.3～2006.12	
2006.12～2007.11	书　记	王汉日	2006.12～2007.11	
	常务副书记	丁明真	2006.12～2007.11	
2007.11～2011.11	书　记	申淑清	2007.11～2011.11	
	常务副书记	李先民	2007.11～2011.12	
2011.12～2016.12	书　记	刘森林	2011.12～2016.12	
	常务副书记	张永峰	2011.12～2017.3	

续表

名　称	职　务	姓　名	任职时间	备　注
2016.12 ~	书　记	王　磊	2016.12 ~	
	常务副书记	张永峰	2011.12 ~ 2017.3	
		陈洪聪	2017.3 ~ 2018.11	

日照市东港区人民法院

（1993 年 ~ 2019 年）

1993 年，由日照市城郊法院更名为日照市东港区人民法院，为行政正科级建制，设立党组。现设立案庭（诉讼服务中心）等 10 个内设机构，石臼人民法庭等 6 个人民法庭。

日照市东港区人民法院历任领导班子部分成员名录

名　称	职　务	姓　名	任职时间	行政职务	任职时间
日照市东港区人民法院党组 1990.1 ~ 1997.12	书　记	王　冉	1993.2 ~ 1997.12	院　长	1993.2 ~ 1997.12
1997.12 ~ 2000.5	书　记	王万军	1997.12 ~ 2000.5	院　长	1997.12 ~ 2000.5
2000.5 ~ 2002.12	书　记	张则俊	2000.5 ~ 2002.12	院　长	2000.5 ~ 2002.12
2003.1 ~ 2007.11	书　记	王道新	2003.1 ~ 2007.11	院　长	2003.1 ~ 2007.11
	副书记	刘红军	2003.6 ~ 2007.11	副院长	2003.1 ~ 2007.11
2007.11 ~ 2011.11	书　记	李志毅	2007.11 ~ 2011.11	院　长	2007.11 ~ 2011.11
	副书记	魏绪壮	2007.11 ~ 2009.4	副院长	2007.11 ~ 2009.4
		范洪军	2007.11 ~ 2011.11	副院长	2007.11 ~ 2011.11
2011.11 ~ 2016.12	书　记	王义宽	2011.11 ~ 2016.12	院　长	2011.11 ~ 2016.12
	副书记	范洪军	2011.11 ~ 2016.5	副院长	2011.11 ~ 2016.5
		郭　锋	2012.7 ~ 2016.12		
2016.12 ~	书　记	傅廷文	2016.12 ~ 2019.12	院　长	2016.12 ~ 2019.12
	副书记	郭　锋	2012.7 ~		

日照市东港区人民检察院

（1990 年 ~ 2019 年）

地级日照市建立后，成立日照市城郊人民检察院，为行政正科级建制，1990 年 3 月设立党组。1992 年 12 月改称东港区人民检察院。2019 年 5 月，内部机构设置为办公室（挂新闻宣传办公室牌子）、第一检察部、第二检察部、第三检察部、第四检察部、第五检察部、检察业务管理部（挂法警大队牌子）、政治部、机关党委。

日照市东港区人民检察院历任领导班子部分成员名录

名 称	职 务	姓 名	任职时间	行政职务	任职时间	备 注
东港区人民检察院党组 1990.3 ~ 1997.12	书 记	赵焕玺	1990.3 ~ 1997.12	检察长	1990.3 ~ 1993.5	日照市城郊人民检察院党组书记、检察长
					1993.5 ~ 1997.12	日照市东港区人民检察院党组书记、检察长
1997.12 ~ 2002.12	书 记	厉保新	1997.12 ~ 2002.12	代检察长、副检察长	1997.12 ~ 1998.1	
				检察长	1998.1 ~ 2002.12	
2002.12 ~ 2007.11	书 记	钟树芳	2002.12 ~ 2007.11	代检察长、副检察长	2002.12 ~ 2003.2	
				检察长	2003.2 ~ 2007.11	
2007.11 ~ 2014.1	书 记	陈为永	2007.11 ~ 2014.1	代检察长、副检察长	2007.11 ~ 2007.12	
				检察长	2007.12 ~ 2014.1	
	副书记	张 杰	2009.4 ~ 2012.1	副检察长	2007.11 ~ 2012.1	
2014.1 ~	书 记	陈向东	2014.1 ~	代检察长、副检察长	2014.1 ~ 2014.2	
				检察长	2014.2 ~	
	副书记	汉广军	2014.12 ~ 2019.1	副检察长	2014.1 ~ 2019.1	
		王为峰	2014.12 ~ 2017.10	副检察长	2014.12 ~ 2017.10	

日照市公安局东港分局

（1993 年 ~ 2019 年）

　　1993 年 4 月，设立日照市公安局东港分局，行政建制，正科级。是年 11 月，建立东港分局党委。

日照市公安局东港分局历任领导班子部分成员名录

名　称	职务	姓　名	任职时间	行政职务	任职时间	备　注
东港公安分局党委 1993.11 ~	书记	李雅庭	1993.11 ~ 1994.8	局长	1993.4 ~ 1993.7	市公安局党组成员、副局长
					1993.7 ~ 1994.8	市公安局党委委员、副局长
		陈永山	1994.9 ~ 1995.10	局　长	1994.8 ~ 1995.10	市公安局党委委员
		成荣恩	1997.3 ~ 200.9	局　长	1997.2 ~ 2000.2	
					2000.2 ~ 2000.8	市公安局党委委员
		熊桂登	2000.9 ~ 2005.5	局　长	2000.8 ~ 2005.4	
		曾宪威	2005.5 ~ 2010.8	局　长	2005.4 ~ 2010.8	市公安局党委委员
		高　波	2010.8 ~ 2014.1	局　长	2010.8 ~ 2013.4	
					2013.4 ~ 2013.12	东港区政府党组成员
		杨乐清	2014.1 ~ 2018.12	局　长	2013.12 ~ 2014.12	市公安局党委委员、副局长
					2014.12 ~ 2016.1	市公安局党委委员
					2016.1 ~ 2017.1	市公安局党委委员、副局长
					2017.1 ~ 2018.11	市公安局党委委员、副局长，东港区政府党组成员
		刘军	2018.12 ~	局　长	2018.11 ~	市公安局党委委员、副局长，东港区政府党组成员

续表

名　称	职　务	姓　名	任职时间	行政职务	任职时间	备　注
东港公安分局党委 1993.11～	副书记	成荣恩	1993.11～1994.12	政　委	1993.4～1994.12	
			1995.10～1997.3	政　委	1995.10～1997.2	主持东港分局工作
			2000.9～2001.4	政　委	2000.8～2001.4	市公安局党委委员
		姜少利	1994.12～1995.10	政　委	1995.1～1995.10	
		刘祥云	1997.3～1999.2	政　委	1997.2～1999.3	
		熊桂登	1999.2～2000.9	政　委	1999.3～2000.8	
		陈鹏路	2001.5～2006.4	政　委	2001.5～2006.4	
		高　波	2006.4～2010.7	政　委	2006.4～2010.7	
		王明华	2010.7～2013.4	政　委	2010.7～2011.12	
		王　鹏	2013.4～	政　委	2011.12～	
		刘　刚	2016.10～2018.8	主任科员	2016.8～2018.8	兼任东港区综合行政执法局党委（党组）书记、局长
		薄子山	2018.8～	副局长	2018.8～	

日照市东港区司法局

（1993 年 ~ 2019 年）

1993 年 6 月，东港区司法局成立，1994 年 9 月成立局党组。2019 年进行机构改革，区法制办职能合并到区司法局，内设 9 个科室，下设法律援助中心、德信公证处等 2 个事业单位，辖 9 个基层司法所，指导监督 13 个律师事务所、16 个基层法律服务所、1 个法医司法鉴定所。

日照市东港区司法局历任领导班子部分成员名录

名　称	职　务	姓　名	任职时间	行政职务	任职时间
东港区司法局党组 1993.6 ~ 1998.12	书　记	丁兆仁	1994.9 ~ 1998.12	局　长	1993.8 ~ 1998.12
1998.12 ~ 2002.6	书　记	吕宗席	1998.12 ~ 2002.6	局　长	1998.12 ~ 2002.6
2002.6 ~ 2011.6	书　记	王其高	2002.6 ~ 2011.6	局　长	2002.6 ~ 2011.6
	副书记	徐茂云	2009.12 ~ 2011.6	副局长	2003.4 ~ 2009.12
2011.6 ~ 2017.3	书　记	王安国	2011.6 ~ 2017.3	局　长	2011.6 ~ 2017.3
	副书记	徐茂云	2011.6 ~ 2013.4	主任科员	2011.6 ~ 2013.4
2017.3 ~ 2019.1	书　记	彭基岭	2017.3 ~ 2019.1	局　长	2017.3 ~ 2019.1
	副书记	石　强	2017.7 ~ 2019.1	主任科员	2017.7 ~ 2019.1
2019.1 ~ 2019.12	书　记	董德玉	2019.1 ~ 2019.12	局　长	2019.1 ~ 2019.12
	副书记	石　强	2019.1 ~ 2020	主任科员	2019.1 ~

日照市岚山区委政法委与政法单位沿革

日照市岚山区委政法委员会

（1993 年 ~ 2019 年）

　　1993 年 7 月，设立中共日照市岚山工委政法委员会，正科级。2004 年 12 月，设立中共日照市岚山区委政法委员会，正科级。

日照市岚山区委政法委员会历任领导班子部分成员名录

名　称	职　务	姓　名	任职时间	备　注
中共日照市岚山工委政法委员会 1993.7 ~ 2004.12	书　记	翟秀钢	1993.7 ~ 2004.11	
		郭洪林	2004.11 ~ 2004.12	
中共日照市岚山区委政法委员会 2004.12 ~ 2005.11	书　记	郭洪林	2004.12 ~ 2005.11	
	常务副书记	宋全贵	2005.4 ~ 2005.11	
2005.11 ~ 2006.11	书　记	王立莹	2005.11 ~ 2006.11	
	常务副书记	宋全贵	2005.11 ~ 2006.11	
2006.11 ~ 2007.10	书　记	刘国田	2006.11 ~ 2007.10	
	常务副书记	宋全贵	2006.11 ~ 2007.10	
2007.10 ~ 2011.11	书　记	费立志	2007.10 ~ 2011.11	
	常务副书记	宋全贵	2007.10 ~ 2010.4	
2011.11 ~ 2016.12	书　记	成　磊	2011.11 ~ 2016.12	
	常务副书记	薄　伟	2016.6 ~ 2016.12	

续表

名　　称	职　务	姓　名	任职时间	备　注
2016.12 ~ 2019.7	书　记	秦玉新	2016.12 ~ 2019.7	
	常务副书记	薄　伟	2016.12 ~ 2017.5	
		迟令红	2017.5 ~ 2019.1	
		马德云	2019.1 ~ 2019.7	
2019.7 ~	书　记	迟令席	2019.7 ~	
	常务副书记	马德云	2019.7 ~	

日照市岚山区人民法院

（2004 年 ~ 2019 年）

2004 年 12 月，日照市岚山区人民法院成立并设立党组，为行政正科级建制。现有综合办公室等 8 个内设科室，机关党委、监察室，以及安岚人民法庭等 4 个人民法庭。

日照市岚山区人民法院历任领导班子部分成员名录

名　　称	职　务	姓　名	任职时间	行政职务	任职时间
日照市岚山区人民法院党组 2004.12 ~ 2007.11	书　记	李志毅	2004.12 ~ 2007.11	院　长	2004.12 ~ 2007.11
	副书记	王少山	2005.5 ~ 2007.11	副院长	2005.4 ~ 2007.11
2007.11 ~ 2014.1	书　记	刘红军	2007.11 ~ 2014.1	院　长	2007.11 ~ 2014.1
	副书记	王少山	2007.11 ~ 2014.1	副院长	2007.11 ~ 2014.1
2014.1 ~ 2019.1	书　记	胡　建	2014.1 ~ 2019.1	院　长	2014.1 ~ 2019.1
	副书记	王少山	2014.1 ~ 2019.1	副院长	2014.1 ~ 2019.1
		王志远	2015.5 ~ 2019.1	副院长	2014.1 ~ 2019.1
2019.1 ~	书　记	张俊德	2019.1 ~	院　长	2019.1 ~
	副书记	王少山	2019.1 ~	副院长	2019.1 ~
		王志远	2019.1 ~	副院长	2019.1 ~

日照市岚山区人民检察院

（2005 年 ~ 2019 年）

2005 年 1 月，日照市岚山区人民检察院挂牌成立，为行政正科级建制，设立党组。2019 年 5 月，内设机构设置为：办公室（挂新闻宣传办公室牌子）、第一检察部、第二检察部、第三检察部（挂法警大队牌子）、政治部。单独设置机关党委。

日照市岚山区人民检察院历任领导班子部分成员名录

名　称	职　务	姓　名	任职时间	行政职务	任职时间
岚山区人民检察院党组 2005.1 ~ 2010.7	书　记	杜　军	2005.1 ~ 2010.7	检察长	2004.12 ~ 2010.7
	副书记	刘贤洪	2005.5 ~ 2010.7	副检察长	2005.5 ~ 2010.7
2010.7 ~ 2019.1	书　记	高月清	2010.7 ~ 2019.1	检察长	2011.3 ~ 2019.1
	副书记	刘　贤	2010.7 ~ 2019.1	副检察长	2010.7 ~ 2019.1
		马克勇	2017.5 ~ 2019.1		
2019.1 ~	书　记	谷振国	2019.1 ~	检察长	2019.2 ~
	副书记	刘贤洪	2019.1 ~	副检察长	2019.1 ~
		马克勇	2019.1 ~		2019.1 ~

日照市公安局岚山分局

（1993 年 ~ 2019 年）

1993 年 6 月，设立日照市公安局岚山分局，行政建制，正科级。7 月，建立岚山分局党支部。1996 年 2 月，岚山分局党支部改为党委。

日照市公安局岚山分局历任领导班子部分成员名录

名　称	职　务	姓　名	任职时间	行政职务	任职时间	备　注
岚山公安分局党支部 1993.7 ~ 1996.2	书　记	郭同华	1993.7 ~ 1996.2	局长、政委	1993.7 ~ 1996.2	
岚山公安分局党委 1996.2 ~	书　记	郭同华	1996.2 ~ 1999.9	局长、政委	1996.2 ~ 1997.2	
				局　长	1997.2 ~ 1999.9	
		孙运涛	1999.9 ~ 2004.11	局　长	1999.9 ~ 1999.10	市公安局党委委员
					1999.10 ~ 2004.11	岚山工委委员
		于华杰	2005.4 ~ 2012.1	局　长	2004.11 ~ 2011.12	
		王明华	2012.1 ~ 2016.2	局　长	2011.12 ~ 2013.8	
					2013.8 ~ 2016.1	岚山区政府党组成员
		李廷伟	2016.2 ~	局　长	2016.1 ~ 2017.1	
					2017.1 ~	岚山区政府副区长、党组成员
	副书记	周波	1997.2 ~ 2001.6	政　委	1997.2 ~ 2001.6	
		丁海成	2002.12 ~ 2012.1	政　委	2002.9 ~ 2011.12	
		纪现伟	2011.12 ~ 2016.8	交警支队岚山大队大队长	2010.12 ~ 2016.8	
		王龙森	2012.1 ~ 2016.2	政　委	2011.12 ~ 2016.1	
		孙天	2016.2 ~ 2019.7	政　委	2016.1 ~ 2019.3	
		张治宽	2019.7 ~	政　委	2019.3 ~	

日照市岚山区司法局

（1994 年 ~ 2019 年）

1994 年 2 月，岚山办事处司法局（简称岚山司法局）成立，与工委政法委合署办公，为正科级单位。2004 年 3 月，岚山办事处司法局改为独立办公。2005 年 3 月，岚山区司法局成立，为正科级单位。2012 年 12 月 24 日，莒县司法局中楼司法所划归岚山区司法局。现设 8 个内设机构，下设 8 个派出机构，设岚山区法律援助中心（正股级）和岚山公证处（正股级）2 个下属单位。

日照市岚山区司法局历任领导班子部分成员名录

名 称	职 务	姓 名	任职时间	行政职务	任职时间
岚山区司法局与工委政法委合署办公 1994.2 ~ 2000.3		翟秀刚		局 长	1994.2 ~ 2000.3
岚山区司法局党组 2000.3 ~ 2003.3	书 记	张玉新	2000.3 ~ 2003.3	局 长	2000.3 ~ 2003.3
2003.3 ~ 2008.8	书 记	徐学农	2003.3 ~ 2008.8	局 长	2003.3 ~ 2008.8
2008.8 ~ 2014.2	书 记	盛 民	2008.8 ~ 2014.2	局 长	2008.8 ~ 2014.2
	副书记	来永法	2011.6 ~ 2014.2	主任科员	2011.6 ~ 2014.2
2014.5 ~ 2017.5	书 记	迟令红	2014.5 ~ 2017.5	局 长	2014.5 ~ 2017.5
	副书记	来永法	2014.5 ~ 2016.6	主任科员	2014.5 ~ 2016.6
2017.5 ~ 2019.7	书 记	尚 伟	2017.5 ~ 2019.7	局 长	2017.5 ~ 2019.7
2019.7 ~	书 记	张 峰	2019.7 ~	局 长	2019.9 ~

莒县县委政法委与政法单位沿革

莒县县委政法委员会

（1992 年 ～ 2019 年）

1982 年 1 月设立中共莒县县委政法委员会，行政建制，正科级。1992 年 12 月莒县划归日照市。

莒县县委政法委员会历任领导班子部分成员名录

名　称	职　务	姓　名	任职时间	备　注
中共莒县县委政法委员会 1993.4 ～ 1996.6	书　记	李福林	1993.4 ～ 1996.6	
1996.2 ～ 1997.12	书　记	李建法	1996.2 ～ 1997.12	
1997.12 ～ 2002.12	书　记	王玉琛	1997.12 ～ 2002.12	
2002.12 ～ 2007.1	书　记	王洪彩	2002.12 ～ 2006.12	
2007.1 ～ 2007.12	书　记	王金玉	2007.1 ～ 2007.12	
	常务副书记	曹月波	2007.8 ～ 2007.12	正科级
2007.12 ～ 2010.12	书　记	朱孝童	2007.12 ～ 2010.12	
	常务副书记	曹月波	2007.12 ～ 2010.8	不再兼县综治办主任
		吴洪涛	2010.8 ～ 2010.12	2008.8 起为正科级
2011.4 ～ 2015.1	书　记	匡立福	2011.4 ～ 2015.1	
	常务副书记	吴洪涛	2010.12 ～ 2012.8	

续表

名　称	职　务	姓　名	任职时间	备　注
2015.1 ~ 2016.12	书　记	钱建德	2015.1 ~ 2016.12	
	常务副书记	赵东晓	2015.1 ~ 2016.6	
		王守升	2016.8 ~ 2016.12	
2016.12 ~	书　记	王兴展	2016.12 ~	
	常务副书记	王守升	2016.12 ~	

莒县人民法院

（ 1992 年 ~ 2019 年 ）

1993 年莒县人民法院划归日照市。现有综合办公室等 12 个内设机构，城阳人民法庭等 10 个人民法庭。

莒县人民法院历任领导班子部分成员名录

名　称	职　务	姓　名	任职时间	行政职务	任职时间
莒县人民法院党组 1993.3 ~ 2000.6	书　记	张则俊	1993.3 ~ 2000.6	院　长	1993.3 ~ 2000.6
2000.6 ~ 2006.1	书　记	王万军	2000.6 ~ 2006.1	院　长	2000.6 ~ 2006.1
	副书记	董世文	2001.3 ~ 2009.7	副院长	2001.3 ~ 2009.7
2006.1 ~ 2011.12	书　记	杨培然	2006.1 ~ 2011.12	院　长	2006.1 ~ 2012.2
	副书记	董世文	2001.3 ~ 2009.7	副院长	2001.3 ~ 2009.7
		薛俊军	2009.7 ~	副院长	2001.6 ~
2011.12 ~ 2019.1	书　记	郑家泰	2011.12 ~ 2019.1	院　长	2012.2 ~ 2019.1
	副书记	薛俊军	2009.7 ~	副院长	2001.6 ~
		卢丙伟	2014.3 ~	副院长	2010.8 ~ 2015.7
2019.1 ~	书　记	席　刚	2019.1 ~	院　长	2019.1 ~
	副书记	薛俊军	2009.7 ~	副院长、执行局长	2001.6 ~
		卢丙伟	2014.3 ~		

莒县人民检察院

（1992 年～2019 年）

1990 年，莒县人民检察院挂牌成立，为行政正科级建制，设立党组。2019 年 5 月，莒县人民检察院机构设置为：办公室（挂新闻宣传办公室牌子）、第一检察部、第二检察部、第三检察部、第四检察部、第五检察部、检察业务管理部（挂法警大队牌子）、政治部、机关党委。

莒县人民检察院历任领导班子部分成员名录

名　称	职　务	姓　名	任职时间	行政职务	任职时间
莒县人民检察院党组 1990.4～2001.1	书　记	刘　振	1990.4～2001.1	检察长	1990.4～2001.1
	副书记	薛俊太	1990.8～1993.5	副检察长	1990.8～1993.6
		葛均忠	1993.5～1996.6	反贪局长	1994.8～1996.6
2001.1～2006.9	书　记	曹德利	2001.1～2006.10	代检察长	2001.1～2001.4
				检察长	2001.4～2006.10
	副书记	刘成才	2001.6～2008.1	副检察长	1994.1～2008.1
2006.10～2009.9	书　记	秦林玉	2006.10～2009.9	代检察长	2006.10～2007.3
				检察长	2007.3～2009.9
	副书记	刘成才	2001.6～2008.1	副检察长	1994.1～2008.1
2009.9～2014.1	书　记	管锡露	2009.9～2014.1	代检察长	2009.9～2010.3
				检察长	2010.3～2014.1
	副书记	马克庆	2008.10～2011.12	副检察长	2001.8～2011.12
		刘元明	2008.10～2014.3	副检察长	1997.7～2014.3
2014.1～	书　记	王　伟	2014.1～	代检察长	2014.1～2014.2
				检察长	2014.2～
	副书记	杨明文	2014.3～2019.12	副检察长	2007.9～2019.12
		史金标	2019.12～	副检察长	2014.5～

莒县公安局

（1992 年 ~ 2019 年）

1989 年，莒县公安局隶属临沂地区公安处。1993 年 1 月，莒县公安局由临沂地区公安处改属日照市公安局，行政建制，正科级。莒县公安局设党委，2001 年 6 月改为党组，2012 年 8 月恢复党委设置。

莒县公安局历任领导班子部分成员名录

名 称	职 务	姓 名	任职时间	行政职务	任职时间	备 注
莒县公安局党委 1989.6 ~ 2001.6	书 记	何明三	1989.6 ~ 1995.3	局 长	1984.6 ~ 1995.3	
		孙世和	1995.3 ~ 2000.8	局 长	1995.3 ~ 2000.8	
		任焕新	2000.8 ~ 2001.6	局 长	2000.8 ~ 2001.6	
	副书记	薛喜宝	1991.1 ~ 2000.8	教导员	1991.1 ~ 1993.12	
				政 委	1993.12 ~ 2000.8	
		于华杰	2000.8 ~ 2001.6	政 委	2000.8 ~ 2001.6	
莒县公安局党组 2001.6 ~ 2012.8	书 记	任焕新	2001.6 ~ 2005.6	局 长	2001.6 ~ 2005.5	
		解忠利	2005.6 ~ 2011.12	局 长	2005.7 ~ 2011.12	
		杨乐清	2011.12 ~ 2012.8	局 长	2011.12 ~ 2012.8	
	副书记	于华杰	2001.6 ~ 2004.12	政 委	2001.6 ~ 2004.12	
		张连太	2003.12 ~ 2007.8	副局长	2003.12 ~ 2004.12	
				政 委	2004.12 ~ 2007.8	
		李廷伟	2007.8 ~ 2012.8	政 委	2007.8 ~ 2012.8	
莒县公安局党委 2012.8 ~	书 记	杨乐清	2012.8 ~ 2013.12	局 长	2012.8 ~ 2013.12	
		胡训立	2014.1 ~ 2019.3	局 长	2014.1 ~ 2017.5	2014 年 3 月任莒县政府党组成员
					2017.5 ~ 2019.3	莒县副县长、政府党组成员
		刘 刚	2019.3 ~	局 长	2019.3 ~	莒县副县长、政府党组成员

续表

名　称	职　务	姓　名	任职时间	行政职务	任职时间	备　注
2012.8 ~	副书记	李廷伟	2012.8 ~ 2016.1	政　委	2012.8 ~ 2016.1	
		卜德祥	2012.8 ~	副局长、正科级侦察员	2012.8 ~ 2016.8	
				政　委	2016.8 ~	
		吴洪涛	2017.5 ~ 2019.12	正科级侦察员	2017.5 ~	

莒县司法局

（1992 年 ~ 2019 年）

1993 年，莒县司法局归口日照市司法局管辖。莒县公证处为隶属于莒县司法局的副科级单位。1997 年 12 月，莒县法律顾问处改为山东省日照旷世律师事务所。1998 年 12 月 27 日，设立莒县法律援助中心，为股级全额事业单位，2012 年定为副科级单位。2019 年 3 月 31 日，莒县司法局设8 个职能科室，设 20 处司法所为县司法局行政派出机构。

莒县司法局历任领导班子部分成员名录

名　称	职　务	姓　名	任职时间	行政职务	任职时间
莒县司法局党组 1993.1 ~ 1996.6	书　记	邓守良	1993.1 ~ 1996.6	局　长	1993.1 ~ 1996.6
1996.6 ~ 2001.2	书　记	葛均忠	1996.6 ~ 2001.2	局　长	1996.6 ~ 2001.2
2001.2 ~ 2009.7	书　记	陈秉清	2001.2 ~ 2009.7	局　长	2001.2 ~ 2010.1
	副书记	董日东	2008.10 ~ 2010.8	主任科员	2008.10 ~ 2010.8
2009.7 ~ 2016.8	书　记	董世文	2009.7 ~ 2016.8	主任科员	2010.1 ~ 2016.10
	副书记	陈安全	2012.8 ~	副局长	2011.3 ~ 2014.5
				主任科员	2014.5 ~
		崔久敏	2014.3 ~	副局长	2010.8 ~
2016.8 ~	书　记	朱德洲	2016.8 ~	局　长	2016.10 ~
	副书记	陈安全	2012.8 ~	副局长	2011.3 ~ 2017.5
				主任科员	2014.5 ~
		崔久敏	2014.3 ~	副局长	2010.8 ~

五莲县委政法委与政法单位沿革

五莲县委政法委员会

（1992 年～2019 年）

中共五莲县委政法委员会于 1990 年 5 月恢复。行政建制，正科级。
1992 年五莲县划归日照。

五莲县委政法委员会历任领导班子部分成员名录

名　称	职　务	姓　名	任职时间	备　注
中共五莲县委政法委员会 1990.5～1993.12	书　记	林春明（兼）	1990.5～1993.12	
	常务副书记	刘新明	1990.5～1992.3	
1993.12～1995.11	书　记	张善福	1993.12～1995.11	
1995.11～1996.2	书　记	臧克峰	1995.11～1996.2	
	常务副书记	张善福	1995.11～1998.12	
1996.3～1997.5	书　记	周家富（兼）	1996.3～1997.5	
	常务副书记	张善福	1995.11～1998.12	
1998.12～1999.2	书　记	王泽光	1998.12～1999.2	
1999.2～2002.12	书　记	侯佃晓	1999.2～2002.12	
2002.12～2006.12	书　记	刘祥亮	2002.12～2006.12	
	常务副书记	韩义芳	2005.3～2007.8	
2006.12～2009.9	书　记	曹春霞	2006.12～2009.9	
	常务副书记	韩义芳	2005.3～2007.8	

续表

名　称	职　务	姓　名	任职时间	备　注
2010.1 ~ 2011.12	书　记	马学生	2010.1 ~ 2011.12	
	常务副书记	薄怀国	2010.9 ~ 2011.4	
2011.12 ~ 2016.12	书　记	张仲武	2011.12 ~ 2016.12	
	常务副书记	王　波	2012.12 ~ 2017.1	
2017.1 ~ 2018.12	书　记	石京磊	2017.1 ~ 2018.12	
	常务副书记	张念峰	2017.1 ~ 2019.4	
2019.2 ~	书　记	张守忠	2019.2 ~	
	常务副书记	张念峰	2017.1 ~ 2019.4	
		郭凤彩	2019.6 ~	

五莲县人民法院

（1992 年 ~ 2019 年）

五莲县人民法院为行政正科级建制，设立党组。现有综合办公室等 11 个内设机构，洪凝人民法庭等 5 个人民法庭。

五莲县人民法院历任领导班子部分成员名录

名　称	职　务	姓　名	任职时间	行政职务	任职时间	备　注
五莲县人民法院党组 1984.3 ~ 1993.1	书　记	岳奎文	1984.3 ~ 1993.1	院　长	1984.3 ~ 1993.1	
	副书记	王太和	1990.1 ~ 1993.1	副院长	1990.1 ~ 1993.1	
1993.1 ~ 2000.5	书　记	鲁　志	1993.1 ~ 2000.5	院　长	1993.1 ~ 2000.5	
	副书记	岳思卫	1998.2 ~ 2000.5	副院长	1998.2 ~ 2000.5	
		寇相主	1993.12 ~ 2000.5	副院长	1993.12 ~ 2000.5	
2000.5 ~ 2009.9	书　记	卜宪博	2000.5 ~ 2009.9	院　长	2000.5 ~ 2009.9	
	副书记	丁彩芹	2000.5 ~ 2006.4	副院长	2000.5 ~ 2006.4	
		王善军	2008.5 ~ 2009.9	副院长	2001.2 ~ 2009.9	

续表

名 称	职 务	姓 名	任职时间	行政职务	任职时间	备 注
2009.9 ~ 2013.12	书 记	胡 建	2009.9 ~ 2013.12	院 长	2009.9 ~ 2013.12	
	副书记	王善军	2009.9 ~ 2013.12	副院长	2009.9 ~ 2013.12	
2013.12 ~	书 记	韩 涛	2013.12 ~ 2019.12	院 长	2013.12 ~ 2019.12	
	副书记	王善军	2013.12 ~ 2019.12	副院长	2013.12 ~ 2019.12	

五莲县人民检察院

（1992 年 ~ 2019 年）

1989 年，五莲县人民检察院挂牌成立，为行政正科级建制，设立党组。1992 年 12 月，五莲县划归日照市，五莲县人民检察院归属日照市人民检察院管辖。2019 年 5 月，内设机构设置为：办公室（挂新闻宣传办公室牌子）、第一检察部、第二检察部、第三检察部（挂法警大队牌子）、政治部，设机关党委。

五莲县人民检察院历任领导班子部分成员名录

名 称	职 务	姓 名	任职时间	行政职务	任职时间
五莲县人民检察院党组 1991.4 ~ 1998.12	书 记	郑昭曦	1991.4 ~ 1998.12	检察长	1992.5 ~ 1998.12
	副书记	王仕俊	1991.4 ~ 1993.12	副检察长	1991.4 ~ 1993.12
		秦泗顺	1993.12 ~ 1998.12	副检察长	1991.4 ~ 1998.12
1998.12 ~ 2002.12	书 记	秦泗顺	1998.12 ~ 2002.12	检察长	1999.3 ~ 2003.2
	副书记	刘祥运	1998.12 ~ 2001.2	副检察长	1998.12 ~ 2001.3
		钟树芳	2001.1 ~ 2002.12	副检察长	2001.3 ~ 2003.1
2002.12 ~ 2010.7	书 记	申志刚	2002.12 ~ 2010.7	检察长	2003.2 ~ 2010.7

续表

名 称	职 务	姓 名	任职时间	行政职务	任职时间
2002.12 ~ 2010.7	副书记	王秀春	2005.3 ~ 2010.7	副检察长	2002.12 ~ 2010.7
2010.7 ~ 2019.1	书 记	武传忠	2010.7 ~ 2019.1	检察长	2011.3 ~ 2019.2
2010.7 ~ 2019.1	副书记	李建波	2011.11 ~ 2019.1	副检察长	2010.7 ~ 2019.1
2010.7 ~ 2019.1	副书记	朱伯政	2013.1 ~ 2015.10	纪检组长	2010.7 ~ 2010.11
2010.7 ~ 2019.1	副书记	朱伯政	2013.1 ~ 2015.10	副检察长	2010.7 ~ 2013.3
2019.1 ~	书 记	张 伟	2019.1 ~	检察长	2019.2 ~
2019.1 ~	副书记	李建波	2019.1 ~	副检察长	2019.1 ~

五莲县公安局

（1992 年 ~ 2019 年）

1989 年，五莲县公安局隶属潍坊市公安局。1993 年 1 月，五莲县公安局由潍坊市公安局改属日照市公安局，行政建制，正科级。五莲县公安局设党组，1990 年 5 月改为党委。

五莲县公安局历任领导班子部分成员名录

名 称	职 务	姓 名	任职时间	行政职务	任职时间	备 注
五莲县公安局党委 1991.4 ~	书 记	王万起	1991.4 ~ 1995.6	局 长	1991.4 ~ 1995.6	
五莲县公安局党委 1991.4 ~	书 记	张永善	1995.6 ~ 2000.8	局 长	1995.6 ~ 2000.8	
五莲县公安局党委 1991.4 ~	书 记	孙世和	2000.8 ~ 2003.8	局 长	2000.8 ~ 2003.8	
五莲县公安局党委 1991.4 ~	书 记	姜少利	2003.8 ~ 2009.2	局 长	2003.10 ~ 2009.2	
五莲县公安局党委 1991.4 ~	书 记	张仲武	2009.2 ~ 2016.12	局 长	2009.2 ~ 2011.12	
五莲县公安局党委 1991.4 ~	书 记	张仲武	2009.2 ~ 2016.12	局 长	2011.12 ~ 2016.12	五莲县委常委、政法委书记

续表

名　称	职　务	姓　名	任职时间	行政职务	任职时间	备　注
1991.4～	书　记	史文明	2016.12～2018.11	局　长	2016.12～2018.11	五莲县副县长、政府党组成员
		王　栋	2018.11～	局　长	2018.11～	五莲县副县长、政府党组成员
	副书记	张永善	1991.4～1995.6	教导员	1991.4～1992.3	
				政　委	1992.3～1995.6	
		任焕新	1995.6～2000.8	政　委	1995.6～2000.8	
		宫　华	2000.8～2003.8	政　委	2000.8～2003.8	
		杨乐清	2003.8～2009.9	政　委	2003.8～2009.9	
	副书记、纪委书记	姚建国	2008.5～2017.1			
	副书记	王泽平	2010.7～2016.1	政　委	2010.7～2016.1	
		王富民	2016.2～2019.4	政　委	2016.2～2019.3	
		姚建国	2017.1～	交通警察大队大队长	2017.1～	
		郭海春	2019.4～	政　委	2019.4～	

五莲县司法局

（1992 年 ～ 2019 年）

1993 年，五莲县司法局归口日照市司法局管辖。2019 年，根据办字（编）〔1980〕第 71 号，《县政府办公室关于印发〈五莲县司法局职能配置、内设机构和人员编制规定〉》，五莲县司法局是县政府工作部门，为正科级，内设科室 10 个，派出机构 12 个，下属事业单位 2 个。

五莲县司法局历任领导班子部分成员名录

名　称	职　务	姓　名	任职时间	行政职务	任职时间
五莲县司法局党组 1991.3 ～ 1993.12	书　记	杨季柳	1991.3 ～ 1993.12	局　长	1991.3 ～ 1993.12
1993.12 ～ 2003.3	书　记	李宗亮	1993.12 ～ 2003.3	局　长	1993.12 ～ 2003.3
2003.3 ～ 2005.3	书　记	李宗贵	2003.3 ～ 2005.3	局　长	2003.3 ～ 2005.3
2005.3 ～ 2011.4	书　记	孙秀志	2005.3 ～ 2011.4	局　长	2005.3 ～ 2011.4
2011.4 ～ 2016.12	书　记	薄怀国	2011.4 ～ 2016.12	局　长	2011.4 ～ 2016.12
2016.12 ～	书　记	王文华	2016.12 ～	局　长	2016.12 ～

日照经济技术开发区工委政法委与政法单位沿革

日照经济技术开发区工委政法委员会

（1992 年 ~ 2019 年）

  1992 年 6 月，设立中共日照市委经济开发区工作委员会政法委，行政建制，正科级。2012 年 1 月更名为中共日照市委经济技术开发区工作委员会政法委。

日照市委经济技术开发区工委政法委员会历任领导班子部分成员名录

名　称	职　务	姓　名	任职时间	备　注
日照市委经济技术开发区工委政法委 1993.10 ~ 1998.11	书　记	滕怀学	1993.10 ~ 1998.11	
1998.11 ~ 2006.12	书　记	李志华	1998.11 ~ 2006.12	
2006.12 ~ 2006.12	书　记	刘国田	2006.12 ~ 2006.12	
2007.1 ~ 2009.9	书　记	梁作伦	2007.1 ~ 2009.9	
	常务副书记	伊　峰	2007.1 ~ 2009.9	
2009.9 ~ 2011.5	书　记	李瑞文	2009.9 ~ 2011.5	
	常务副书记	伊　峰	2009.9 ~ 2011.5	
2011.5 ~ 2012.2	书　记	王继明	2011.5 ~ 2012.2	
	常务副书记	伊　峰	2011.5 ~ 2012.2	
2012.2 ~ 2019.2	书　记	边永生	2012.2 ~ 2019.2	
2019.2 ~ 2019.11	书　记	胡明乐	2019.2 ~ 2019.11	

日照经济技术开发区人民法院

（1999 年 ~ 2019 年）

1999 年 5 月 7 日，最高人民法院批复设立日照经济开发区人民法院，为科级建制，设立党组。现有办公室等内设科室 5 个，奎山人民法庭等 2 个人民法庭。

日照经济技术开发区法院历任领导班子部分成员名录

名　称	职　务	姓　名	任职时间	行政职务	任职时间	备　注
日照经济技术开发区人民法院党组 2000.1 ~ 2003.2	书　记	王道新	2000.1 ~ 2003.2	院　长	1999.8 ~ 2003.2	
2003.2 ~ 2012.3	书　记	田国营	2003.2 ~ 2012.3	院　长	2003.2 ~ 2009.9	
	副书记	胡　建	2005.8 ~ 2009.9	副院长	2003.2 ~ 2009.9	兼纪检组长
		林　芳	2009.9 ~ 2012.3	院　长	2009.9 ~ 2012.3	
2012.3 ~ 2019.1	书　记	林　芳	2012.3 ~ 2019.1	院　长	2012.3 ~ 2019.1	
	副书记	盛　坚	2012.3 ~ 2019.1	副院长	2012.3 ~ 2019.1	兼纪检组长
2019.1 ~	书　记	郑家泰	2019.1 ~	院　长	2019.1 ~	
	副书记	盛　坚	2019.1 ~	副院长	2019.1 ~	

日照经济技术开发区人民检察院

（1999 年～2019 年）

1999 年 6 月，山东省编委批准成立日照经济开发区人民检察院，为日照市人民检察院派出机构，科级建制，行使县级人民检察院职权。2000 年 6 月经日照市经济开发区党工委批准设立党组。2019 年 5 月，内设机构设置为：办公室、第一检察部、第二检察部、第三检察部、政治部。

日照经济技术开发区人民检察院历任领导班子部分成员名录

名　称	职　务	姓　名	任职时间	行政职务	任职时间
日照经济技术开发区人民检察院党组 2000.6～2001.11	书记	徐茂金	2000.6～2001.11	检察长	1999.6～2002.4
2001.11～2014.5	书记	李建鸣	2001.11～2014.5	检察长	2002.4～2014.1
	副书记	武传忠	2005.12～2010.8	副检察长	2001.7～2010.9
2014.5～2019.1	书记	钟树芳	2014.5～2019.1	检察长	2014.1～2019.1
	副书记	陈祥旭	2002.5～	副检察长	2002.5～
2019.1～	书记	高月清	2019.1～	检察长	2019.1～
	副书记	陈祥旭	2012.3～	副检察长	2002.5～

日照市公安局经济技术开发区分局

（ 1994 年 ~ 2019 年 ）

1994 年 11 月,设立日照市公安局日照开发区分局,行政建制,正科级。是年 12 月日照开发区分局党支部建立。2000 年 7 月,日照开发区分局党支部改为党总支。2001 年 7 月,日照开发区分局党总支改为党委,并于 2002 年 10 月完成党委班子组建工作。2003 年 1 月,日照开发区分局改为日照经济开发区分局。2013 年 9 月,日照经济开发区分局改为日照经济技术开发区分局。

日照市公安局经济技术开发区分局历任领导班子部分成员名录

名 称	职 务	姓 名	任职时间	行政领导	任职时间	备 注
日照市委经济技术开发区公安局党支部 1994.12 ~ 2000.7	书 记	成荣恩	1994.12 ~ 1995.10	局 长	1994.12 ~ 1995.10	
		许家孝	1995.10 ~ 2000.7	副局长	1995.10 ~ 1997.10	主持分局工作
				局 长	1997.10 ~ 2000.7	
	副书记	李树农	1994.12 ~ 2000.7	政 委	1994.11 ~ 2000.7	
日照市委经济技术开发区公安局党总支 2000.7 ~ 2002.10	书 记	许家孝	2000.7 ~ 2001.5	局 长	2000.7 ~ 2001.5	
		姜少利	2001.5 ~ 2002.10	局 长	2001.5 ~ 2002.10	
	副书记	李树农	2000.7 ~ 2001.5	政 委	2000.7 ~ 2001.5	
		许中文	2001.5 ~ 2002.10	政 委	2001.5 ~ 2002.10	
日照市委经济技术开发区公安局党委 2002.10 ~	书 记	姜少利	2002.10 ~ 2003.8	局 长	2002.10 ~ 2003.8	
		宫 华	2004.3 ~ 2016.4	局 长	2003.8 ~ 2016.1	
		王明华	2016.4 ~	局 长	2016.1 ~	
	副书记	许中文	2002.10 ~ 2005.6	政 委	2002.10 ~ 2005.4	
		相玉杰	2005.6 ~ 2012.3	政 委	2005.4 ~ 2011.12	
		王玉安	2011.1 ~ 2014.5	主任科员	2011.1 ~ 2014.5	
		时培玺	2012.3 ~ 2014.5	政 委	2011.12 ~ 2013.12	
		刘瑞金	2014.5 ~	政 委	2013.12 ~	

日照市公安局山海天旅游度假区分局

（2016 年 ～ 2019 年）

2016 年 7 月，设立日照市公安局山海天旅游度假区分局，行政建制，正科级。是年 12 月，建立山海天旅游度假区分局党委。

日照市公安局山海天旅游度假区分局历任领导班子部分成员名录

名 称	职 务	姓 名	任职时间	行政职务	任职时间	备 注
山海天旅游度假区公安分局党委 2016.12～	书 记	史文明	2016.12～2016.12	局 长	2016.8～2016.12	
		王文松	2018.10～2019.5	局 长	2018.8～2019.3	
		孙 天	2019.5～	局 长	2019.3～	
	副书记	王文松	2016.12～2018.10	政 委	2016.8～2016.12	
					2016.12～2018.8	主持分局工作
		邢 君	2018.10～	政 委	2018.8～	

砥砺奋进三十年

> 成就篇

　　岁月峥嵘，成就辉煌。日照市建市 30 年，是政法系统砥砺前行，绘就全面依法治市斑斓画卷的 30 年，也是服务大局、司法为民、主动适应人民群众日益增长的美好生活需要的 30 年。建市 30 年来尤其党的十八大以来，在习近平新时代中国特色社会主义思想的指引下，全市政法机关和广大政法干警以党和国家工作大局为重，以最广大人民利益为念，以平安建设、法治建设、队伍建设为载体，以推进司法权力运行机制等方面改革为重点，进一步加强和改进政法工作，用辉煌的战果、优异的成绩回应人民群众的关切和诉求，诠释中国特色社会主义事业建设者、捍卫者的神圣使命。全市民主法治建设迈出重大步伐，党的领导、人民当家作主、依法治国有机统一的制度建设全面加强，党的领导体制机制不断完善；科学立法、严格执法、公正司法、全民守法深入推进，法治日照、法治政府、法治社会建设相互促进，维护国家政治安全不断取得新成就，社会治安综合治理不断取得新进步，服务大局、服务人民不断取得新成效，社会大局持续稳定，人民群众安全感明显增强。同时，政法工作理念持续取得新提升，政法领域改革持续取得新突破，依法惩治腐败持续取得好成绩，现代科技应用持续取得新进展，政法队伍整体素质和战斗力持续取得新提高。党的十九大以来，全市政法机关进一步"扫黑除恶"，为群众扫出一片清风正气；进一步推广"枫桥经验"，夯实基层社会治理实现自治法治德治相融；进一步树立为民初心，让群众获得感成为"平安日照"最厚重的底色，公平正义更加可触可感，让平安不仅是社会治安秩序的稳定，更是衣食住行、社会公正等与群众切身利益息息相关的多领域、全方位平安，进一步体现了"努力让人民群众在每一个司法案件中感受到公平正义"的责任与担当，展现了安全领域更全面、人民群众更满意、治理体系更科学的"平安日照"新篇章。

第三章　市级政法机关、政法单位工作成就

日照市委政法委：

全国社会治安综合治理最高奖"长安杯"

日照市建市 30 年来，市委政法委紧跟改革发展步伐，勇于担当，追赶超越，书写了励精图治的壮丽篇章，为维护港城政治安全、确保社会大局稳定、促进社会公平正义、保障人民安居乐业作出重要贡献。至 2008 年全市两区两县均被省委、省政府表彰为"平安山东建设先进区县"。至 2017 年我市连续 3 届荣获"全国社会治安综合治理优秀市"称号，被中央综治委授予全国社会治安综合治理"长安杯"，标志着日照市跨入全国最平安城市行列。近年来人民群众的安全感和满意度一直位居全省前列。

——政法工作在全力维护社会稳定中前行。始终紧绷维护稳定这根弦，正确处理好维权与维稳、活力与秩序、打击与保护等关系，深化稳定风险源头防控和末端处置，妥善处理影响社会和谐稳定的突出问题，保持全市社会大局持续稳定，实现了无重大影响的敌对势力分裂破坏活动和暴力恐怖事件、无重大刑事案件和群体性治安事件的目标。一是有效防范处置暴力恐怖风险，以最严厉的措施做好反恐防暴工作。坚持防范打击邪教活动，引导群众增强识邪、防邪、反邪能力。坚决落实意识形态责任制，严抓严管威胁意

"长安杯"及"全国社会治安综合治理优秀市"奖牌

识形态安全行为。在重大节庆、重大政治活动中织密筑牢重点群体管控网，确保每年全国"两会"、国庆等重大活动安全保卫任务圆满完成。二是推行"党委书记直接抓稳定"工作机制，全市各级各部门认真履行保一方稳定、护一方平安的重大政治责任，建立科学高效的维稳工作机制，形成全方位、立体化的情报网络，落实领导机构、工作措施、处置力量和保障措施，妥善防范处置各类重大涉稳事件。三是按照中央和省委、市委决策部署，把开展好扫黑除恶专项斗争作为重大政治任务，坚持以打开路、精准发力，打掉多个各类黑恶势力犯罪团伙，查封、冻结、扣押大量涉案资产，并对建市以来最大一起黑社会性质组织犯罪案进行一审公开审理，严惩黑恶犯罪分子，扫黑除恶专项斗争取得阶段性成果。

——**政法工作在不断深化平安建设中前行**。群众对平安的期盼在哪里，政法工作的重点和方向就在哪里。建市30年来，平安日照创建历经由社会管制到社会管理，再到社会治理，市域社会治理水平不断创新提升。我市构建权责清晰、奖惩分明的社会治安综合治理领导责任制体系，形成党委领导、政府主导、综治协调、各部门齐抓共管、社会力量积极参与的社会治理工作格局。全面启动公共安全视频联网"雪亮工程"，建成区县、乡镇（街道）、社区（村居）三级技防监控平台，积极探索视频监控"建、管、用"一体化模式，推进县、乡、村三级视频监控互联互通。着力完善市、县、乡、村四级综治中心力量建设,实现标准化、规范化建设全覆盖。深入推进社区(村居)网格化,基层综治信息化水平得到大幅提升。深化实施平安日照建设"法德一体"工程,聚力打造平安日照、法治日照"金招牌"。同时,以构建"向前一步"多元化解矛盾机制为重点,坚持创新治理、源头预防,践行"枫桥经验",创新专业化调解、多调联动机制,不断完善矛盾纠纷排查调处机制,从源头上预防和化解矛盾纠纷的能力明显提高。开展"心系群众、化解积案"行动,化解了大批信访积案,有效预防和化解社会矛盾。2016年省委、省政府在日照市召开多元化解矛盾纠纷工作会议,对日照市"向前一步解决问题"的经验做法予以推广。

——政法工作在主动服务经济发展中前行。全市政法工作始终在发展大局中谋划推进,始终与经济社会发展同频共振。政法战线强化"重担面前责任在我"理念,以积极有为的护航姿态,坚持围绕中心、服务大局,积极破解社会治理难题,为经济社会持续健康发展提供坚强有力的法治保障。一是率先在全国开展市区三轮车、四轮代步车集中整治,交通秩序井然有序,城市面貌焕然一新。二是在全省率先开展打击逃废银行债务专项行动,2018年底全面实现市委、市政府确定的"两个基本完成、一个重新构建"目标,即基本完成重点风险企业不良贷款处置,基本完成整个贸易融资风险化解任务,实现从"风险先发"到"率先突围"的转变,形成健康有序的金融生态秩序。三是部署开展"三打"(严厉打击涉众型经济犯罪、恶意逃废金融债务、电信网络诈骗)、"三治"(专项治理虚假诉讼、涉企案件执行难、法律服务行业)、"三清"(专项清理涉企涉法涉诉信访案件、开展久拖不决久办未果积案、与现行开放政策不符的法规规章和规范性文件)专项行动,开展产权依法保护工作,持续努力营创法治营商环境,助力全市新旧动能转换。同时,努力把以人民为中心的发展理念落实到具体工作中,深入推进"放管服"改革,完善公共法律服务体系,聚力推动"一次办好",围绕治安、交通、出入境和户政等行政管理事项,充分运用信息化技术和手段,极大地方便了企业经营、群众办事。

——政法工作在不懈推进法治日照建设中前行。紧跟改革创新的时代潮流，运用法治思维和法治方式推进工作，以变应变，以新应新，全面深化政法领域改革，以严格执法、公正司法的实际行动，在顺应群众对司法公正和权益保障新期待过程中，为政法工作跨越式发展打造新动能、开辟新境界。一是持续启动"五年普法"规划，深入开展普法依法治理，坚持开展全民普法宣传活动，截至目前"七五"普法依法治理已成功完成中期检查验收，全民法制意识显著增强。二是强化执法司法规范化建设，健全公正文明执法司法机制，提升执法司法公信力，让人民群众在每一起案件中感受到公平正义。三是从人民群众司法需求出发，抓住影响司法公正、制约司法能力的关键环节，努力解决体制性、机制性、保障性障碍，优化司法职权配置，规范司法行为，强化服务经济发展各项措施，各项工作得到进一步加强和改进。2019 年 3 月，政法机构改革全面推进，市综治办、维稳办、610 办公室部分职责划归市政法委。政法机关抓住改革机遇，及时理顺机制职能，促进业务融合、资源整合，构建起符合新时代政法工作规律和特点的机构体系与运行机制。

——政法工作在打造过硬政法队伍中前行。贯彻落实习近平总书记提出的"五个过硬"和提升"八个本领"要求，加强政法队伍革命化、正规化、专业化、职业化建设，提高广大干警的政治意识、大局意识、责任意识和法治意识。特别通过开展"不忘初心、牢记使命"主题教育，进一步坚定政法工作政治方向，深入查纠与社会主义法治理念不相符合的执法思想和执法理念，使政法干警作风进一步改进，素质进一步提高。加强业务技能培训，积极开展岗位练兵活动，队伍执法能力明显提高，执法质量得到提升。坚持从严治警方针，加大党风廉政建设工作力度，推动全市政法部门层层签订党风廉政建设责任书，严格实行禁酒令，集中整顿队伍中存在的突出问题，严格日常管理，强化执法监督，促进公正执法、文明执法，政法队伍中涌现出一大批先进集体和先进个人。通过抓班子、带队伍、树形象、强素质，锻造一支政治过硬、业务过硬、素质过硬、纪律过硬、作风过硬的政法铁军，人民群众对政法机关公信度明显增强，对政法干警的满意度明显提高。

日照市中级人民法院：

山东省人民满意政法单位

　　地级日照市成立以来，日照市中级人民法院紧紧围绕中心、服务保障大局，坚持司法为民，加强审判监督和队伍建设，努力让人民群众在每一个司法案件中感受到公平正义，各项工作实现了跨越式发展，结案数量由1990年的3831件，增长到2018年的54 412件，先后被中央政法委、解放军总政治部授予"维护国防利益和军人军属合法权益工作先进单位"，被最高人民法院表彰为"全国法院立案信访窗口建设工作先进集体"，被山东省委、省政府表彰为"人民满意政法单位"，荣获"省级文明单位"荣誉称号，被省高院荣记集体二等功，涌现出"全国优秀法官"范学青、2016年度"全国法院十大亮点人物"王海宏、"全国法院办案标兵"刘春明等一大批先进典型。尤其近年，全市法院行政诉讼败诉考核制度和行政首长出庭应诉制度、"六位一体"审判管理新模式、院领导视频接访制度、少年审判"四个附页"制

日照市中级人民法院办公楼

度、执行警务保障机制等首创、特色工作做法，在全国、全省受到广泛关注和好评，多个基层法院被分别确定为全省司法公开、多元化纠纷解决机制建设、家事审判方式改革、廉政文化建设等工作典型示范、试点法院。

——"为大局服务、为人民司法"赢得社会肯定。坚持"为大局服务、为人民司法"的工作理念，把服务大局作为首要任务，做到"哪里有司法需求，哪里就有保障服务"。尤其是市第十三次党代会确立"一、三、五"总体发展思路后，先后就新旧动能转换重大工程、民营经济高质量发展、营造法治营商环境等重点工作出台意见20余个，通过提供精准的司法服务和保障，为全市经济秩序稳定、产业结构调整升级、企业优胜劣汰起到了积极作用，赢得各级领导和社会各界的肯定。

——推进"平安日照""法治日照"建设成效显著。20世纪90年代，全市法院相继开展"打流窜""挖逃犯""扫黄""除六害""打拐""反盗窃""打假"等专项行动。21世纪之初，开展"严打"整治斗争，审理一批在全省乃至全国都有重大影响的案件。近年来，积极参与"平安日照""法治日照"建设，扎实推进扫黑除恶专项斗争，依法妥善审结一批涉黑涉恶、逃废银行债务、危害食品安全以及职务犯罪案件。审判工作中，坚持宽严相济、打防并举、重在治本的原则，积极参与社会治安综合治理，发挥司法惩恶扬善功能，取得良好的社会效果和法律效果。自2010年起，实行院领导视频接访制度，当事人可以不出区县即能向上级法院领导反映诉求。2015年12月，最高人民法院院长周强到日照调研时，对该工作机制给予高度评价。

——行政审判工作走上良性轨道。自1993年开始，行政审判工作的重心调整到优化行政审判司法环境上来。2002年后连续推出行政诉讼首长出庭应诉、行政败诉绩效考核两个机制，并以此为依托建立健全政府与法院间的良性互动机制，群众对依法行政和行政审判工作满意度不断攀升。2011年初，日照市政府荣获"首届中国法治政府奖"称号，是全国唯一获此殊荣的地级市政府。近年来，以新修订的《中华人民共和国行政诉讼法》的实施为契机，全面强化行政审判工作，深化行政案件跨行政区域管辖制度改革，赋予一审案件当事人自由选择管辖法院的权利，并建立健全新的司法救助机制，依法审理司法救助案件，开启了依法规范救助的新模式。2019 年全面推进行政争议审前和解中心建设，推进行政争议的实质性化解。

——**便民、利民措施持续完善**。全市法院不断探索和完善立案、审判、执行等各环节便民、利民措施，受到群众普遍好评。1982 年，《中华人民共和国民事诉讼法（试行）》颁布后，全市法院在民事审判中试行庭审方式改革，落实公开审判、法官中立原则，防止审判活动中出现不规范行为。之后，随着一系列法律法规先后施行，民事审判程序不断规范，实行案件流程管理，保证案件在法定的审限内结案。不断加大调解工作力度，对矛盾容易激化的民间借贷、房地产、拆迁、劳动争议等群体性诉讼案件，运用调解手段促进矛盾化解。积极开展以"和"为贵的家事审判方式改革，促进家庭文明建设。推动实现民间借贷、道路交通事故、劳动争议等类型案件裁判标准统一，维护当事人合法权益。2013 年以来，着力打造审判流程、执行信息、裁判文书公开和庭审直播"四大平台"，通过门户网站向公众和当事人深度公开 20 余项审判流程、裁判文书和执行信息。2015 年，全面推开立案登记制改革，对依法应当受理的案件做到"有案必立、有诉必理"，并于 2018 年开通网上立案服务，为当事人提供线上线下、方便快捷的"一站式"诉讼服务。

——**在全省率先建立执行工作新机制**。全市两级法院不断完善机构设置，强化组织领导，部署开展专项执行、执行积案清理、"反规避执行"和"执行年"等活动，不断探

市中级法院室外大屏幕公开失信被执行人名单

索行之有效的执行方式和方法，最大限度兑现申请执行人合法权益。2000年7月，日照中院在全省法院范围内率先成立执行局，建立统一管理、统一协调、统一指挥的执行工作新机制，进而实行债权凭证制度，完成执行局内部"两权分立"改革，省高院在全省推广。2012年后大胆实践，探索出一条适合基层法院不同实际情况的民事执行权配置模式。2016年市委、市政府在全省率先出台《关于支持人民法院基本解决执行难问题的意见》，推动形成党委领导、政法委协调、人大监督、政府支持、法院主办、部门配合、社会参与的综合治理执行难工作格局，全市法院共受理执行案件、执结案件、执行到位金额与前三年相比分别增长37.15%、45.98%和80.12%，执行工作由"基本解决执行难"向"切实解决执行难"转变。

——**司法改革创新持续深化。**全市两级法院积极推进内设机构改革和扁平化管理，在全省较早实行"大立案"改革，实行统一立案、统一排期、统一送达、统一收费。在全省率先设立审判管理办公室，创新建立质效评估、质量监管、绩效考评、流程管理、层级管理、信息保障"六大体系"，形成更为严密、更为科学的审判质量管理体系。2016年完成首批219名员额法官选任，85%以上的优秀审判资源集中到办案一线。同时，明确独任法官、合议庭的办案责任，落实"让审理者裁判、由裁判者负责"要求，制定出台审委会、合议庭、专业法官会议运行规则，探索建立由法官、法官助理、书记员组成的新型审判团队134个。2018年全市法院员额法官人均办案247.33件，位列全省法院第5位，相比改革前的2016年人均结案增长118.58%。

——**法院队伍不断发展壮大。**全市法院队伍不断发展壮大，学历层次和年龄结构进一步优化。近年来围绕习近平总书记"五个过硬"要求，把党的政治建设摆在首位，扎实开展党的群众路线教育实践活动、"三严三实"专题教育、"两学一做"学习教育和"不忘初心、牢记使命"主题教育，严格落实党风廉政建设"两个责任"，执行各项廉洁纪律规定，扎实推进队伍革命化、正规化、专业化、职业化建设，打造一支过硬法院队伍。

日照市人民检察院：

全省优秀检察院

地级日照市成立 30 年来，日照市人民检察院认真履行宪法和法律赋予的职责，团结奋斗，开拓进取，努力打造"民本检务"新品牌，各项检察工作得以不断创新和超越，为全市改革发展大局提供良好的法律服务和有力司法保障。

——服务大局水平获得新提升。 一是坚持把服务大局作为首要任务，围绕市委、市政府"突破园区、聚力招引""一个率先、五个日照""一个目标、三个导向、五大战略"等部署，先后制定出台多个服务经济社会发展的意见。二是坚持把执法办案作为服务发展的主要途径，制定"检察官联系重大项目活动"实施方案，通过选聘预防志愿者、建立"工程一线工作室"、提出检察建议、开展警示教育等方式，对临港物流产业园、日照机场项目、日照钢铁精品基地等国有投资项目开展预防和服务。同时，采取检察建议、预防咨询、法制宣传、行贿犯罪档案查询等方法，强化对重点基础工程、民生工程的专项预防。严肃查办土地出让、规划审批、招标投标等环节的职务犯罪案件。三是坚持把执法为民作为保障民生的价值追求，在全市乡镇街道

日照市人民检察院机关办公楼

探索建立民生检察工作站（联系点），聘请民生检察联络员，构建起市、县、镇（乡）三级联动的民生检察服务网络。2012 年妥善协调解决拖欠万余户独生子女"两全"保险费 460 余万元案，中央联席办、高检院、国家信访局分别将其作为典型案例专题刊发。同时，用心办好民生检察服务热线，实行司法鉴定到现场、到病床、到家庭上门服务和费用减免等"三到一免"检察技术服务民生长效机制，推行"阳光鉴定"工作制度，更好地服务困难群众。

——**诉讼监督能力获得新发展**。一是积极探索规范监督、理性监督新渠道，以开展对"刑事拘留未逮捕"案件监督为突破口，在全市开展对公安派出所刑事执法专项监督活动，确保监督案件的准确性、真实性。2008 年，市院探索未成年人品行调查制度获"全市机关工作创新奖"。2010 年，市院公诉处被省院评为全省优秀公诉团队。2013 年，制定《全市检察机关开展危害民生刑事犯罪专项立案监督活动相关工作安排》，依法督促行政执法机关移送涉嫌破坏环境资源和危害食品药品安全犯罪、监督部分食品、药品案件。2016 年与市公安局、市中级人民法院、市盐务局召开涉盐违法犯罪案件联席会议，规范各部门在查处涉盐犯罪案件中的职责，促进办理涉盐案件的无缝对接。二是强化民事行政监督，在办理执行监督、审判活动违法监督、支持起诉等新型案件中以基层院作为主力军，实现对民事诉讼全过程无缝隙监督。最高人民检察院下发文件，在全国检察机关推广日照民行工作经验。同时，构建行政执法检察监督信息共享平台、"无人机"勘察技术设备助力公益诉讼办案、以大数据信息化助力办案提质增效，打造日照检察新品牌。在行政检察监督中重点关注民生、环境保护、虚假诉讼、执行监督等重点领域，依托行政执法监督专项活动办理此类案件，数量多、范围广、效果好。岚山区院办理的督促查处 25 家钢渣厂环境污染案等多起典型案件，多次被省院、高检院转发。三是强化刑罚执行和监管活动监督。各区县院均设立刑事执行检察机构，市院驻鲁南监狱检察室揭牌，机构建设实现全覆盖。3 个驻所检察室均被省院授予"三级规范化检察室"。五莲县院驻所检察室、莒县院驻所检察室分别被评为"全国检察机关派驻监管场所二级规范化

到看守所进行警示教育活动

检察室""三级规范化检察室"。四是强化职务犯罪案件处理，2012 年至 2018 年立查职务犯罪案件 431 件 495 人。

　　——**队伍建设获得新进步**。把思想政治建设放在首位，坚持每周政治学习、党组成员轮流讲课制度，扎实开展党的群众路线教育实践活动、"三严三实"及"两学一做"专题教育活动，组织干警参加业务培训。推进"检察大讲堂""每月一课"等平台建设，广泛开展"创建学习型检察院、争当学习型检察官"活动，积极开展领导素能、专项业务、专门技能培训，以案析理、公文写作等岗位练兵和"检察官教检察官"活动。着力构建以"教育自律、制度规范、风险预警、过程监控、责任查究、外部监督"为主要内容的监督制约体系，深化"一案三卡"、执法档案等制度，推进人民监督员制度建设，实行检务公开和党务公开。认真落实党风廉政建设责任制，严肃查处违纪违法行为，并从优待警，关心体贴干警生活，全市检察机关没有发生重大安全责任事故，没有发生违法违纪案件。

日照市公安局：

全国文明单位

地级日照市建立以来，全市公安机关认真贯彻党中央关于稳定压倒一切的战略方针，坚持以"严打"开路和打防结合的原则，在斗争中不断加强公安队伍自身建设，有力地维护了全市社会大局稳定。进入新世纪以来，市公安局以提升群众安全感、满意度为总目标，不断创新警务工作理念，完善警务运行机制，全面深化平安日照、法治日照、公安队伍建设，进一步提升动态化信息化条件下驾驭社会治安局势的能力与水平，确保了全市社会政治稳定、治安平稳。近年来，特别是党的十九大以来，全市公安机关坚持以习近平新时代中国特色社会主义思想为指引，全力以赴保安全、护稳定、促和谐，坚定不移抓改革、促发展，战胜一个又一个挑战，打赢了一场又一场硬仗，以维护国家政治安全、确保社会大局稳定的实际行动，忠实践行对党忠诚、服务人民、执法公正、纪律严明的总要求，用鲜血和汗水诠释了人民警察对党和人民的忠诚与初心，用时间和青春谱写了日照公安辉煌的历史篇章。先后被授予全国文明单位、全国维护妇女儿童权益先进集体，荣立集体一等功1次、集体二等功96次、集体三等功523次，3个分局、县公安局被评为全国公安系统先进集体或示范单位，48个单位先后受到省部级以上表彰，并有4人荣获联合国维持和平勋章，1人被表彰为二级英模、1人被表彰为全国劳模、14人荣获"全国优秀人民警察"称号，108人次受到省部级以上表彰。

——**公安思想理念实现大转变**。忠诚如山，信仰如魂。30年来日照公安发展史，是一部在解放思想中统一思想、在改革开放中开拓创新的奋进历

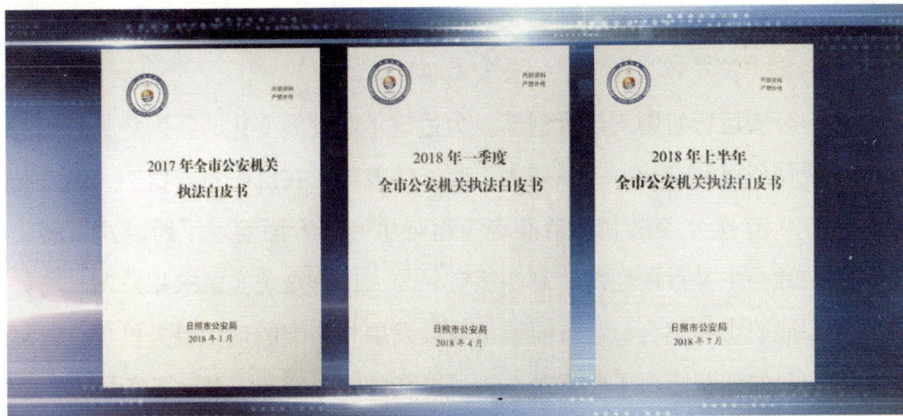

2018 年，发布全国首个市级公安机关执法白皮书

史。日照公安机关结合新建地级日照市的总任务，积极适应不断发展变化的社会治安形势，坚持以"严打"开路和打防结合的原则，在斗争中不断以改革创新的精神加强公安工作和队伍建设，有效地维护了全市社会治安稳定。党的十七大以来，全市公安机关集中开展社会主义法治理念教育活动，坚持以依法治国、执法为民、公平正义、服务大局、党的领导等社会主义法治理念武装头脑、指导实践，有力地推动了新时期公安工作和公安队伍建设的发展进步。党的十八大就加强和创新社会治理提出了一系列新理念新思想新战略。日照公安机关坚持把增进人民福祉作为出发点和落脚点，不断提升人民群众安全感和满意度；坚持把围绕中心、服务大局作为基本职责，为经济社会发展提供有力的"公安支持"；坚持以立体化、信息化社会治安防控体系建设为支撑，不断织密公共安全网络；坚持立足于预测预警预防，有效防范化解管控各类风险；坚持把思想政治建设摆在首位，把纪律和规矩挺在前面，把履职能力建设贯彻始终，不断提高公安队伍政治、业务素质，为开创公安工作新局面提供了思想组织保障。党的十九大对公安工作提出了新要求。日照公安机关坚决把党的政治建设摆在首位，切实把"对党忠诚、服务人民、执法公正、纪律严明"总要求熔铸入灵魂、融之于血脉，大力践行"精准警务"理念，全力以赴保稳定、护安全，坚定不移抓改革、促发展，

以维护国家政治安全、保持社会大局稳定的实际行动，为日照首次捧得全国综治最高奖"长安杯"做出了"公安贡献"。

——**公安运行机制实现大创新**。为适应不断发展变化的新形势，日照公安对传统警务机制进行了一系列大刀阔斧的改革，在打击犯罪机制、治安防控体系、110接处警机制、精准警务运行机制等方面实现了跨越式发展，形成了与社会主义市场经济体制相适应，与人民群众现实需求相协调，与公安机关职能职责相契合，与日照城市建设发展相匹配的现代警务机制，对复杂治安形势的驾驭能力不断提升，人民群众的安全感和满意度不断攀升。

1．坚持"严打"方针，不断创新完善严打整治机制。一是深化"严打"斗争。1989年以来，把加强经常性的侦查破案同"除六害、打团伙"专项斗争、治安落后区域重点治理结合起来，始终保持对犯罪分子的凌厉攻势。进入21世纪，探索实施以"大案小案有人破、防范责任有人负、多警参与都有奖"为主要内容的打防责任制，进一步建立健全分析研判和打击整治工作机制，完善对枪支弹药、易燃易爆物品和剧毒物品、管制刀具等重点物品的管控机制，持续开展"打黑恶、反盗抢、防诈骗、扫毒害、追逃犯"系列安民行动，依法严厉打击金融、财税等经济领域犯罪，严厉打击危害食品药品安全、餐桌安全、环境污染等犯罪，不断创造更加和谐稳定的社会环境。二是建立完善精准打击机制。2017年以来紧密结合党的十九大、上合组织青岛峰会、全国"两会"安保维稳工作，强化精准打防、靶向整治、专案攻坚，打好组合拳，压茬、叠加部署开展基层基础建设、扫黑除恶、打击电信网络诈骗犯罪、执法规范化建设"会战"。做优实战化指挥中心，建强市局、分县局实战型指挥中心，在特警、边防、消防等警种和19个城区派出所设立勤务指挥室，形成上下联动的实战指挥体系。做强合成作战中心，整合全警资源、聚焦一线实战，形成"情报+打击""情报+防范""情报+巡逻"新机制。建立完善市局、分县局、基层所队三级联动的信息合成作战机制，实行110刑事警情实时研判和未破案件深度研判。做专反诈骗中心，推进"四位一体"实战化反电信网络诈骗中心建设，完善快速冻结止付、精准落地阻断、合成侦查打击、快速通报防范等机制。2018年全市八类主要案件同比下降34%，"两抢"案件同比下降58.2%。三是深化扫黑除恶专项斗争。2017年初将全市扫黑除恶打霸治痞专项行动列为"利剑3号"行动，打掉恶势力犯罪集团4个，打掉恶势力团伙76个，抓获团伙成员320人。新一轮扫黑除恶专项斗争以来，提出"五必要求"，创新"五+模式"，层层组建专业行动队，打造最佳作战单元，强化重点攻坚力度，迅速形成了对黑恶势力的压倒性态势。至2018年底打掉涉黑团伙3个、涉恶犯罪集团14个、恶势力犯罪团伙33个，破获各类案件483起。

2.建立完善社会治安防控体系。一是建立人民警察巡逻制度。1989年市公安局组建巡警大队，1994年组建巡警支队，巡警作为一个新的警种迅速发展壮大，在防范和打击街面现行犯罪中发挥了重要作用。2008年6月，市公安局特警支队组建成立，除履行公安部规定的公安特警反恐处突9项职责任务外，坚持屯警街面、动中备勤，开展常态化巡逻防控，有效发挥了街面巡防震慑打击作用。同时，建立完善基层巡逻防控勤务、公安武警联勤武装巡逻等机制，市、县两级特巡警力量体系建成。二是建立110快速

2018年11月，在海上开展上合峰会安保巡逻防控

反应机制。1993年市公安局组建110指挥中心，开通三条110报警市话专线。1997年建立"三台合一"报警指挥系统，在全省率先实现110、119、122"三台合一"报警联网。此后不断规范110接处警工作，形成以110指挥中心为龙头，以派出所、特警、交警、消防等警种为骨干，各警种密切配合的快速反应机制。2018年，市公安局创新推行"情报+"工作机制，汇集全警信息化应用、技术手段和大数据资源，着力打造以精准情报研判为支撑，集安保维稳、反恐维稳、群体性事件处置、治安灾害事件处置、突出舆情处置"五位一体"的实战型指挥中心，有力提升了服务基层一线实战效能。三是实施派出所工作改革和城乡社区警务战略。1997年市委、市政府出台《关于进一步改革和加强公安派出所工作的意见》，推行派出所勤务制度改革。1998年推行东港分局望海路派出所让群众满意在所中、满意在家中、满意在心中"三满意工作法"。2003年开展派出所正规化、规范化建设。2006年实施社区和农村警务战略，构建与新型社区管理体制和社会主义新农村建设相适应的新型社区和农村警务机制。2014年成立日照平安志愿者协会，至2018年底全市平安志愿者队伍达5.3万人。四是创建合成化现代警务体系。2007年始，以发案少、秩序好、群众满意为目标，以"一警多能、综合执法，多警联动、合成作战"为基本要求，以"六张防控网"为主要载体，以信息化建设为支撑，以责任明晰、奖惩兑现的激励机制为保障，充分运用现代警务理念、现代科技手段和现代管理机制，积极创建合成化现代警务体系，有效盘活警力资源、极大地提高了警务效能。2009年日照市群众对社会治安的满意度位居全省第一，日照市被表彰为全国社会治安综合治理优秀市。五是创建完善立体化社会治安防控体系。2012年始，围绕创新社会治理，强力推进社会化视频监控建设全覆盖工程、流动人口社会化管理机制等"八项重点突破"，提升维稳处突、驾驭治安局势等"八个能力"，推进完善常态化维稳处突、责任化侦查破案等"八大体系"，着力推进网上与网下一体、地面与空中一体、城乡海一体"三个一体"，坚持专群结合、人防物防技防结合、打防结合"三个结合"，进一步

精准警务智创中心极大促进人工智能和物联网新技术在警务实战中的应用

提升社会治安防控体系建设的信息化、网络化、社会化、精细化水平，形成了具有日照特色的立体化社会治安防控模式。2013年日照市群众安全感位居全省第一，日照市被表彰为全国社会治安综合治理优秀市。

3. 加强公安信息化智能化建设。从2003年始，紧紧依托"金盾工程"建设，全面加快公安信息化建设步伐，引领公安工作理念的更新和警务运行机制、队伍管理机制的变革。2017年以来实施公安大数据战略，建设智慧公安、打造数据警务，创新推行信息化、装备建设专家论证工作机制，科技支撑保障能力进一步提升。创新推行数据整合复用工作机制，全力推进数据兼容共享复用，做到数据整合与智能应用同步发力，以科技强警推动警务变革，实现了传统警务向信息警务、数据警务、科技警务转型升级。通过信息合成作战，变人海战术为数据作战，实现"精准打防"。借助"互联网+公安政务"，以网络、APP、微信等多种载体，不断创新服务内容和方式，拓展便民利民渠道，提升服务效能。完成警务云基础平台、安全平台等"三个一"平台建设，整合公安内外部数据4000多亿条。探索"警企"合作新模式，联合知名互联网企业建设市公安局"精准警务智创中心"，引入机器学习等人工智能技术，开展智能调解、智能搜索等智能研发。日照成为全国社区智慧警务模式建设应用8个示范单位之一，"社区智慧警务+"项目列为全市深化改革重点项目，写入《市政府工作报告》，至2018年底已在全市40个社区开展试点工作，着力为全省乃至全国提供"日照方案"，打造"日照样板"。

4. 创新实施"精准警务"战略。2017年，市公安局党委创新提出践行"精准警务"理念，突出在补齐短板上下功夫，推行切合日照实际的警务运行新体制，全力打造新时代日照公安特色的平安警务、规范警务、数据警务、民生警务、合成警务、质效警务"六大精准警务"。一是在精准安保上着力，创新推行情报信息搜集研判、指挥处置、督导整改一体化工作机制，最大限度实现预知预警预防，战时维稳能力进一步提升。创新推行反恐督导检查工作机制，建立"暗访—通报—整改—再暗访—通报—整改—处罚"主体责任落实链条。"全市一盘棋"指挥调度，"市县一体化"高效融合，"海陆空网"安保体系，圆满完成了党的十九大、全国"两会"等重大安保维稳、警卫任务。二是在精准管控上聚力，创新推行查堵封控工作机制，高标准升级建设环鲁环青公安检查站，适时启动相应查控勤务等级。创新推行等级化巡逻工作机制，形成网格布警、密集布防。严格落实公安武警联勤武装巡逻机制，始终保持严密布防、高压震慑的街面维稳态势。创新推行精准视频巡逻工作机制，坚持24小时数据化、精准化、实战化视频巡逻，精准巡防能力进一步提升。三是在精准打击上发力，完善合成侦查打击机制，实行领导包案、挂牌督办制度，多警种同步上案。强力推进"净网"专项行动，依法严厉打击网络违法犯罪。完善打击制毒专案和堵源截流机制，集中组织禁毒严打整治行动。完善反恐怖工作体系，加强反恐怖力量机制建设，强化反恐怖实战对抗演练，全面打好反恐"人民战争"。特别是党的十九大以来，着眼引入人工智能、大数据分析等新技术，打造集反诈骗、打击犯罪合成作战、新型犯罪对策研究和社会专项治理协调"四位一体"的综合性中心，着力构建数据驱动、科技支撑、云上联动、协同作战的"数据侦查"体系，实现侦查理念、手段、思维、模式和机制等多维度转型升级，精准警务引领下的新时代"智侦"工作体系逐步形成。

——**行政管理工作实现大变革**。始终坚持以人民为中心，积极适应经济社会发展的新形势，从群众普遍关心的户政、交通、出入境等服务管理着手，对传统的行政管理服务模式进行一系列改革创新，实现由重管理轻服务向管理与服务并重的转变。

1. 改革户籍管理制度。从上世纪 80 年代末开始，先后实施了居民身份证制度、城镇暂住人口管理制度，制定调整了专业技术干部家属"农转非"、留学生子女回国落户、大中专学生户口迁移等多项户籍政策。2001年始，陆续开展了小城镇户籍管理制度改革，允许在部分小城镇有合法固定住所、稳定职业或生活来源的农业人口申请办理城镇常住户口，促进了农村剩余劳动力向小城镇转移。2004 年底启动第二代居民身份证换发工作。2012 年市政府出台《关于积极稳妥推进户籍管理制度改革加快新型城镇化进程的实施意见》，进一步降低购房落户、人才引进户口迁移、投资经营户

交警"牵手"行动，民警在护送小朋友过马路

口迁移门槛，鼓励农村务工人员向城镇迁移。2012年《山东省流动人口服务管理办法》施行，取消暂住证制度，流动人口服务管理进入居住登记和居住证时代。2014年推出《日照市公安机关关于深化户籍管理制度改革便民利民服务六项措施》。2015年实施《日照市公安机关积极推进户籍制度改革便民利民九项新举措》。2018年末全市户籍人口3 066 460人，其中城镇人口1 472 993人，户籍城镇化率达到48.04%。

2.改革道路交通安全管理工作。1990年，日照市汽车号牌开始由"山东90*****"更换成"山东11*****"。1994年日照市汽车号牌更换为"鲁L*****"。2000年全面开展创建平安大道和实施畅通工程活动。2007年启动"九二式"小型汽车自选号牌工作。2015年创造性开展"三轮车四轮代步车"集中整治行动，经验做法被公安部推广。2017年以来，积极推动建立道路交通管理工作新机制，不断深化道路交通"平安行·你我他"行动，构建起"政府统一领导、有关部门各司其职、齐抓共管、综合治理、标本兼治"的道路交通安全管理工作格局。

3.改革消防安全监督管理工作。1989年以来，全市公安消防部队坚持"预防为主、防消结合"的工作方针，推动完善消防安全责任体系，实施消防安全"防火墙"工程，推进消防安全网格化管理，全面清剿火灾隐患，加强消防安全设施、装备建设，强化消防安全宣传，开展防火灭火救援实战演练，有效保持了全市消防安全形势平稳。先后成功处置1994年日照港传送带火灾、2008年增援汶川抗震救灾、2010年"10·12"华美酒店火灾、2015年日照"7·16"石大科技爆燃等急难险重任务，累计营救疏散被困遇险群众2.8万余人，抢救和保护人民群众财产损失102亿元。日照消防志愿服务队被公安部表彰为第二届全国119消防奖先进集体，被团中央表彰为中国百个优秀志愿服务集体。2018年10月公安消防部队集体退出现役，组建国家综合性消防救援队伍，成建制划归应急管理部门。

4.改革出入境管理服务工作。对出入境管理工作进行了一系列改革，逐步放宽了出入境限制。2000 年全面启用 97 版护照，出入境管理综合信息系统全部开通，实现出入境管理各项业务受理、审核、审批、制证网上运行。2005 年经公安部批准，为日照技宝电子有限公司董事长全道学（韩国籍）和浅木荣美子等 5 名外籍侨民签发中国绿卡。2007 年日照市成为全国第 37 个口岸签证城市。2012 年 5 月正式启用电子普通护照。此后，逐步开通招商引资直通车，放宽出入境条件，简化出入境程序，推行公民按需申领护照和中国"绿卡"制度，出入境管理工作效率、质量和服务水平不断提高。2018 年全面推行"只跑一次、一次办好"，推出日照公安出入境 13 项便利措施。

5. 探索建立与市场经济相适应的服务发展、保障民生警务机制。紧紧围绕发展第一要务，先后制定出台《关于充分发挥公安机关职能作用保障和服务县域经济发展的意见》《关于保障和服务全市科学发展、跨越发展的意见》《日照市公安机关服务重点项目建设 15 条措施》《关于服务全市旅游经济发展的意见》《日照市公安机关服务全市中小企业发展十六条措施》《日照市公安机关优化营商环境 20 条措施》等，主动融入大局、服务发展、保障民生。2017 年以来，紧紧围绕日照"五大战略"实施和争创"长安杯"、创建全国文明城市，全力打头阵、当先锋、做表率，为服务保障经济发展提供新动能和强有力的"公安支持"，被市委、市政府授予日照市系列攻坚行动突出贡献奖。制定《全市公安机关保障和服务新旧动能转换重大工程工作的实施意见》，率先推出 28 条具体服务措施。深化"互联网+公安政务"服务，深化公安民生警务平台功能应用，把可拓展上线的公安窗口服务移到网上、连到掌上，逐步实现功能"全覆盖"、业务"全网办"。开展日照港集团整顿专案"利剑 1 号"行动，2017 年以来抓获"蛀虫"23 名，推动清欠 70 亿元。全力开展打击逃废银行债务"利剑 2 号"专项行动，将转移、藏匿资产、逃废银行债务的不法分子绳之以法，推动相关部门建立完善打击化解金融风险长效机制。2017 年以来共抓获犯罪嫌疑人 183 名，挽回经济损失 69.4 亿元，敦

2012 年，反恐应急分队实战训练

促银行企业达成还款协议 30.56 亿元，经验做法被公安部、省公安厅推广。牵头开展为期 7 个月的创建"平安海区"专项整治行动，清理整治问题海域 27.8 万亩，打掉 7 个涉嫌寻衅滋事、敲诈勒索的海上恶势力犯罪团伙，并推动市政府建立长效机制，创出"平安海区"建设"日照经验"。

——公安队伍建设取得大进展。一代又一代日照公安人坚持政治建警、改革强警、科技兴警、素质强警、从严治警、从优待警，在机构设置、队伍正规化、执法规范化、和谐警民关系、纪律作风建设等方面取得了重大进步，逐步建立了与形势任务、职能职责相适应的新型公安机关，日照公安发展之路在守正出新中行稳致远。一是加强队伍正规化、专业化建设。1989 年以机构升格为契机，逐步加强和推进公安队伍正规化建设。2003 年以来根据第二十次全国公安会议明确提出的"四统一五规范"的正规化建设要求，人民警察录用、辞退、培训、考核、任用、晋升、奖惩、抚恤以及警种岗位工作规范等一系列配套的具体制度和办法不断完善。特别进入 21 世纪以来，先后推行民警上岗和首任必训、职务和警衔晋升必训、基层和一线民警每年实战必训"三个必训"制度，开展全警大练兵和抓基层、打基础、苦练基本功活动，进一步健全人民警察"轮训轮值、战训合一"教育训练机制，公安民警的专业化素质能力不断提升。二是加强公安法制化建设。组织学习培训各项法律法规，不断增强了广大民警的法律素质和依法履职能力。自2008年始推进公安机关执法规范化建设，逐步构建起覆盖各个执法领域和执法环节的执法规范体系。2017年以来围绕"理念+机制+科技"这一核心，以大数据、智能化为支撑，完善智能实战应用和智慧监督管理两大平台，深化案件管理、执法办案、涉案财物管理三个中心建设，全面应用证据体检、智能量罚、智慧调解等N个智慧模块，着力构建完善"123N"日照公安特色精准智能执法体系，推动全市执法规范化建设走在全省前列。三是加强和谐警民关系建设。通过实施社区和农村警务战略、推出便民利民措施、建立警风监督员、群众推选最美日照人民警察、表彰树立亲民爱民的先进典型等形式，巩固和扩大公安工作的群众基础。2013年创新推行"大回访"，第一时间发现、整改问题。2014年10月，全省公安机关警务评议工作会议在日照市召开。2017年以来进一步完善警务回访"全覆盖"，着力压缩"不满意"的小数字。至2018年底累计回访群众309.7万人次，一级回访满意率99.25%。四是加强思想政治、纪律作风和廉政建设，坚持不懈地加强对民警的思想政治教育，提高广大民警的政治素质和职业道德水平，涌现出一大批先进集体和模范人物。按照从严治警的要求，狠抓反腐倡廉各项工作措施的落实，注重源头治理和制度建设，初步建立起具有公安特色的惩治和预防腐败体系。1995年市公安局在全国率先推出《禁酒令》十项规定，省公安厅、国家公安部先后推广。1997年公安机关督察制度和督察队伍应运而生，并相继建立健全警务督察、警务公开、派驻督察专员和督导组、特邀监督员等一系列配套的监督制约机制，有力地提高了公安队伍执行力。1998年6月，日照市公安局作为十八个先进单位之一，参加公安部在大连市召开的全国公安队伍建设座谈会并作典型发言。2001年6月，全国民主评议行风经验交流会在日照市召开，市公安局作典型发言。党的十八大以来，紧紧围绕对党忠诚、服务人民、执法公正、纪律严明这一建警治警总方略，着力创建忠诚型、学习型、实干型、创新型、廉洁型、团结协作型"六型阳光警队"。坚持以党建带队建，持之以恒推进正风肃纪，扎实开展以"严纪律、强作风、树正气"专项整顿"清风"行动为主要内容的纪律作风建设年活动。突出实战实训，健全教、学、练、战一体化教育培训机制。深入落实暖警励警措施，推动市政府出台《关爱公安民警十项措施》，设立山东省公安民警优抚基金会日照专项基金。强化"一事一奖、送奖上岗"的战时表彰激励，常态举行入警宣誓、光荣退休等职业荣誉仪式，开展"日照最美警察"评选活动。成立公安文联，建设警营文化中心。2018年出台《日照市公安机关"四个一律"禁酒规定》，持续加大从严治警力度。自1996年日照市实行政风行风考核评议以来，市公安局连续22年进入优秀位次。

日照市司法局：
全国司法行政系统先进集体

自建立地级日照市以来，日照市司法局强化责任担当，加强统筹协调，自觉把宪法的基本精神贯彻到立法、执法、司法和守法普法的全过程，找准服务大局的切入点和结合点，当好社会稳定的"守护者"和改革发展的"促进派"，为平安日照、法治日照建设作出很大贡献。

——**人民监督员制度改革得以深化。** 2015 年市司法局与市人民检察院制定《日照市人民监督员选任管理方式改革试点工作的实施方案》，在全市范围内公开选任日照市人民检察院人民监督员，正式聘任市人民检察院人民监督员 30 人，并组织开展人民监督员业务培训，市人民检察院邀请人民监督员旁听重大贪污案件庭审，参加"检察工作开放日"活动。2016 年市人民检察院、市司法局联合出台《关于深化人民监督员制度改革的实施意见》，至 2017 年有 9 名人民监督员被评为"全省优秀人民监督员"。2017 年山东省级人民监督员专项业务培训班在日照市举办。至 2018 年底，全市人民检察院人民监督员达到 27 名。

——**"大调解"工作体系运行高效。** 坚持和发展新时代"枫桥经验"，逐步构建衔接顺畅、运行高效的"大调解"工作体系，有效提高矛盾纠纷化解水平，维护社会和谐稳定。一是以健全机构、织密网络为重点，精准构筑"一体两翼"立体化调解网络体系。"一体"即以四级调解网络为基，打造强健"肌体"，为大调解格局的确立奠定坚实基础；"两翼"即以行业性、专业性调委会为翼，充分整合公安、卫生、人社、妇联、工商联等专业职能部门和各级商会、行业协会等社会专门力量，相继在道路交通、医疗纠纷、

2015 年 12 月，全市法德共建暨司法行政基层工作现场观摩会

劳动争议、婚姻家庭、保险、物业、商会等矛盾纠纷比较集中的行业和专业领域，成立行业性、专业性人民调解组织。同时，采取"以奖代补""以案定补"等措施，全方位保障调解组织运行。至 2018 年全市共有各类调解组织 3225 个，构建起"横到底、纵到边"的立体化调解网络体系。二是"精准定位"，创建专业化调解品牌。建立和推广"大嫂调解""党员老兵调解""四老调解""船老大调解"等一批特色调解队伍，将 3029 名村（社区）法律顾问纳入专职人民调解员队伍，带动提高基层调解员队伍的专业化、规范化和法治化水平。探索方式各异的特色调解法。莒县夏庄司法所所长庄乾山创新"沙盘调解法"，通过沙盘再现纠纷现场，快速定位争议焦点，从业 20 余年参与调处矛盾纠纷 4000 多起。相继成立"家事调解室""电商调解室""集贸市场调解室""旅游调解室"等以调解内容为主体的"单元化调解室"，满足不同群体的调解需求。全市共建立各类特色品牌调解室 55 个。三是"精准服务"，建立智能化调处机制。依托"公众通""调务通""公务通"三个板块，通过电脑和手机端同步操作，群众申请调

解，只需输入简易纠纷信息，即可自动上报给辖区内的调解员。开发运用矛盾纠纷"零报告"功能，利用云服务、大数据，智能分析并实时掌握辖区内矛盾纠纷发生的时间、地域、类型、严重程度等信息，实现矛盾纠纷数据的动态采集、实时研判和预警分析，提升人民调解工作的预见性和高效性。坚持调解过程信息化管理，对纠纷受理、调查、记录、上报等环节全程在线处理，严格落实挂账销号、预警督办等制度，有效提高了矛盾纠纷化解质效。在司法所、村（社区）司法行政工作室设立"智慧调解"线下服务区，提供手机、电脑等多种终端，进一步构建起线上线下相互融合的立体化调处网络。2018年以来各类调解组织共受理各类纠纷14103件，调解成功率达到98%以上。四是"精准对接"，实现多元化闭环调处。建立健全公调对接、交调对接、访调对接等工作机制，在公安、交警、信访、人社等部门设立派驻人民调解工作室，实现人民调解与行政调解的有机衔接。探索实施"警司联调"模式，在部分乡镇（街道）实施派出所与司法所联合办公，搭建矛盾纠纷高效直通平台，实现"110"报警服务台与"12348"公共法律服务热线的联动对接，通过合理引流，民警出警率日均下降10%以上。在基层人民法院设立诉前人民调解委员会和派驻人民调解工作室，实现人民调解与司法调解的衔接。依法落实人民调解协议司法确认制度，实现诉讼与人民调解程序的高效对接。积极整合律师、公证、法律援助、司法鉴定、基层法律服务等司法行政资源，实现矛盾纠纷的多元化闭环调处。

　　——司法鉴定质量和社会公信力全面提升。一是推进标准化建设，创新监管措施，全面提升鉴定质量和社会公信力。全市8家鉴定机构，7家依托医院设立的法医临床类司法鉴定机构，1家物证类司法鉴定机构，52名司法鉴定人，在2018年共受理委托司法鉴定3506件。二是强化"两结合"管理体制。2017年召开日照市司法鉴定协会第三次代表大会，进而成立日照市司法鉴定协会行业党总支，完善司法行政与行业协会"两结合"的管理体制和党总支有关制度，实现党建在司法鉴定行业全覆盖。三是推进标准化建设，先后召开标准化建设推进会、观摩会和培训会议，各鉴定机构全部启动外观标识标准化建设工作，鉴定机构整体形象焕然一新。山东浩德物证司法鉴定所作为服务标准化试点单位，顺利通过省质监专家评审组的标准化验收。以试点单位通过标准化验收为契机，印发《关于在全市司法鉴定行业推行服务标准化的通知》，指导各鉴定机构对照标准优化服务窗口建设。在提升司法鉴定公信力方面，研究起草《健全统一司法鉴定管理体制的实施意见》，加快推进改革的步伐并在全市司法鉴定行业推行服务标准化；充分发挥司法鉴定协会作用，对各司法鉴定机构年度司法鉴定工作开展情况进行实地检查；严格落实"双严"管理，开展鉴定人助理审核备案工作，从源头上提高司法鉴定准入门槛。积极组织各机构参加年度能力验证、现场集中测评和司法鉴定人岗前、转岗考试，提升鉴定人素质和能力。2019年6月15日，全省文书、痕迹司法鉴定人培训班在日照举办，对我市司法鉴定工作给予肯定。

——**未成年人法律援助服务优质高效**。市法律援助中心成立以来，始终把维护未成年人的合法权益作为重点工作之一，致力开展未成年人法律援助工作。一是加强社会宣传，及时预防未成年人违法犯罪。2019年市法律援助中心联合山东周智律师事务所、山东文科律师事务所开展"法律援助进校园""法律援助进社区"，到中小学举办法律讲座，通过以案讲法，融法理、道理于实际案例，增强未成年人辨别和抵御诱惑的能力。同时，通过提供法律援助维护未成年人的合法权益，凡家庭人均收入在当地最低保障线两倍以内的未成年人均应纳入法律援助对象和范围，努力实现应援尽援。市法律援助机构广泛建起"法律援助农村一小时、城市半小时服务圈"，建立市、区县、乡镇、村居四级网络体系，开通全省联网的"12348"法律援助热线，畅通法律援助渠道。2015年以来办理各类涉及未成年人法律援助案件400余件，为未成年人及其监护人提供咨询、组织讲解法律知识等近2万人次，帮助受援人获得经济赔偿1200余万元。

——**"数字法治、智慧公证"现代化体系全面提升**。一是大力建设"数字法治、智慧公证"现代化体系，发挥"预防纠纷、防范风险"职能，积极参与拆迁安置、保障安置房分配工作等重大项目现场监督，预防纠纷、化解矛盾。二是聚焦特殊群体，免费办理 5000 元以下小额遗产继承的活动，并且践行"最多跑一次"，简化办事流程，免费上门服务。以"打造最佳营商环境法律服务专项行动"为契机，免费为小微企业提供非诉法律事务咨询、公证相关业务、上门办证服务。聚焦城市建设等项目设计的治危拆违、拆迁安置等政府中心工作，积极配合相关部门为当事人办理继承权、委托、现场监督等相关公证。三是"三细服务"保质量，采取"常规+预约+加急"方式，践行简化办、马上办、一窗办，为老、弱、病、残等特殊困难群体开通"绿色通道"，实行优先受理、优先审批、优先出证，建立延时服务、上门服务、首问责任制、一次性告知制、主动调查事实情况、公开公证员联系电话、开展法律援助等多种方式，让百姓得到公证便民的暖心服务。四是"协办公证"入基层，依托乡镇司法所建立公证服务协办点，畅通公证服务群众"最后一公里"，让群众和企业在家门口可以享受"覆盖城乡、便捷高效、

新任律师宣誓仪式

普惠均等"的公证法律服务。

——司考"制度化、规范化、标准化、信息化"建设不断推进。自2002年国家司法考试实施以来，按照"组织严密、程序严谨、标准严格、纪律严明"工作标准，精心部署，确保"考卷安全、考场安全、考试安全、人员安全"，市司法局连续多年被表彰为"全省国家司法考试工作先进单位"。自2002年至2017年，我市先后有1603名考生通过考试成为法律专业人才。2018年是建立施行国家统一法律职业资格考试制度的第一年，也是首次组织实施国家统一法律职业资格考试开局之年、全面实施机考首考之年，市司法局精心组织周密安排，取得国家统一法律职业资格考试"开门红"，实现了考务工作试卷安全保密"零事故"、考试组织实施"零失误"、服务考生"零投诉"，被司法部表彰为"首次国家统一法律职业资格考试工作表现突出单位"。

——司法行政队伍建设富有成效。采取党组中心集中学习、机关上党课、主题党日学习、党支部专题学习等形式，认真学习习近平新时代中国特色社会主义思想和党的十九大及十九届历次全会精神，并结合"三严三实"专题教育、"两学一做"学习教育，组织党员干部到鲁南监狱、孟良崮红色教育基地等开展党风廉政专题教育。严格落实党支部例会、重大事项报告、一把手定期与干部谈心、民主生活会、中心组学习等制度，建立《机关目标管理考核制度》《党风廉政建设责任制度》以及行政许可、投诉处理、业务指导等规范，规范司法行政行为。深入开展"整治庸懒散、提振精气神"专题活动，聚清风正气，树品牌形象。以目标管理为载体，科学设置工作目标，统一格式标准，架构科学的目标考核体系，形成学先进、比先进、赶先进、争先进、创先进、促先进的浓厚氛围。

日照市公安边防支队:
山东省拥政爱民模范单位

有国必有边,有边必有防。日照市公安边防支队认真贯彻上级工作部署,紧密结合日照实际,在开展反敌特斗争、打击走私偷渡、实施沿海地区管理、维护社会治安稳定等工作中,有效维护日照海岸线的安全稳定,促进了平安日照建设。1990年以来先后荣立集体三等功32次,295人荣立个人二等功、三等功,36个单位、107名个人获评全国(全省)青年文明号、公安边防部队优秀共产党员、全省巾帼建功标兵等。

——30年峥嵘岁月,铸就初心不改、对党忠诚底色。1990年3月正式组建武警日照市边防支队,对内称日照市公安局边防保卫分局。2001年3月,武警边防部队调整为"统一领导与分级指挥相结合"的管理体制,支队按照现行管理体制运行至今,壮大为3个边防大队、12个边防派出所、

摩托艇编队开展海上巡逻

1个船艇大队、1个勤务中队。2004年支队召开第一次党员大会，全面谋划部队发展建设大局。后于2009年、2016年相继召开第二次党员大会和第三届党代会，党的建设不断得到加强。30年间先后历经武警部队、公安边防部队、警察队伍数次领导管理体制调整，每一次改革调整都坚决听号令、听指挥，以对党绝对忠诚、竭诚无私奉献的崇高信念，写下了从无到有、由小到大的历史篇章。

——**30年挥洒热血，见证一往无前、担当奋进誓言**。支队官兵始终坚持守边有责、守边负责、守边尽责，铁肩担重任，实干铸丰碑。1993年破获日照市建市以来最大的海上走私案，1995年破获新中国成立以来日照市首起偷越国（边）境案件，1996年破获日照市首起利用外轮走私文物案，打出了公安边防部队的气势声威。2000年以来，累计破获偷渡案件16起。2017年8月快速破获的"8·30"偷渡案，一次性遣返非法入境务工人员90余人。从参与全国水运会、北京奥运会帆船赛安保工作，到独立承担第三届中国—中亚合作论坛海上安保工作，从日照"2015.7.16"液化石油气储罐区爆燃事故救援维稳到历次抗击风暴潮，都留下了支队官兵听令而行的身影，成为支队履职尽责的历史见证。

——**30年使命传承，书写无私奉献、一心为民情怀**。一代代边防人始终将人民群众利益放在最高位置，心有群众、心向群众、心为群众，在细微处见真情，于平凡中显伟大。在海上、在港口，伴随着日出月落，守望着船来船往，海上治安和谐稳定；在景区、在社区，都能看到他们忙碌的身影，都有他们用实际行动让游客、群众安心、放心、舒心。在案件现场，一次次挺身而出，换来辖区的安宁；在危难时刻，勇往直前，用无畏的勇气扛起危险。爱民固边，他们走疾访苦、无私奉献，十年如一日结对帮扶困难群众、困难儿童，被群众亲切称作"兵儿子""兵妈妈"。在服务发展中大胆探索、争当标杆，用"海上党旗红"工程、"阳光旅游警务"特色品牌，为军民融合发展提供了一个个"边防智慧""日照模式"。

——**30年艰苦创业，绘就策马扬帆、阔步向前蓝图**。在历届党委的坚强领导下，支队官兵一路相伴、风雨兼程，一次次掀起部队发展新热潮，一次次实现部队发展建设的超越。1998 年覆盖全市沿海海域的海上 110 指挥系统建成，2016 年日照边防史上最大吨位执法船艇入列，并高标准筹备全省海防工作现场会，为全省海防工作打造样板、树立标杆。从 80、90 年代的自行车、摩托车到如今的汽车，从简易工具到高精尖科技装备，从盐碱地营房、借用营房到如今市海防指挥中心等新营房拔地而起，执法执勤装备换代升级不断加快，官兵工作荣誉感、生活幸福感不断增强。定期召开党委会、党委（扩大）会研究谋划部队发展方向，绩效考核体系、"三位一体"信息化党员教育体系，先进经验做法层出不穷。率先实行的副食品集中配送、精细化被装保障工作在全省领跑，蔬菜大棚种植、生猪养殖等农副业生产项目成为特色品牌。冬去春来，寒暑易节，不同时代的边防官兵，用同样的故事谱写着家国情、爱民情。

日照市公安消防支队：

公安部集体二等功

2019 年是日照市建市 30 周年，也是日照市消防支队"而立之年"，是国家综合性消防救援队伍改革转制后全面履职开局之年。30 年来，日照市消防支队从 20 人的消防队伍，发展到如今 700 余名消防指战员、3 万余名消防志愿者，消防事业由小到大、由弱变强，共接警出动 5.6 万余起，出动人员 35 万余人次，出动车辆 5.7 万余辆次，营救被困遇险群众 3 万余人，抢救和保护人民群众财产损失 103 亿元。

——**紧贴实战需要，出色完成一系列急难险重的战斗任务。**紧贴实战需要，培养战斗精神，先后完成"10·12"华美酒店火灾扑救、石大科技"7·16"爆燃事故处置、临沂金誉石化"6·5"爆燃事故处置、"利奇马"台风抢险救援等急难险重的战斗任务。特别是 2015 年处置日照石大科技"7·16"爆燃事故，不到 24 小时就成功将大火扑灭，企业职工和周边群众无一人伤亡，罐区内 10 个液化烃罐及相邻储油量达 12 万吨的油罐区和化工生产装置乃至整个岚山区的安全得以保全，创造了液化烃爆燃事故处置的先例和奇迹，时任公

日照消防战士整装待发

安部副部长李伟批示"此次火灾扑救非常成功"。同时，践行"1+5"实战化战训新体系，提高单兵、班组、整建制中队和大兵团作战四个层次实战本领，在2018年省消防总队组织的夏训比武竞赛中获得第三名。研发"日照市石油化工企业安全管理平台"APP软件和720全景预案，在全省石油化工企业调查评估与灭火救援能力建设现场观摩会上作经验介绍。组建高低大化和水域五个领域5支专业队伍，均已发挥实效。提请市政府印发《日照市企事业专职消防队建设标准》，连续11年组织开展企业专职消防队实战化练兵比武竞赛，推动全市14家应建未建或已建但未达标的企业建立专职消防队。

——坚持走在前列，形成新时代日照消防"一三六三"总体发展思路。一是形成以"走在前列"为目标，以"问题、目标、用人"为导向，以"防火、战训、制度、保障、队伍、群众"为基础，以"党建主业、发展主线、安全底线"为主攻方向的新时代日照消防"一三六三"总体发展思路，提炼并践行"尚德、精武、务实、担当"的日照消防精神和"科学指挥、英勇顽强、敢打必胜"的日照"7·16"灭火抢险战斗精神，大力弘扬"两敢"精神，构建"平等、尊重、支持、配合、理解"团结和谐"五大支点"。二是总结提炼"书记带常委、常委带委员、委员带支部、支部带党员、党员带群众和领学习教育、领组织生活、领攻坚克难、领服务群众、领廉政勤政"党委"五带五领"工作法，推动"关键少数"凸显关键作用，规范实施"议教、议管、议训、议防、议财、议审、议廉"党委议事决策"七议"工作法，坚持"情况在一线掌握、决策在一线形成、问题在一线解决、作风在一线转变、感情在一线培养、能力在一线锤炼、政绩在一线检验、形象在一线树立"调研指导"一线"工作法，切实转变作风，推动工作落实。三是出台"党建领航"工程实施意见及《日照市消防支队政商交往"正负清单"》等配套制度，着力构建"亲""清"政商关系，强化权力运行制约和监督体系，创新实施队伍管理教育"一心"、双"四一"、"三互"、"四个经常性工作"、"一二三四"工作法，抓实"四有"指战员培育，总结提炼交互式思想政治教育模式，被公安部政治部推广。在日照市抗日战争纪念馆、莒县"本色"纪念馆挂牌成立思想政治教育基地，实施"主题党日+"活动，开展"星级党员"创评工作，实现日常管理的制度化、规范化、精细化。

——按照"一个系统、两个基地、五个分队、四个功能、八个模块"模式，高标准建设战勤保障机构。一是将消防工作纳入全市"十三五"规划纲要，市政府常务会议审议通过《日照市城市消防专项规划（2014~2030）》《日照市"十三五"消防事业发展规划》，出台日照市获得地方立法权后第一部实体性政府规章《日照市城乡消防水源设施管理规定》，建立消防水源建设、管理长效机制，经验做法被部局向全国推广。二是按照"城乡统筹、因地制宜、多策推进、一专多能"思路，大力推进消防站建设，2017年省消防总队在日照召开现场会，总结推广市消防支队的消防队站、车辆装备、战勤保障等经验做法，2019年牵头组建并成立全省首个市级消防装备创新中心，承担部消防救援局2019年重点装备研发项目，有5项装备器材获得国家实用新型专利证书，并在全省消防后勤工作推进会上作经验发言。三是按照"一个系统、两个基地、五个分队、四个功能、八个模块"模式高标准建设战勤保障机构，配齐装备抢修、供气照明、油料供应等战勤保障消防车，与企业签订社会化保障协议，在医院开辟绿色通道，局刊发简报推广日照市消防支队战勤保障工作经验。

——推进"四级联防联治"，全市连续25年未发生较大以上火灾事故。一是创新提出并扎实推进区域联防、行业联防、乡镇企业联防、"九小场所"联防"四级联防联治"消防安全监管模式，全市连续25年未发生较大以上火灾事故，得到时任部消防局领导充分肯定并向全国推广，2018年4月省消防总队在日照市召开现场会。2016年日照市作为全省2个被考核市之一，出色完成国务院消防工作考核任务，为山东省在全国消防工作考核中获得"优秀"等次作出贡献。市政府先后出台《日照市乡镇消防队管理规定》《日照市政府专职消防员招收管理办法》《关于明确部分行业部门消防工作职责任务的通知》等47个文件。二是推动行业部门召开系统内消防安全标准化管理达标现场会，指导公安派出所对"九小场所"逐一摸底、登记备案，组建联防组织，实行隐患共防、防消联勤。彻底整改太阳城市场重大火灾隐患，推动市级机关综合办公大楼、日照大厦等市级机关集中办公区火患整改，全面整治民俗旅游村火灾隐患，对民俗旅游户开展电气检测。2013年至今查改火患103万余处。三是深化"放管服"改革，完善《日照市消防便民服务十五项措施》，出台《服务新旧动能转换消防服务二十条措施》，将"96119"火灾隐患投诉举报电话并入"12345"市长热线，24小时接受群众咨询投诉。全市聘请60余名社会监督员，定期开门评议，消防满意度始终保持100%。2013年以来开展"防消联勤"消防巡查7700余次，受理消防行政审批3812起。培训演练参与人员50万人次，《人民公安报》等媒体大篇幅报道日照消防大培训、大演练经验做法。

——开展公益行动，打造"志在未燃·愿安万家"日照消防志愿服务品牌。2004年起，以"典型带动骨干，群众喜闻乐见"为导向，着力打造"志在未燃·愿安万家"日照消防志愿服务品牌，持续开展以消防宣教为主，查改火患、助残扶弱为辅的系列公益行动和一般灾害事故协助处置工作，已拥有3万余名注册志愿者，累计开展活动6600余次。在山东省国民消防安全常识知晓率调查中，日照市以84.49%的知晓率名列前茅，被团中央表彰为"中国百个优秀志愿服务集体"，荣获"首届中国青年志愿服务项目大赛银奖"，被团省委表彰为"山东省抗震救灾优秀志愿者服务先进集体"，两次获得"全国119消防奖"，20余个项目1600余人次获省市级以上表彰。至2019年全市组建1000人的市县志愿者应急救援服务队伍，纳入全市大应急力量格局，市财政每年列专项资金补助，并连续举行3届全市热心消防公益奖评选与颁奖典礼，有力地推动了消防工作社会化进程。

2019年，日照市消防支队作为全国唯一支队级代表，与市消防志愿者协会分别在全国"119消防奖培树座谈会"上作典型经验发言，得到充分肯定。

组织森林火灾应急救援实战拉动演练

日照市港航公安局：

全国交通公安系统优秀公安局

日照市港航公安局作为国家派驻交通航运和港口的专业公安机关，担负维护港口政治治安稳定、国内安全保卫、警卫、治安管理、刑事（经济）侦查、反恐防范、生产保卫、船舶安全保卫、消防监督和港口道路交通监管等重要职责。三十多年来，持续打造对党忠诚、服务人民、执法公正、纪律严明的港航公安队伍，践行"忠诚、勤勉、精进、勇毅"的港航公安精神，推进"平安港航"建设，全力护航日照港口和航运经济发展。2000 年、2007年被交通部公安局命名为"全国交通公安系统优秀公安局"。

——**维护国家安全和社会稳定。**一是做好警卫工作和重大安保活动，先

开展港上法律法规宣传

后完成党和国家领导人江泽民、李鹏、朱镕基、吴邦国、贾庆林、贺国强等来港视察重大警卫工作 48 次，并圆满完成港口开港开放 20 周年庆典、全国水运会、奥运会、中亚论坛、十九大、青岛上合峰会等重大安保任务。二是通过推行纠纷排查、事前预报、事中法制宣传、事后总结分析等措施，妥善处置因征地、拆迁、污染、职工子女就业等群体性事件，化解矛盾纠纷。三是注重涉外维稳应急处置。

——维护港口良好治安秩序。一是完善"专业防控网、群防群治网、科技信息防控网、虚拟社会防控网"等治安防控网建设，强化"三警联勤""倒班执勤""社区警务"等巡防机制，保障日照港港区和生活区良好治安防控成效。2017 年以来创新治安防控，推行"一企一警"模式，民警随企作战，有效提升维护辖区治安防控能力。二是根据日照港区流动人口组成及从业多元化特点，建立健全各类人员管理档案，完善各项防范措施，多种形式开展清理整顿流动人口专项行动，年均排查流动人口 3 万余人，房屋 1000 余处。三是将辖区内的常住人口、暂住人口、公共场所、特种行业等全部实行微机管理，逐步完善覆盖全辖区远程视频监控信息系统，视频图像接入市政府应急指挥平台，并建成全港 28 个出入港通道、重点单位电子门禁系统，实现车辆自动拍照、号牌图像数字转化、920 兆超高频射频读卡、关联生产检斤数据等功能，对出入港人员车辆信息即时采集、即时比对报警，并留存门禁通行历史数据。该系统被中国港口协会授予科技进步二等奖，在全国交通公安系统推广。

——严打涉港航违法犯罪。一是积极开展专项斗争，联合市公安局先后开展航运、口岸治安秩序整治，打击流窜、打击盗窃港口物资、扫黄、除六害、百日追逃会战等专项斗争，被交通部公安局评为"江海行动"先进单位，并在交通部公安局"清网行动"中荣记集体二等功，两名民警荣立二等功。2017 年以来深入开展"迎接十九大忠诚保平安"三个不发生创建、上合青岛峰会安保以及扫黑除恶、缉枪治爆、打击"盗抢骗"和毒品犯罪等专项工作，破获涉案 1000 余万元的诈骗案并抓获漂白身份在逃 9 年的盗窃案网上逃犯。二是积极探索治理涉港物流犯罪"打、防、建一体化"模式，严打水运领域犯罪活动，1989～2018年先后破获物流犯罪案件359起，追缴货物3000余吨，实现交通部公安局"物流案必破"目标，提炼出"车辆筛选法""假牌识别法"等12种打击犯罪技战法，在交通公安机关港航北方片区推广。三是进一步延伸服务链条，开展风险评估，督促企业防流弊、堵漏洞，港航物流犯罪频发势头至2013年得到有效遏制，全港安防水平明显提升。四是强力维护港口经济秩序，会同市清欠专案组深入挖掘案件线索，开展日照港清欠专项行动，保持严打高压态势。清欠民警辗转20多个省市，参与破获多起重特大虚开增值税专用发票、伪造公司印章等案件，为日照港集团公司清收欠款58.2亿元。

——做好港口道路交通管理。强化港口交通秩序管理。1989年至1999年，港航公安机制定《石臼港区交通管理暂行规定》，开展港区建设车辆和运煤车辆秩序疏导整顿、创建"平安大道""治理严重违章整顿月"等专项行动，重点整治港区运煤车辆乱停乱放、不按照规定路线行驶排队、超载等

开展港池巡逻维护港航秩序

违法行为，继而对石臼港区危化品运输车辆进行专项整治，先后对石臼港区、岚山港区及周边疏港道路视频卡口系统进行技术升级改造，实现集抓拍、机动车缉查布控、重点车辆查询、应急指挥调度为一体交通智能管理系统，实现疏港车辆、社会车辆通行顺畅。日照港交警大队荣获"全国公安机关优秀基层单位"称号。

——强化消防监管和开展灭火救援。港航公安局消防支队采取日常消防监督检查、重大安保活动消防检查、联合日照市消防支队专家消防检查、邀请交通部公安局消防专家检查等多种形式，深入开展港航消防监督检查，严格执法，查处各类消防隐患6500余项。同时，跟踪指导消防隐患整改，在港口危化品储运消防监管中采取6项超常规措施，保障港口危化品装卸储运30年无消防安全事故。消防支队先后参加"8·12"黄岛油库储油罐特大火灾、"12·30"日照港煤码头栈桥特大火灾、"12·21""金旺油2"油轮重大汽油泄露事故、"7·16"石大科技爆然事故等重特大火灾扑救和应急救援80余次，安全监护危化品船舶1100余艘，被交通部公安局评为"全国交通公安系统人民满意单位"，荣立集体二等功。

——加强港航公安队伍建设。秉承政治建警理念，深入开展各项主题教育活动，制定整改提高措施，教育广大民警永葆忠诚政治本色。同时，坚持素质强警，推进从严治警，落实从优待警，涌现出"全国优秀人民警察"张斌、"全国交通公安最美警察"王世华等模范人物，1989~2018年先后有6个单位荣立集体二、三等功，28个单位被评为市级以上先进集体，121名（次）民警分别荣立一、二、三等功，1名民警荣获"全国优秀人民警察"称号，862名（次）民警被评为模范先进个人。

日照市公安局交通警察支队：
全省公安机关交通管理先进集体

日照市地处中国东部沿海中部、山东半岛南翼，地理位置重要，历史上有 7 个自然口岸，是周边地区货物集散地，古时的交通多以海运与陆运为主。新中国成立后，全市交通管理事业高速发展，特别是随着党的十九大加快建设交通强国战略的提出，日照市交通基础设施建设日新月异，至 2018 年年底，全市境内共有高速公路 6 条，国省道 11 条，县乡道路 212 条，通车总里程 10 595.108 公里，机动车 80.27 万辆，驾驶人 82.03 万人。市公安局交警支队作为日照市道路交通安全管理的主体，多年以来，立足全市实际，为全市经济发展作出了应有的贡献和成就。

队伍建设从小到大。从 1987 年交通监理划归公安建制时仅有民警 45 人，到 1990 年支队挂牌成立时仅管辖 1 个大队 118 人，到 1993 年对东港、莒县、五莲大队实现直管时的 257 人，到 2013 年高速公路支队组建，到 2019 年 6 月的民警、辅警 1902 人。岁月不居，时节如流，30 余载光阴栉风沐雨，队伍的管理体制经历了从交通监理到公安机关的演变过程；民警的来源从单一的交通监理人员发展到公安民警、交通民警、复转军人、招录公务员、院校毕业生为一体的多渠道融合；知识结构从建队初期的小学、初高中生占比 79%，逐步提升到大专以上文化程度占总人数的 93% 以上；年龄结构从建队初期的人员较少、中青年居多发展到老、中、青梯次搭配组合，队伍建设正朝着知识化、专业化、正规化的方向蓬勃发展。

秩序管理从粗放到精细。从建队之初的指挥交通主要靠手势、小红旗或指挥棒，规范道路秩序从劝阻打场晒粮、拆除违章建筑开始，到以创建"平

交通民警冒雨指挥交通

安大道"和实施"畅通工程"为重点，完善公路报警点、监控点、堵截点建设，开展全市路面行车秩序治理、春运交通安全管理、遏制重特大事故、涉牌涉证等整顿活动，再到市区三轮车、四轮代步车综合治理成就"日照模式"，将秩序管理、宣传教育、车管驾管和事故处理"四大版块"工作融入交警进社区，组建"铁骑队""专业侦查队"创新勤务与执法模式，支队始终按照精准、创新、落实的要求，推动工作提质增效、争先创优，全力以赴防事故、保安全、保畅通，交通安全形势持续稳定，道路交通安全精准治理能力不断提升。

车管驾管从做好到做优。市车管所以"科技车管、智慧服务"为理念，以创建"管理更科学、工作更高效、服务更贴近、警民更和谐"的人民满意车管所为己任，在精致精细、便民利民等方面狠下功夫，取得了被评为"全国优秀公安基层单位"，被命名为"全国巾帼文明示范岗"等荣誉的优异成绩。2017年起，市车管所聚焦基层基础建设，不断优化车驾管改革创新：

将 A1、A2、A3、B1、B2 证驾驶人实习期满考试、驾驶证签注等共 8 类 22 项车驾管业务下放到具备条件的区县车管所，同时在莒县、五莲、岚山各租赁一处社会考场，方便群众就近考试；深化"互联网+车管"服务，推进车检改革、驾考改革、号牌改革、服务创新，实行车管"一窗式"服务；列出群众和企业到政府办事"只跑一次腿"和"零跑腿"事项清单，建立"警税""警邮""警银"协作机制，让群众享受更多改革带来的红利。

事故处理从便民到高效。建队以来，全市道路交通事故处理工作始终以"公开、公正、快速、高效"为目标，通过强化教育培训提升民警素质，制定规章制度规范民警执法行为，推行事故例会、阳光作业、办案资格证等制度加强正规化建设，全力提高事故处理工作水平和打击交通肇事逃逸案件的能力，有力维护了社会公平正义和法律尊严。2007 年，岚山大队在全省范围内首推道路交通事故法庭进驻交通事故处理部门调处损害赔偿。2010 年，直属大队在全省范围内首推人民调解工作机制。2014 年，在上海路建成包括事故处理、诉讼仲裁、法律服务等 10 项功能于一体的市区道路交通事故处理服务中心，全力建设便民惠民的"群众满意工程"。2017 年起，通过对事故处理流程再造和机制创新，在实践中打造让群众按照自己意愿自主选择、网上全流程一体化运行的事故处理及矛盾纠纷化解"日照模式"；推出微信平台、自行协商和民警现场指导三种快处快赔方式，警务前置做法被评为 2017 年度日照公安工作十大创新成果之一；自主研发"日照市道路交通事故处理服务平台"，在全省率先研发运用"道交一体化处理"系统，所有事故实现在线处理。2018 年 8 月，全省道路交通事故处理重点工作暨放管服改革现场推进会在日照召开，向全省推广日照的经验做法。

宣传教育从普及到深入。支队成立以来，一直将交通安全宣传教育工作放在心上、抓在手上，从初期的运用报纸、电视、电台、组装宣传车、张贴通告、悬挂横幅、发放明白纸、黑板报、图片版面、广告牌等传统方式开展宣传教育，到开展交通安全宣传月、宣传周、宣传日，"遵章出行，平安回家""五进"等大型系列活动，进行春运"交警平安播报"、微博微信主题发布等专项宣传，通过各种行之有效的手段提升交通安全宣传教育社会化水平。2015 年起，坚持创意引领，深度触及，依托公共安全宣传教育基地，开展常态化交通安全教育；利用各类新闻媒体，做好立体化交通安全宣传；创办文化传媒中心，集报纸、杂志、广播、电视、微博、微信、视频直播、舆情处置于一体，打造全媒体宣传矩阵，"日照交警"微博位居全国政务微博百强；强化媒体合作，升级改版《红绿灯·你我他》电视栏目，推出 87.9 交通生活广播交警直播间，实现资源共享、优势互补，不断盘活交通安全宣传教育的机制与模式，着力提升人民群众的交通安全意识、文明意识和法治意识。

科技建设从量变到质变。建市及建队初期，日照市交通科技建设底子较差，智能交通设备等基础薄弱。面对困难和问题，日照公安交警不等不靠，主动担当。1997 年，投资 25 万元，在市区道路安装电子监控、闯红灯以及超速检测系统。2004 年，投资 800 余万元，进行集中指挥调度、接处警系统、电子警察、警务工作站等在内的日照市智能交通指挥控制中心一期工程建设工作。2013 年，成立"853 示范工程"领导小组并组织建设工作，形成对全市国省道、高速公路交通状况 24 小时的网格化监控格局。2018 年，支队统筹实施建成区 380.5 公里的县乡道路智能交通安全系统建设，累计建成 1409 公里重点县乡道、150 公里高速公路智能交通安全系统；完成市区 300 余处路口、960 余路视频回传"天网工程"建设任务；市区信号机联网联控路口增至 150 处，"六纵六横"12 条主干道实现"绿波"通行；研发应用智能管控平台，形成支队大队两级指挥中心、中队数字警务室"情指勤督"一体化实战体系，走出坚持运用大数据管理交通的新路子。

30 年来，日照公安交警牢记全心全意为人民服务的根本宗旨，紧紧围绕国家发展战略和日照市委、市政府各个历史时期的要求，坚持立警为公、执法为民，不断转变工作作风和深化服务职能，各项道路交通安全管理工作取得了重大成就。

1991 年、1993～1995 年、1997～1998 年、2001 年、2009 年，支

队被省公安厅评为全省公安交通管理先进单位并获 3 次二等奖、3 次三等奖; 1996 年, 被省公安厅评为学习济南交警经验先进集体; 1997 年, 被省公安厅批准记集体二等功; 1999 年、2002 年、2004 年、2006 年、2008 ~ 2009 年、2013 年, 被省春运工作领导小组评为全省春运工作先进单位; 2005 年, 被省公安厅、省建设厅评为全省实施畅通工程先进集体, 被省公安厅评为全省交通安全宣传五进活动先进集体; 2008 年, 被省政府安全生产委员会办公室表彰为全省预防道路交通事故先进单位; 2009 年, 被省公安厅评为全省公安机关交通管理先进集体、十一届全运会安保工作先进集体并记二等功; 2010 年, 日照市公安局交通警察支队被公安部、住房和城乡建设部评定为"畅通工程"二等管理水平城市支队, 支队被省委、省政府、省军区表彰为山东省爱国拥军模范单位, 被省公安厅评为全省公安机关道路交通安全突出问题集中整治行动先进集体; 2012 年, 被省委、省政府、省军区表彰为全省拥军优属、拥政爱民先进集体, 被省交警总队评为全

开展道路交通秩序集中整治

省公安机关道路交通安全突出问题整治行动先进集体；2013 年，日照市被表彰为全省道路交通安全管理先进市；2014 年、2015 年，日照市被省政府表彰为全省道路交通"平安行·你我他"行动先进市；2016 年，被山东省精神文明建设委员会评为省级文明单位；2017 年，"牵手"服务品牌荣获团中央第十一届中国青年志愿者优秀组织奖，直属大队荣获中华全国总工会全国工人先锋号荣誉称号；2018 年，被日照市委、市政府表彰为"防风险、化积案、保稳定"工作先进集体。市车管所、直属大队、岚山大队等基层单位先后被评为或命名为全国优秀公安基层单位、全国青年文明号、全国工人先锋号，莒县大队车管所被中华人民共和国公安部评为全国优秀县级车辆管理所。累计有 622 个集体（单位）851 人（次）被授予荣誉称号、立功或受到市级以上表彰奖励。

展望未来，公安交通管理事业的发展任重而道远。面对新的机遇与挑战，全市广大公安交通民警必将在以习近平同志为核心的党中央正确领导下，以"精准警务"理念为指导，以"抓班子、带队伍、促工作、压事故、保安全、保畅通"为思路，秉承"忠廉担当、畅安为民"的日照交警精神，不断推动各项公安交通管理工作科学跨越发展，全市道路交通安全形势持续稳定，道路交通社会治理体系和治理能力现代化水平逐步提升。为打造一支"对党忠诚、服务人民、执法公正、纪律严明"的公安交警队伍，全面服务现代化海滨城市建设谱写新篇章，再创新辉煌。

日照监狱：

全省监狱系统重点工作完成先进集体

山东省日照监狱作为市司法局直属机构，是承担罪犯惩罚与改造职能的国家刑罚执行机关。1999 年 4 月司法部批复同意成立山东省日照监狱以来，历经日照监狱、日照市劳动教养管理所、日照监狱几次变更，在变革中造就了日照监狱人的辉煌，先后被授予"全省监狱系统重点工作完成先进集体""全省监狱系统亮点工作创新先进集体""日照市先进基层党组织""市级文明单位"等荣誉称号，被市司法局授予"突出贡献奖"、集体三等功。

一、加强队伍建设，思想和能力不断提升

坚持把政治过硬作为首要标准，把绝对忠诚作为第一要求，着力加强理想信念、纪律作风教育。按照市委部署先后开展"三力建设年"活动、政法干警核心价值观教育、党的群众路线教育实践活动，加强警察队伍思想政治、业务能力和纪律作风建设，着力建设一支"执行力、创新力、公信力"强的警察队伍。每年组织干警参加省司法厅、省监狱局举办的警衔首授培训、警察实战技能培训、信息化培训等专题培训班，不断提高业务工作能力。先后邀请曲阜师范大学、日照市消防支队、鲁南监狱、律师事务所等领导和专家为干警讲授刑法、刑事诉讼法、监狱学、心理学、监狱管理、教育改造等业务知识。2013 年开始，每年组织干警到鲁南监狱学习培训，重点学习狱政管理、狱内侦查、刑罚执行、计分考核、教育改造、生活卫生等工作，召开各类学习交流会。组织开展春季大练兵活动，着力加强警务礼仪、警容风纪、体能技能，强化干警身体素质，提升履职履责能力。

二、坚持严管厚爱，教育改造工作扎实推进

教育改造工作以提高教育改造质量为中心，统筹推进以政治改造为统领的教育改造和文化改造，贯彻落实"1515"教育改造工作机制，在教育改造理念、内容、手段和方法上都有完善和突破。建立健全教育机构，成立教学教研中心、电化辅助教育中心、心理健康指导中心。鼓励民警报考心理咨询师，成立思想、文化教育专兼职讲师团。严格落实每周1天课堂教育、5天劳动教育、1天休息的改造模式。教育日每天8节课，内容包括文化教育、思想教育、法制教育、形势政策教育、心理健康教育、文体活动、监区文化建设等内容。一是入监教育。根据司法部《监狱教育改造工作规定》和《教育改造罪犯纲要》规定要求，对新入监罪犯开展不少于二个月的入监教育，内容包括法律法规、认罪服法、反脱逃警示、思想道德、权利和义务、行为养成、心理健康、劳动知识。二是出监教育。罪犯刑满出狱前，开展不少于三个月的出监教育，进行法制教育、心理健康教育、形势政策教育、就业指导、社会帮教等，2018年度完成出监教育140人。三是思想教育。以省监狱局编写的《法律常识》《思想道德常识教育》《形势政策前途教育》《监狱服刑人员普法教育读本》《中华传统美德教育》等为教材，通过集体教学、专题辅导、座谈讨论、知识竞赛、考试考核等教育教学活动，组织服刑人员学习法律法规、形势政策、社会公德、传统美德和社会主义荣辱观等知识，鼓励服刑人员树立改造信心，争取光明前途，早日成为守法公民和社会主义建设者。定期组织服刑人员开展法律常识、道德常识和认罪悔罪考试，考试成绩作为服刑人员年度评比的重要依据。四是文化教育。按照《山东省监狱系统教育改造工作目标考核评分标准》的要求，每周三上午对服刑人员开展扫盲、小学、初中文化教育文化学习，采取服刑人员帮教的方式，高中及以上学历服刑人员与初中学历以下服刑人员自愿结对，一对二或一对多帮教，通过课堂朗读、默写，课余自学等形式，完成相应的课程安排。五是心理健康教育。设立心理健康指导中心，包括心理咨询室、心理宣泄室、

团体活动室、预约等候室。在软件功能上，配有成人心理测验 5.0 司法版、"快乐芯"心理与心脏健康管理系统 V2.0 。每周组织服刑人员开展不少于 2 个课时的心理健康教育，心理健康教育普及率达到 100% 。 2018 年邀请社会心理健康教育专家来狱开展服刑人员团体心理健康辅导。六是个别教育。严格执行《山东省监狱系统罪犯个别教育工作规定》，每月对监区包教民警个别教育工作进行检查，并对当日值班民警落实包教情况进行面谈，做到有检查记录和情况通报。七是社会帮教。建立亲情短信服务平台，成立法律援助工作站，组织亲情帮教会，开展职业技能教育。法律援助工作站主要职责包括：普及法律知识，定期举办现行法律知识讲座和服刑人员常用法律知识培训，开展普法教育活动，提升服刑人员法制意识和法律水平；提供法律咨询，根据服刑人员需要，定期组织专业律师对服刑人员提出的法律问题解疑释惑；开展法律援助，对符合条件服刑人员在押期间的法律案件提供无偿法律援助。 2018 年开展 2 次一对一法律咨询，先后组织"庆春节　盼团圆"亲情帮教会、"月满中秋　情系团圆"亲情帮教会和"弘扬宪法精神，亲情助力改造"亲情帮教活动。与日照市技师学院和日照创新创业大学联合办学，开展焊工初级培训、创业培训，培训学员 107 人，其中 88 名学员通过考核，分别取得创业培训合格证书和国家职业技能资格证书。八是开展丰富多彩、形式多样的监区文化活动，举办知识竞赛、征文演讲比赛、读书活动、心理健康教育、才艺成果展、球类、棋牌类比赛等。每晚为监区文化建设时间，组织服刑人员浏览育新网，阅读报刊，练习声乐器材，进行象棋、扑克、篮球比赛，开展十九大精神学习、"弘扬雷锋精神　助力治本教育"专题教育、"认清脱逃危害、安心服刑改造"专题教育、宪法学习专题教育、第十六届育新文化节专题教育、宪法教育月等各类活动。九是服刑人员改造质量评估。通过查阅服刑人员资料、心理测试、个体分析、结构性面谈、行为观察、综合分析等方式，对新入监的每一名服刑人员的危险程度、恶性程度、改造难度进行评估，提出关押和改造建议，建立评估档案。在对服刑人员改造中期，每年进行改造中期年度评估，根据年度评估结果，对照上一次制定的服刑人员个别化矫正方案，制定下一年度服刑人员个别化矫正方案。在对服刑人员进行出监评估时，结合服刑人员狱内表现、综合评估意见和帮教建议，对即释人员进行出监评估。十是改造积极分子评选。按照《关于做好 2017 年度罪犯改造积极分子评选工作的通知》要求，严格执行服刑人员改造积极分子评选比例、评选条件及程序。2018 年度有 12 名服刑人员被评为监狱级改造积极分子，31 名服刑人员被评为监区级改造积极分子（含监狱级）。

三、践行改造宗旨，治理能力和水平显著提升

近年来，日照监狱以习近平新时代中国特色社会主义思想为指导，以建设安全文明现代化监狱为工作目标，提高政治站位，坚守安全底线，践行改造宗旨，统筹推进"五大改造"新格局，党的建设、安全稳定、教育改造、执法规范化建设、综合保障、队伍建设等工作取得良好成效，监狱整体运行安全稳定，实现无罪犯脱逃、无重大狱内案件、无重大生产安全事故、无重大疫情的"四无"目标。多位省市领导先后莅临检查指导，对日照监狱各项工作给予高度评价和充分肯定。

全省监狱系统大阅兵仪式

第四章 区县政法机关、政法单位工作成就

东港区：

平安山东建设先进区

一、东港区政法委：全省2018年度全国"两会"安保维稳工作先进集体

东港区委政法委始终认真贯彻落实中央和省委、市委、区委部署要求，以政法工作创特色、综治维稳争一流、整体工作上台阶为总体工作目标，认真履行服务发展第一要务、维护稳定第一责任，主动顺应群众新要求新期待，在平安建设、风险防控、矛盾化解、基层社会治理、政法队伍建设等方面取得新突破，走出了一条以平安东港、法治东港建设助推经济社会发展之路，为保障全区经济社会高质量发展营创了和谐稳定的社会环境和公正高效的法治环境，人民群众的安全感、满意度进一步提升。

特别是党的十八大以来，全区政法系统坚持真抓实干、创先争优，先后被中宣部、司法部、全国普法办公室授予"六五""七五"普法先进区；被省委、省政府多次授予"平安山东建设先进区""全省信访工作先进单位""全省610工作先进单位"，授予全市唯一一个"全省新中国成立70周年安保维稳工作先进区（县）"；被市委、市政府授予全国社会治安综合治理

优秀市"突出贡献奖"、全市平安建设先进单位、全市"党的十九大"安保维稳工作先进集体、全市"防风险、化积案、保稳定"先进集体、全市社会治理创新暨争创"长安杯"先进集体等荣誉称号。区委政法委荣获省级文明单位、全省平安建设先进单位、全省2018年度全国"两会"安保维稳工作先进集体，多次荣获市委市政府表彰的全市人民满意政法单位、安保维稳先进单位，荣获全市打击逃废银行债务工作先进集体、全市"防风险、化积案、保稳定"先进集体等荣誉称号，多次荣获全区经济社会发展综合考核先进单位，日照街道、石臼街道、秦楼街道被确定为市域社会治理创新示范单位。

1. 担当作为求突破，平安稳定工作体系日益完善。一是党对政法工作的领导进一步加强。区委、区政府高度重视政法维稳工作，坚持从思想上加强领导，组织上高位推动，条件上全力保障，构建起全区合力防风险、保稳定、促发展的大格局，政法维稳各项工作稳步推进、逐项落实；区委、区政府主要负责同志亲自研究、亲自调度、亲自部署政法维稳工作，定期听取政法维稳工作汇报，针对政法工作中的重点难点问题，出题目、教方法、提要求，为政法维稳工作提供了坚强的政治保障和组织保障。仅2019年以来，区委全委（扩大）会、区委常委会、区政府常务会研究部署政法维稳工作10次；区委书记王世波多次就政法、维稳、反邪教、信访等工作作出重要批示；区长刘祥龙亲自协调推进扫黑除恶、依法治区、雪亮工程建设等工作。针对政法维稳重点工作，如重大活动安保、融资风险化解等，按照中央和省委、市委部署要求，均成立区委、区政府主要负责同志任组长的工作领导小组，按照时间节点高位推进工作。二是向前一步解决问题的责任担当进一步增强。每年都认真研究制定《年度工作要点》《考核实施细则》，通过细化量化责任清单，将政法维稳工作任务分解、落实到具体责任单位，把平安稳定工作考核评价结果纳入绩效考核，并作为区委衡量该单位领导班子和领导干部选拔任用、激励约束的重要参考，形成了党委统筹揽总、部门各司其职，纵向到底、横向到边的工作格局，推进政法维稳工作的着力点不断夯实。在全市首创党组织书记直接抓稳定工作机制。2016 年 2 月全市党委书记直接抓稳定工作现场会在我区召开。"党组织书记直接抓、其他班子成员倒排正包全力抓",最大限度把问题解决在本辖区、本领域,全区来区、到市、去省、进京访总量逐年下降。三是安保维稳战时工作机制逐步完善强化。始终把重要时间节点、重大活动期间安保维稳工作作为重要政治任务,集中优势力量确保社会大局和谐稳定,近年来圆满完成了党的十九大、上合组织青岛峰会、青岛海军节、新中国成立 70 周年大庆、建市 30 周年系列活动、各级两会等各种重大活动、重要敏感期安保维稳任务,多次受到上级表彰。随着安保维稳工作的要求越来越严、标准越来越高,自党的十九大安保维稳开始,全区在领导指挥、部门协同、区镇村联动、督查落实等方面建立起运转流畅的工作机制和反应快速的指挥体系,针对基层防控,最大限度发动普通党员、志愿者、网格员等综治力量参与安保维稳,最大限度发挥群防群治效用。在抓好日常风险隐患排查、积案化解、治安管控的同时,一是高位推动安保维稳。由区级领导、区直部门包保镇街道,在一线直接参与安保工作,直接进行指导和督导。如党的十九大安保期间,区级领导带领区直部门"一竿子插到底",与镇街道共同承担起维稳的主体责任。二是成立战时指挥中枢。按照上级部署,适时启动战时机制,成立安保维稳指挥部,指挥调度全区维稳工作。如上合组织青岛峰会期间,区直部门分管负责同志进驻指挥部办公,坚持 24 小时值班备勤。三是构筑安全稳定"四道防线"。以网格化管理为依托,构筑起人员管控立体化防控网格,确保关键时刻兜底。如新中国成立 70 周年大庆安保期间,人员稳控效果之好实现历年之最,区委区政府被表彰为全市唯一一个"全省新中国成立 70 周年安保维稳工作先进区(县)"。

2. 防控风险求突破,立体化防控网织得更密更牢。围绕"发案少、秩序好、社会稳定、人民满意"的总目标,全面推进人防、物防、技防建设,实现 90% 以上的城乡基层单位常年不发生刑事案件,群众对社会治安满意度进一步提升,在市对区民调指标抽查测评中连续多年位居前列。坚决维护国家政治安全，扎实推进反分裂、反恐怖、反邪教等专项行动，深入开展打击邪教行动，确保辖区不出问题。始终保持对违法犯罪的高压态势。本着"什么犯罪突出，就重点打击什么；什么治安问题严重，就重点解决什么"的原则，围绕人民群众的关心关切、所需所盼，持续开展了"扫黑除恶专项斗争""扫黑除恶、打霸治痞""校园安全整治""薄弱小区整治""农村交边界治安整治"等一系列专项整治行动，全区刑事犯罪案件明显减少，社会治安秩序持续稳定。2018年以来，全面打响扫黑除恶山东战役"声势战""攻坚战""破袭战"和"百日会战"，截至目前，共打掉各类黑恶势力犯罪团伙23个，其中，黑社会性质犯罪组织2个，恶势力犯罪集团6个，依法打掉海上涉恶势力团伙3个，依法审结了刘某滋等6人恶势力犯罪集团敲诈勒索案，张氏兄弟黑社会性质组织案中，针对涉黑经营性资产——金阳农贸市场的依法处置问题，创新实施"四步工作法"，得到省委政法委、市委主要领导同志的肯定；完成对吴某等16人"套路贷"涉黑案一审，成为继"张氏兄弟"案后我区又一重大战果；落实党纪政纪处分相关人员31人，问责失责失职人员15人；相继迎接了中央和省、市扫黑除恶专项斗争"回头看"相关督导检查。坚持长效机制与经常性滚动排查制度相结合，每年确定一批重点整治目标和问题，包括社会治安、信访维稳、国家安全、重点领域安全、重点群体稳定等，做到排查整治全覆盖、常态化、制度化，最大限度从源头预防和减少问题发生。推动平安创建向深度延伸、广度拓展，着力打造群众身边的平安工程，开展了平安镇街道、平安社区（村居）和"无命案乡镇（街道）、无刑事案件社区（村居）"综治主题创建活动；组织经信、商务、教育、妇联等十余个部门，开展"平安企业、平安商场、平安校园、平安家庭"等创建活动，创建率达到90%以上，不断汇聚"小平安"、成就"大平安"。

3.矛盾纠纷化解求突破，区镇村大联调格局逐步形成。全区坚持源头息访、联动化访，第一时间发现矛盾隐患，第一时间有效破解信访难题，推动了有事要解决，维护了全区社会大局和谐稳定。其中2016年7月，全省多元化解矛盾纠纷工作会议观摩我区接待人民来访大厅（区信访局）、区调解指挥中心（区司法局）、日照街道综治中心，"五元化解"经验做法在全省推广。学习推广"枫桥经验"，2017年，区委区政府印发《关于打造"枫桥式东港"推进大综治大维稳平安建设的实施意见》；完善"大调解"体系，实行司法调解、行政调节、人民调解"多调联动"，推动矛盾纠纷高效化解。其一，创新多元矛盾化解机制。近年来创新实施的"警司联调"模式，充分发挥司法所、派出所等职能优势，矛盾多元化解成效显著。全区共设立"警司联调"调解中心12个，派驻工作人员74名，前期处置涉纠纷警情263起，纠纷调处成功率同比提升46%。该模式作为基层典型经验在市政府社会治理创新"五大行动"现场会上得到推广，并入选市委改革办第一批报省创新性实事。同时，区司法局、区妇联主动作为、密切协作，创新开展"大嫂调解"工作。全区595名大嫂调解员们活跃在维稳一线，排查化解婚姻、家庭、邻里、大项目落地等矛盾纠纷2000余件，普法宣传、入户走访6000人次，在推进平安东港建设中作出了积极贡献，成为我区矛盾纠纷调解的"知名品牌"，得到省、市、区各级领导的肯定和广大群众的认可。其二，保持依法治访高压态势。在全市率先印发《关于依法打击非访缠访闹访等违法信访行为的通告》，去省进京访呈大幅下降态势。深化落实领导干部公开轮流接访和带案下访制度，成功化解张某某、刘某某等重难积案，全区信访秩序持续优化，省政协主席付志方同志予以批示肯定。目前，省、市交办信访积案化解率均超过下达的任务指标。区信访局被表彰为"山东省信访工作先进集体"。其三，扎实开展矛盾纠纷排查化解工作。健全完善防处结合、以防为主、群防群治的矛盾排查、研判、预警机制，将定期系统排查与日常重点上报相结合，确保排查出的矛盾纠纷全部纳入台账管理，全部落实包保责任，分类施策、逐一销号，有效做好涉军、涉教、涉金融诈骗、易肇事肇祸精神病人等重点群体稳定工作。健全社会心理服务体系和危机干预机制，注重发挥基层网格员在矛盾排查化解中的作用，努力实现矛盾风险源头预防和就地化解。将社会稳定风险评估作为重大决策的前置程序和必备条件，组建 40 人的风险评估专家库，推动社会稳定风险评估在重大政策制定、重大改革出台、重大项目建设、重大活动举办等领域的全覆盖，从源头上预防化解矛盾风险。

4. 社会治理创新求突破，"枫桥式东港"建设稳步推进。2012 年，全区社会管理创新工作被省、市列为典型重点培育，统筹推进社区管理服务的做法，被中央政法委收录为全国社会管理创新工作经验选集；创新实施的"三前工作法"在省委、省政府召开的全省社会管理创新会议上做了典型发言，被市委主要领导批示在全市推广；创新实施的"四进网格"机制被省委全面深化改革领导小组办公室印发推广，获市委领导同志批示肯定，人民网新媒体智库予以转发；"社区智慧警务+"试点作为公安部全国试点项目之一，得到副省长、公安厅长范华平的充分肯定。其一，网格化管理初见成效。坚持科学合理划分网格，配强配齐基层综治力量，在全省率先从社区工作人员中招考事业编 3 人，享受十级事业编待遇 12 人。以打造"全科社区、全科网格、全科社工"为目标，下沉政府公共服务项目 5 大类 69 项，推动 20 余个部门服务进社区、进网格、进家庭。推进社会治理平台建设，以手机 APP 为载体，实现了相关信息的预警推送。印发了《关于进一步提升全区城乡社区网格化服务管理的试行方案》，推动建设高标准、高效能、常态化、长效化的网格化管理"升级版"。银海社区、津海社区、银河社区、凌云社区、兴合社区等成为社会治理创新的亮点并被推荐为省、市"双星双优"示范点，23 名区镇村综治中心干部、网格员被省市推荐表彰。其二，综治中心建设更加完善。在区镇村三级综治中心实现全面覆盖的基础上，制定出台了《关于依照国家标准推进区、镇街道、村居（社区）综治中心建设与管理规范的实施意见》，对综治中心进行统一规范建设。统筹政法、综治、司法、法律服务、维稳力量进中心，设置信访、调解、法律服务等窗口和群众接待室、矛盾纠纷调解室、警务室等，实行集中式办公、一站式服务，一揽子解决群众诉求，确保综治中心建设发挥实效。沙墩社区、银河社区等 11 个村（社区）被列为公安部"社区智慧警务+"建设试点，相关工作得到省领导充分肯定。其三，雪亮工程建设基本完成。截至目前，雪亮工程系统云平台建设已完成，农村点位建设已完成并上线运行；城区点位建设已完成工程量的 95%。前期，工程已通过专家组阶段性验收。目前正在全力推进设备收尾调测和接电工作，预计近期全部上线运行。同时，积极推动公安监控与社会面监控资源融合共享，基本实现了辖区重点区域的全覆盖。

5. 依法治理求突破，法治服务保障能力不断提升。全区政法系统以区委区政府中心工作为"风向标"，把聚焦大局、服务中心、保障发展作为义不容辞的"第一要务"，紧紧围绕区委确定的任务目标，找准定位，主动融入，在服务保障中心工作中比格局、比担当、比激情、比作为，敢打硬仗、敢啃"硬骨头"，制定印发了《全区政法系统关于开展"勇于担当、敢于斗争、善于作为"暨"四比一做"主题活动》的通知，用新招、实招、硬招，努力为市、区经济社会发展保驾护航。以司法体制改革为动力和机遇，推动大数据、人工智能与司法工作的深度融合，打造专业化、扁平化、实战化运行体系，解放司法生产力，影响司法公正和制约司法能力的深层次问题得以有效解决，"案多人少"的矛盾得到有效缓解。大力推进依法治区，坚持不懈地开展法治宣传教育，持之以恒地开展多层次的法治创建活动，一以贯之落实"谁执法谁普法"责任制，2014年区委政法委牵头起草了《中共日照市东港区委关于贯彻落实十八届四中全会精神全面推进依法治区的意见》，全区法治氛围空前浓厚。围绕加强对企业家人身、财产安全的司法保护，深入开展打击逃废银行债务行动，妥善化解经济运行领域矛盾风险，提供公平正义的法治环境。全区政法系统认真贯彻执法就是服务，保障就是责任工作理念，进一步完善一线工作室、一线服务工作法、联席会议制度，向前一步服务重点工程项目、新旧动能转换、乡村振兴、双招双引等工作，持续开展减证便民利企行动，2013年区委区政府印发了《关于推进社会"机会均等"工作的实施意见（试行）》，努力提供普惠均等、便捷高效、智能精准的公共服务。为响应市委、市政府"营创法治营商环境"号召，区委政法委制定了《关于全区政法系统机关营造法治营商环境的工作方案》，推动政法部门主动问政企业所需、向前一步服务发展。区委政法委组织法律服务团深入民营企业开展法律服务，为企业提供法律咨询；区法院主动上门走访服务项目建设，提出服务民营企业发展"十二条"，妥善处理涉土地征用、搬迁、补偿等纠纷；区检察院开展"检察服务进园区""问需重点项目、精准检察服务"等活动，为民营企业提供法律咨询服务；区公安分局经常性深入辖区企业、商场开展风险隐患走访摸排，适时向企业发布预警提示；区司法局创新开展"法律服务进楼宇"活动，深入企业进行实地走访、开展专题讲座，为企业答疑解惑，开好法治"处方"。

6. 固本强基求突破，政法队伍建设不断增强。全区政法系统各部门单位始终坚持苦练内功、砺警强兵，健全机制、夯实基础，履职能力水平不断提升；2019年以来，为全部镇街道配齐配强政法委员，夯实了基层政法队伍。着眼于政治过硬，认真贯彻落实《中国共产党政法工作条例》，进一步加强思想政治建设，坚决树牢"四个自信"、自觉增强"四个意识"、坚决做到"两个维护"；在全区政法机关开展"勇于担当、敢于斗争、善于作为"系列创建活动，举行专题演讲比赛、《中国共产党政法工作条例》学习知识竞赛、党建创新现场会等，不断提高政法队伍的政治素养。着眼于业务过硬，进一步加强专业化建设，以革命化、正规化、专业化、职业化为方向，深化任职资格、岗位技能、专业能力等培训，努力增强干警正确认识和把握大局、运用法治思维和法治方式开展工作、应对复杂局面、群众工作、科技应用和社会沟通"五个能力"；组织政法干警、镇街道负责同志赴江苏、临沂等地学习社会治理、信访稳定、网格化管理等先进经验。着眼于纪律、作风过硬，把对干警的政治关心体现在从严教育、从严管理上，坚持用制度管人管权管事，建立作风状况经常性分析研判、群众反映问题及时核查和群众满意度定期调查机制，进一步加强作风建设集中整顿，着力解决不作为、慢作为和违反中央八项规定精神等问题，不断改进作风、提升形象；不断创新群众工作方法，加强干警基层磨砺，真正做服务群众的"贴心人"。

着眼于责任过硬，进一步加强政法机关班子建设，发挥政法机关领导干部"领头雁"作用，为广大干警树立榜样；完善纠错容错机制、建立正向激励制度，不断完善符合执法司法规律的业绩考评体系，在一线锻炼和培养政法干部；完善正向宣传机制，宣扬见义勇为、担当作为、无私奉献等方面先进典型，近年来涌现出如王海宏等先进模范人物；完善监督相关机制，开展执法监督和案件评查工作；推动干部队伍管理长效机制建设，推动政法维稳各项工作落地落实，努力实现平安东港、法治东港建设实现新跨越。

二、东港区人民法院：全省优秀法院

东港区人民法院围绕区委、区政府中心工作，真抓实干、创先争优，先后被授予"全国巾帼文明岗""全国法院指导人民调解工作先进集体""全省优秀法院""全省先进集体"等多项荣誉称号。刑事审判庭被省高院授予"先进集体"。

——主要成就：

1.执法办案第一要务得以体现。跟踪服务"新旧动能转换"重大工程，出台16项具体措施；严厉打击各种严重危害社会治安的恶势力犯罪，杀人、抢劫等严重暴力犯罪，抢夺、盗窃等多发性犯罪，加强民商事审判，破解执行难题，联合全区25个联动部门全力配合信用惩戒，与交警、国土、住建、金融等单位建立"点对点"查控机制，设立网络查控专线，构建"联合惩戒网"，形成综合治理执行难大格局。2002年至2018年执结各类案件50849件，审结各类行政案件3595件。

2.工作机制得以创新完善。完善繁简分流、均衡结案、节点管控、信息平台和量化考核五个体系，实现案件办理精品化、均衡结案常态化、流程管理台账化、审判管理信息化、业绩评价标准化"五化"目标。2012年以来正常审限内结案率达100%，服判息诉率达93%。在全市率先成立立案信访局，与最高法院连线实行远程视频接访，并促进涉诉信访法治化，2008年被评为全市信访工作"三无单位"。开展遴选员额法官工作，深化

全省人大代表视察法院工作

审判权运行机制改革，改革审判委员会工作机制，明确法官在职责范围内对办案质量终身负责。

3.司法为民宗旨得以落实。打造集导诉、立案、答疑、查询、接访、投诉等多项功能于一体的"诉讼服务中心"，建立网上诉讼服务中心，在派出法庭建设"诉讼服务站"，在社区村居设置"法官工作室"，就近就地化解矛盾纠纷。全面推进审判流程公开、裁判文书公开、执行信息公开三大平台建设，在全市法院率先开通官方网站、微博、微信，案件自助查询电子触摸屏，公开诉讼指南、审判流程、裁判文书等内容，与齐鲁网合作实现案件庭审网络直播，《人民法院报》在头版头条进行报道。完善人权司法保障、未成年人司法保护机制、司法救助机制。设立律师工作室、律师阅卷室和安检绿色通道。建立完善邀请人大代表、政协委员及人民群众旁听庭审制度。

4.法院自身建设得以加强。全面加强理想信念教育，优化新型审判团队，落实院庭长办案制，完善专业法官会议制度，开展"院长讲党课""党员进社区""结对助脱贫"以及法官论坛、专家讲坛、技能比武以及卷宗、文书、庭审评查，严格实行审务督察，对庭审活动、工作纪律、司法礼仪进行专项检查，在全市法院率先设立"投诉服务中心"窗口，并建设人大代表联络室，邀请代表视察法院、旁听庭审、见证执行。邀请检察长列席法院审判委员会，依法审理检察机关提起的抗诉案件。借助官方网站、微信公众号等网络平台及时发布法院信息，重视代表建议办理，推动法院工作健康发展。

三、东港区人民检察院：全省十佳基层检察院

东港区人民检察院依法全面履行法律监督职责，各项检察工作实现新发展，连续15年获评省级文明单位，先后荣获和保持"全省十佳基层检察院""全省先进基层检察院""全省践行社会主义法治理念先进单位""全市检察机关先进集体""省级文明单位"等荣誉，多名干警受到最高人民检察院及省市表彰奖励。

——主要成就：

1. 维护社会和谐稳定屡创佳绩。对严重暴力犯罪、多发性侵财犯罪等依法快捕快诉，形成扫黑除恶高压态势。主动参与社会治安综合治理。深化和完善刑事和解、量刑建议等制度。深化"枫桥式东港"建设，建成12309检察服务中心与检务公开自助查询和远程视频接访系统，保持涉检赴省进京"零上访"。控申举报接待室被评为全省检察机关"文明接待室"。

2. 查办和预防职务犯罪屡收战果。突出查办职务犯罪案件，聚焦事关百姓"医、学、住、行"等领域查办职务犯罪案件，高度重视查办行贿犯罪。完善惩治和预防腐败体系，落实预防职务犯罪年度报告制度，认真开展行贿犯罪档案查询，对有行贿记录的投标单位建议取消其市场准入资格。发挥警示教育预防作用，开展"订单式"专题预防讲座。《预防警示教育讲稿》《预防检察建议》在全省检察系统比赛中分获三等奖、二等奖，《惩治和预防职务犯罪工作报告》3次获评"全省检察机关优秀年度报告"。

主题教育培训

3.诉讼监督工作屡见成效。加强刑事立案、侦查、审判等环节检察监督,强化立案监督、追捕追诉、刑事抗诉等法律监督职能,对捕后不需要继续羁押的犯罪嫌疑人建议变更强制措施。加强对社区范围内监外执行犯进行教育改造活动的监督。对认罪认罚危险驾驶案件被不起诉人建立交通劝导社会服务机制。依法审查处理当事人不服法院生效民事行政裁判提出的申诉,通过纠正违法、检察建议和再审检察建议等方式构建多元化监督格局,两起案件被评为"全省民事行政检察优秀案件"和"全省民事行政检察精品示范案件"。在全市率先成立未成年人刑事检察科,创新保护性办案、修复性救助、立体化帮教和多元化预防为一体的未成年人刑事检察监督平台,打造"有情办案、无限关怀"未检工作品牌,推行"捕诉监防帮"一体化工作模式,建立健全各项未检特色工作制度10余项,被表彰为"全省检察机关未成年人刑事检察示范院","心禾"工作室被列为全省未检工作十大典型事例,"创新四个平台,打造'东检·心禾'特色品牌"被最高检《检察工作简报》刊发。对异地涉案未成年人与当地司法部门沟通协调，保证帮教到位的做法被高检院官方微信及《检察日报》报道。

4.基层基础建设屡结硕果。建成石臼、河山、三庄、南湖四个乡镇街道检察室，设点开展法制宣传，收集意见建议，2013年石臼检察室荣获"全省优秀派驻基层检察室"称号。建成侦查信息查询系统、指挥系统和远程视频接访系统、同步录音录像系统，依托"信息化+"打造远程庭审直播、多媒体示证、案件信息"留痕"、网络风险预警"四位一体"的信息化办案体系。办理全市检察系统首例在互联网进行庭审直播的案件。大力实施执法阳光工程，利用电子触摸屏、检察宣告庭、互联网查询系统公开案件信息和法律文书。开通"东港检察"官方微信、微博新媒体平台，及时发布检察信息。（五）检察队伍建设屡获加强。强化思想政治引领，开展党性分析、主题党日以及检察官讲堂、庭审观摩、主题研讨等活动，落实司法人员分类管理改革。加强纪律作风建设，严格落实党风廉政建设"两个责任"，定期举办"清风微课堂"，坚持"每日廉政提示、每周廉政笔记、每月廉政短片、每年廉政谈话"，形成执纪监督常态化格局。

四、日照市公安局东港分局：山东省先进基层党组织

日照市公安局东港分局于1993年4月成立以来，忠实履行法律赋予的神圣职责，打击违法犯罪，维护社会治安，始终与经济、社会发展同频共振，做到忠诚担当、服从大局、服务发展，拼搏奉献。党的十八大以来，按照对党忠诚、服务人民、执法公正、纪律严明的总要求，以"精准警务"为引领，在打、防、管、控、建上全面发力，有力地维护了全区社会政治稳定和社会治安大局持续平稳，先后被表彰为全省人民满意政法单位、省级文明单位、全省十九大安保先进单位、山东省先进基层党组织、全省社会治安综合治理先进单位、全省公安系统先进集体。

——主要成就：

1.忠诚履职，各项安保维稳措施扎实有力。坚持稳定压倒一切方针不

旅游警察在沿海一线巡逻，服务旅游经济发展

动摇，构建完善情报精准预警、风险隐患精准排查化解、社会面精准防控、应急处突精准布警、信访积案精准化解"五项机制"，牢牢把握斗争主动权。2014年起，学习借鉴新时代"枫桥经验"，构建"互联网+群众力量"新模式，推动矛盾纠纷排除化解常态化。成立特巡警大队，布警于重点要害部位，妥善处置各类突发事件，高标准完成重大活动安保任务。

2. 打防结合，维护社会治安打防质效全面提升。完善精准打防机制，推进视频监控两年建设规划，基本实现村村联、校校联、厂厂联，无盲区、全覆盖。将市区和沿海旅游区划分为13个防区，构筑警银亭互联、警务室并联警务站、警务站串联各小区单位的"三联"网格化动态巡防机制，形成以情报信息为基础，扁平指挥为龙头，视频监控等科技应用为支撑，职责明晰、分工协作、合成联动的大巡防格局。依托"合成侦查实战平台"，成立图侦专班，推行图侦辅警派驻，强化打击合力。成立电信网络违法犯罪打防中心，深入开展打击治理电信网络诈骗专项行动，拦截、冻结资金2.1亿余元。深入开展禁毒人民战争，集中整治治安混乱区域。2018年成立扫黑办与扫黑专业队，推进完善"三长负责制"和线索核查清零机制，破获全省扫黑除恶第一案，破获涉黑涉恶类案件308起。

3. 警务前置，服务保障发展能力全面提升。把围绕中心、服务大局、保障发展贯穿公安工作始终，出台服务"三个园区"建设实施意见，严厉打击阻碍重点项目建设的各类违法犯罪活动，服务辖区经济发展和新旧动能转换，相关工作经验被市委政法委和区政府先后转发推广。聚焦防控金融风险，深入推进"打逃"（打击逃废银行债务）专项行动，为金融机构挽回损失3.62亿元，达成10余亿元还款协议。聚焦深入推进"放管服"，推动18项公安服务项目和17项公安审批项目进驻东港区和各镇街道政务服务大厅。依托"东港警民e家"微信公众平台，不断完善"互联网+公安政务"，保障"一次办好"改革顺利推进。

4. 固本强基，基层基础全面夯实。以"改造基本建设、突破警务机制、巩固保障机制"为重点，新建农村警务室、城市警务室，设立专职社区民警、辅警岗位，形成社区警务专职工作队伍，并且选聘农村警务助理，组建护村队、护校队、联防队、"红袖标"等平安志愿者队伍，推行社区警务与社区政务、物业事务、保安服务"三个捆绑"机制，形成严密群防群治网络。至2018年全区共创建无命案村居（社区）593个、无刑事案件村居（社区）505个、无毒村居（社区）538个、无信访村居（社区）336个。进一步做实智慧警务，推动公安"天网工程"与综治"雪亮工程"融合，建成环东港区98路治安卡口、环城区38路治安卡口，标注公共安全视频监控点20 620个。试点建设"社区智慧警务+"项目，运用大数据、智能分析、物联网等新技术，实现节约警力、提升警务效能、群众满意的多赢。

5. 党建领航，打造过硬公安队伍。坚持政治建警、文化育警、素质强警、从严治警、从优待警，强化组织管理、思想政治工作、教育训练、作风建设，推进执法规范化建设，培育"忠诚、廉洁、担当、善学"的东港公安精神。落实党委主体责任、纪委监督责任、分管领导具体责任、政工干部实体责任，完善以谈心为主线、温心为主题、舒心为目标的"三心"思想政治工作机制，凝聚警心警力。打造"每周一文、两个讲坛、五个微媒群、十个兴趣小组""一二五十"工程，形成有东港公安特色的警营文化。先后组织300余名民警到中国刑警学院、西南政法大学、复旦大学等高校进行轮训轮学，提升队伍综合素质。分局成立至今先后4次受到公安部表彰，73次受到省委、省政府及省直有关部门表彰，84次受到市委、市政府表彰；分局所属单位29个次被评为全国、全省优秀基层单位；共有4名民警荣立一等功，39人次荣立二等功，500人次荣立三等功；5名民警被公安部授予"全国优秀人民警察"荣誉称号，13人次被公安部或部属单位表彰，12名民警被省公安厅授予"全省优秀人民警察"荣誉称号，176人次被省委、省政府或省直单位表彰。

五、东港区司法局：全国普法先进区

东港区司法局励精图治，锐意创新，努力为全区经济社会各项事业的发展创造稳定的社会环境、公正的法治环境、优质的服务环境，得到中央及省市领导的充分肯定，先后获得了全国四五、五五、六五普法先进区等40余项国家、省、市级荣誉称号，《法制日报》、《大众日报》、山东电视台等媒体分别予以报道。山东省司法行政基层工作会议等先后在东港区召开；

——主要成就：

1．公共法律服务体系进一步形成。一是普法宣传深入持久。先后推行"依法建制、以制治村、民主管理"和社会治安综合治理"细胞工程"，创建"主导决策、法制保障、依法管理、细胞工程、依法育人"为核心内容的多层次、全方位依法治理，开展"千名干部下农村"、干部"下访"和"学党章、学政策、学法规""三学"集中教育和专项治理活动，组织实施法律进机关、进乡村、进社区、进学校、进企业、进单位"六进"活动及"12.4法制宣传日"、平安东港建设法制宣传月、平安建设暨法律援助宣传月等送法下乡进社区法律义务服务活动，区普法办公室被表彰为全省"二五"普法先进集体，东港区被表彰为全省"三五"普法先进区（县）、"2001—2005年全国法制宣传教育先进县（市、区）"。创新实施的农民工普法"双证"（农民工遵纪守法合格证、农民工依法维权受援证）管理办法，被全国普法办《普法依法治理通讯》、省普法办《法治通讯》、《日照日报》、日照新闻及新华网、大众网等媒体报道。二是大调解新格局进一步形成。先后建立区、乡（镇）街道、管理区（片）、村、组五级调解网络以及调解例会制度、请示汇报制度、纠纷排查制度、纠纷登记制度、纠纷回访制度、纠纷移交制度、档案管理制度、业务培训制度、岗位责任制度等，进而建立健全区、镇街道、管理区、村、村小组、十户三员六级调解网络，进而完善基层矛盾纠纷排查调处网络体系，区司法局先后被表彰为"全省人民调解工作先进单位""全省人民调解先进集体"。三是律师行业加快发展。率先在全市实行法律服务所和司法所彻底分离，重新组建18个自收自支、自负盈亏、自我约束、自我发展的基层法律服务组织，在全市得到推广。在基层法律服务机构推行法律服务"五公开"，即执业人员基本情况公开、收费标准公开、执业人员职业道德、执业纪律和践行社会主义法治理念要求等公开、执业范围公开、管理制度公开，全区基层法律服务水平不断提升。四是公证、法律援助齐头并进。在镇街道依托司法所设立法律援助联络站，成立青少年、困难职工、老年人、妇女儿童、残疾人、军人法律援助联络站。东港区法律援助中心向社会郑重承诺："贫者必援、弱者必帮、残者必助"，通过开展"民工讨薪特别行动"，开展非诉讼调解，为农民工承办讨薪援助。区公证处认真办理各类公证，避免和挽回经济损失。

2.公共法律服务体系建设的进一步完善。一是实施"法律援助便民公示牌进村居"工程，组织法律援助宣传月暨"百名律师赶大集"活动。简化援助审查指派流程，推行"首问负责""一次性告知""挂牌上岗"，完善受理、指派、承办、结案、质量跟踪监督、回访等流程，制定"五个一样、十个一点"的服务公约，创新法律援助补贴发放三联单制度，提高服务效率和办案质量。同时，完善党、政、群、企法律顾问全覆盖体系，由法律顾问跟随区级领导包保全区大项目，并把每年 4 月定为"企业法律体检月"，化解矛盾纠纷，预防法律风险。二是全面调整充实镇街、村居人民调解员队伍，在基层设立一线人民调解室，开展"争做人民调解能手"活动。先后对全区 9 个司法所实行垂直管理，构建"活动+课堂+机制"队伍建设体系；建立市区一体、资源共享的医患、交通事故调委会，强化劳资纠纷调委会，并强化特殊人群管控；设立高标准社区矫正宣告室，开展集中宣告活动。

3.公共法律服务体系建设进一步规范。一是建立集"普法、服务、调解、矫正"功能于一体的综合法律服务中心，在村（社区）建立标准化司法工作室 134 个。二是以政府购买服务的方式，为每个镇街道调委会配备 1 名专职人民调解员，为每个村居（社区）选聘 1 名大嫂调解员。在矛盾纠纷易发多发的区域和行业成立市区一体的医患纠纷、道路交通事故处置调委会，设立诉前、劳动争议等专业性调委会。严格落实矛盾纠纷周排查、月调度制度，健全矛盾纠纷预警、排查调处、应急处置、联动联调和案件回访制度，健全人民调解员日常培训机制和考试准入机制，落实调解案卷补贴制度，开展优秀人民调解员评选活动。完善社区矫正应急指挥中心，完善安置帮教无缝衔接和帮扶改造机制，全力配合市区一体的社区矫正基地建设。落实"以案定补"机制，2018 年以来调处成功率达 99% 以上。三是对各级各类法律顾问工作情况进行全面检查，建立中小微企业法律顾问团，持续开展法律服务"大项目"活动、企业"法律体检"活动，在小微企业试点推行"一元法律顾问"模式，健全村（社区）法律顾问制度，加强对法律顾问的管理考核，推动法律顾问工作持续健康发展。四是创新开展"法律服务进楼宇"活动，率先在日照港·国贸中心建立企业法律服务团，同时实地走访楼宇企业、举办专题法律讲座，并对项目建设征地、重点工程招投标、合同条款等事项进行公证。五是开展"枫桥式东港"建设，创新试点"警司联调"模式，完善区、镇、村三级调解组织，实现重点行业关键领域调解组织全覆盖。严格执行社区服刑人员监管、教育、帮扶"三大任务"。深入推进"扫黑除恶"专项斗争向纵深发展，切实保障社会和谐稳定。

岚山区：

全省社会治安综合治理先进区

一、岚山区委政法委：人民满意政法单位

岚山区委政法委坚持以维护国家安全、社会稳定为目标，以加强和创新社会治理为主线，坚持以司法体制改革、平安建设、法治建设、队伍建设为抓手，真抓实干，砥砺奋进，维护全区社会大局和谐稳定，先后荣获"人民满意政法单位""全省社会治安综合治理先进区""十九大安保维稳工作先进区""日照市党的十九大安保维稳工作先进集体""全市'防风险、化积案、保稳定'工作先进集体"等荣誉称号。

——主要成就：

1. 在融入大局中护航经济发展。一是出台《关于在全区政法系统服务保障"突破园区，聚力招引"工作的意见》，在化工园区村庄拆迁、棚户区改造工作中警务前移，全程护航。建立服务企业联系点，开展普法宣传，举办法治讲座，提出法律建议。二是全力化解金融风险，依法打击逃废银行债务。出台《关于做好企业破产重整，重组审判工作，为供给侧改革提供司法保障和服务的意见》，受理阿掖山房地产开发有限公司等破产重整案件，被省高院《今日信息》刊发。裁定批准全市首例破产重整计划草案，实现风险企业"破茧重生"。三是全力破解执行难题。推进信用惩戒机制建设，完善"失信被执行人名单"常态发布机制，将 2007 年以来的失信被执行人名单纳入"全国失信被执行人名单信息公布与查询平台"。落实领导包联执行团队制度，成立单独的执行异议审查团队，升级改造执行指挥中心、设备，推进"智慧执行"建设，

继续拓宽信用惩戒范围，全面限制失信被执行人高消费。

2. 在创新治理中深化平安建设。一是抓好重大活动安保维稳工作，严格落实维稳责任。加强情报信息收集、分析、研判力度，对重点人员、重点群体加强思想教育和解困帮扶，化解各类矛盾纠纷。从严从实从细部署重大活动期间的信访维稳工作，完善应急指挥机制，第一时间处置突发问题，圆满完成安保维稳各项工作任务。二是深入推进扫黑除恶专项斗争，严惩涉黑涉恶腐败和"保护伞"。三是深入推进立体化社会治安防控体系建设。实施"雪亮工程"，视频监控已覆盖全区主要公共场所、交通要道、治安复杂区域。开展网格化服务管理，全区共划分大网格 64 个，中网格 424 个，小网格 772 个。在中楼镇将综治、公安、司法、信访、交警、食药、安全、环保等部门的网格化管理员，统一整合统筹到社会综合治理大网格管理体系内，实行"一网式"管理。四是制定《关于完善"向前一步"多元化解矛盾纠纷工作机制的实施意见》，完善区、镇（街道）、村居（社区）、村民小组（楼栋）四级调解组织，大力推进人民调解委员会"品牌化"建设。积极推动律师参与涉法涉诉信访案件化解工作，落实严重精神障碍患者监护"以奖代补"政策，实现严重精神障碍患者应收尽收、应治尽治。

3. 在深化改革中促进公平正义。进一步建立健全诉讼服务体系，全面推进公证减证便民服务。扎实推进"一村（社区）一法律顾问"工作提升年活动，创新法律顾问服务评价机制。积极开展就地办案、巡回审判，加大司法救助力度。深化执法司法规范化建设，推进司法公开"四大平台"建设，在全省首创检察建议公开宣告工作机制。建成法院审理刑事案件和涉公安行政案件远程观摩系统。实现社区矫正执法程序的规范化。推进法治岚山建设。开展法律进机关、进乡村、进社区、进学校、进企业活动，切实提升法治宣传水平。

4. 在从严治警中打造过硬队伍。深入开展理想信念、"群众路线"、"三严三实"、"两学一做"、"不忘初心，牢记使命"等主题教育活动，强化政治学习。在全市率先配备乡镇街道专职政法委员、社会稳定办副主任，举办新任政法干部培训班，得到市委政法委主要领导批示。开展反恐实战大演练、公诉业务大竞赛、司法警察大练兵等实训活动，进行"坚决纠正涉法涉诉中损害群众利益行为"专项整治行动，严格执行全面从严治党"两个责任""一岗双责"，促进干警清正、队伍清廉、司法清明。

二、岚山人民法院：全国优秀法院

岚山区人民法院作为一支生机勃勃的战斗集体，高擎公平正义之剑，为岚山区改革发展提供有力的司法保障，先后获得集体一等功、"全省优秀法院"、"全国人民法庭工作先进集体"、"全国法院司法警察工作先进集体"、"全国有效实施失信被执行人名单制度示范法院"、"全国五四红旗团支部""全国优秀法院"等荣誉。司法警察大队被评为"全国法院司法警察先进集体"。

——主要成就：

1. 服务大局走在前列。一是审判管理提升质效。服判息诉率、结案率稳步上升，各项指标持续向好，目标绩效考核始终位居全市基层法院前列。二是依法维护社会稳定。扫黑除恶不手软。加大职务犯罪打击力度。积极参与社会治安综合治理，完善社区矫正衔接机制，被表彰为"全市社区矫正工作先进集体"。三是全力打好执行攻坚战。进一步健全完善"执行110"快速反应机制和民商事行政案件执行监督与配合机制，出台《分段集约执行管理实施细则》，完善终本案件集中动态管理，推进网络查控全覆盖，完善分权、分流、分段、分工，定员、定岗、定时的"四分三定"集约化作业模式。实行"零障碍、低成本、高效率"驻庭之星，开创便民执行新模式。

2. 司法为民成效明显。一是妥善化解民事纠纷。积极推行庭前调解、判前评析、判后答疑等措施，健全完善涉大项目矛盾风险评估和纠纷预警、调处机制，深化巡回审判，服务全域旅游发展，2006年以来共审结民商事案件30965件。二是完善便民利民措施。在全区镇、街道较大的村（社区）设立30个"法官工作室"，构筑全覆盖的便民诉讼网络。加大司法宣传力度，微电影《执行路上的"红娘"法官》，在全国法院第五届十佳微电影暨首届微视频评选活动中获优秀奖，并被评为"全省法院十佳微电影"。三是加强"智慧法院"建设。率先在全市法院全面安装应用智能语音识别系统，安装电子卷宗随案同步生成系统和掌上法院 APP，实现移动办公办案。率先在全市法院建成启用"24 小时法院"，实现诉讼业务"自助办""一键办"。率先引进云桌面系统，推进信息化与审判执行工作深度融合。

3. 司法改革持续推进。一是将原有 19 个内设部门整合为 8 个部门，建立 29 个办案团队，每个团队实现"1 名员额法官+1 名法官助理+1 名书记员"的标准配备。团队建设与党建相结合。完善审判委员会和专业法官会议制度，规范会议规则，统一法律适用。二是制定审判团队工作细则，加强案件流程管理和程序审批，建立差异化绩效考核机制，落实院领导带头办理重大疑难复杂案件规定，并狠抓长期未结案件，审执案件法定期限内结案率 100%。三是推进"分调裁"改革，实行人民调解员驻庭值班制度。推行"简案快审、繁案精审"工作模式，平均结案周期 28 天。完善家事审判团队各项工作措施，适用离婚冷静期制度，加强庭前调解力度。全面落实刑事案件认罪认罚从宽制度改革。

4. 队伍建设不断加强。扎实推进"两学一做"学习教育常态化制度化，坚持理论中心组学习、"三会一课"制度常态化。争创"党旗红、天平正"机关党建品牌，积极参与扶贫、创建文明城市等工作，派驻多名法官到贫困村挂职第一书记。积极组织干警外出学习、委派法官参加上级法院业务培训，以及自主办班、自主研讨，2014 年以来 3 篇案例入选《中国法院年度案例》，96 篇论文在全国、省、市理论研讨会上获奖，拍摄的微电影《三十六张汇款单》在全国法院第六届微电影微视频评选活动中荣获优秀奖。同时打造警营文化长廊，建设法警室外训练场地。强化党风廉政建设主体责任，开展"廉洁司法、担当作为"集中警示教育活动，推进作风建设集中整顿活动，严格执行中央八项规定和最高法院"五个严禁"规定，确保队伍清正廉明。

三、岚山区人民检察院：全国文明单位

岚山区人民检察院主动履职，干在实处、服务大局，各项检察工作实现新突破，成功获得"全国文明单位"称号，连续 5 年在全市检察机关科学发展绩

效考核中排名第一,机关理念品牌、行政检察监督、检察建议试点、公益诉讼标准化、精神文化建设等多项工作在全国检察系统推广,最高检、省委政法委、省检察院及市委、区委主要领导作出肯定性批示 130 余次。中共日照市委、市委政法委和岚山区委先后作出向岚山区检察院学习的决定。

——主要成就:

1.融入发展大局。一是倡导"向前一步解决问题"工作理念,即凡事向前一步,凡事干在前边,勇于担当、主动作为,敢于处理和解决群众问题,以看得见的方式让老百姓感受到司法公正。该理念被写入日照市第十三次党代会工作报告,获评"中国检察官文化论坛三等奖""全省检察工作创新奖",市委、市政府发文在全市深入开展"向前一步解决问题"理念教育,有关做法在全省多元化解矛盾纠纷工作会议上推广。二是实施服务"五大战略"、金融贸易风险化解等保障措施,全程参与监督松虎湾生态治理,与区政府及有关部门联动协作打造东部海岸线生态长廊,省检察院予以推广并专报省政府。创新实施"合纵连横"监督模式,横向与毗邻的江苏赣榆、莒南、临沭等地检察院签署检务合作框架协议,纵向与环保、国土、工商等行政机关联动执法,合力攻克省市边界污染"顽疾",新华社将此经验做法呈报给中央、省委领导作决策参考,省委常委、政法委书记林峰海给予充分肯定并批转有关部门阅研。三是依托"大学习、大调研、大改进""四下基层"等主题实践活动,开展走访巡查,帮助群众解决实际困难和各类诉求,帮助 10225 户投保家庭退付独生子女"两全"保险费 460 余万元,使这起长达十余年的信访积案得以圆满解决,中央联席会议办公室以简报形式呈报给中央领导,中央组织部专题调研该案做法。严厉打击拒不支付劳动报酬犯罪,通过支持起诉等方式提供司法援助,最高检和省委政法委作为典型做法转发。

2.深耕检察监督主业。一是维护社会大局稳定。近五年来共受理提请批捕、起诉各类刑事犯罪案件 2177 件 3208 人,人民群众安全感明显增强。全力做好重大时期安保维稳工作,保持涉检赴省进京"零上访",获市委、市政府通报表扬。深入推进扫黑除恶专项斗争,掀起扫黑除恶强大攻势。二是拓展诉讼监督途径，加强羁押必要性审查。深化民行多元化监督格局，2017 年被省检察院民行部门作为全省 5 个基层院之一申报推荐为"全国先进基层院"。三是创新实施"标准化+"办案模式，出台全国首个公益诉讼检察监委联动机制，最高人民检察院以简报形式在全国检察机关推广，有关做法被省标准化主管部门确立为"2018 山东标准"。督促治理松虎湾等海岸线破坏海洋生态环境违法行为系列案，督促查处 25 家钢渣磁选厂污染环境案等入选省检察院新闻发布（通报）会；千亩被破坏耕地复垦案被推荐为"山东政法领域庆祝改革开放 40 周年'法治巡礼'典型案例"；多项创新做法和典型案例写入全省公益诉讼工作情况报告，省委书记刘家义阅后作出重要批示。

3. 激发检察工作活力。一是行政检察"岚山模式"全国推广。"督促纠正违法行政行为机制问题研究"被最高检和省检察院作为检察制度改革重大课题予以立项，有关成果在《人民日报》《求是》《红旗文稿》等核心刊物发表，两次在全国民行检察论坛上作典型发言。办理的巨峰镇一千余亩被破坏耕地复垦案被评为"全国首届民行检察优秀案件"；绣针河流域盗采河砂行政检察监督案被评为"全国行政检察十大精品案件"，成为我省唯一入选案例。二是通过公开宣告等方式，及时向有关单位提出督促履职、规范管理的检察建议，并引入党委、人大现场监督、纪委调查问责，使检察建议落实"回复更及时、采纳率更高、实际效果更好"。2017 年 12 月最高检、省院专题组织检察建议试点单位前来实地观摩。2018 年 3 月作为全省唯一基层院代表在全省检察工作会议上作经验介绍。三是与毗邻的江苏赣榆、临沂莒南、临沭等地检察院共同签署检务合作协议，建立优势互补的联盟伙伴关系，协作配合精准打击边界地区流窜盗采海砂、非法捕捞、盗窃等犯罪。启动"鲁苏检察公益行"活动，打造绿色生态安全鲁苏边界带。联合发布《鲁苏跨区域刑事司法治理白皮书》，预防和减少鲁苏边界刑事犯罪。

4. 锻造过硬检察队伍。深入学习习近平新时代中国特色社会主义思想，努力在大学习中提境界、在大调研中理思路、在大改进中上水平。严格落实党风廉政建设主体责任，抓好中央"八项规定"精神和各项检察纪律的落实。以文育检，铸造检察文化品牌，被评定为"全省检察文化建设示范院"。

四、日照市公安局岚山分局：全省国庆 70 周年安保维稳工作先进集体

岚山区公安分局制度机制不断创新完善，执法规范化水平持续提升，基层基础建设日益发展，驾驭社会治安复杂局面能力逐步提高，奋力护航岚山区经济社会发展，被省公安厅记集体二等功，先后荣获"全省公安机关贯彻实施执法规范化建设三年规划工作先进集体""全省公安机关'打黑恶、反盗抢、追逃犯'安民行动暨缉捕重大逃犯攻坚行动先进集体""全市严打整治斗争先进集体""全市奥运安保先进单位""全市平安建设先进单位"。分局法制室被表彰为"全省公安机关执法质量考评工作成绩突出集体"。

——主要成就：

1. 严打违法犯罪。提出"以打开路、严管树威"工作思路，开展"百日破案会战""春季严打攻势"等严打整治专项行动，稳控社会治安局势。深入推进

公安特警整装待发

扫黑除恶专项斗争，强化部署，强势发动，强力推进，专项斗争成绩列全市第二。深化三年禁毒人民战争，禁毒工作绩效在全省县级公安机关第三序列52个分县局中名列第三。开展打击逃废银行债务专项行动，挽回经济损失15亿元。

2.推进立体化社会治安防控体系建设。建立治安形势定期分析制度，完善经常性、区域性社会治安集中整治机制，密织巡逻防控网，最大限度"屯警街面"，先后组建城区治安巡逻队，成立"反恐特警队"，2010年全区刑事发案同比下降11%。建成视频监控系统，初步形成"快速联动、一呼百应"的科技防控网。创造"党政夯基、广电搭台、公安唱戏、群众受益"的视频监控建设"高兴模式"，被《大众日报》、中央电视台《中国新闻》栏目报道。建成"智慧岚山"项目，增设城区综合视频监控分析等三大系统，延伸"天网工程"触角。组建视频侦查工作室，研发"鲁苏监控大数据平台"。建成刑事科学技术室、食品药品快检室、毒品试验室、电子证据实验室等，组建技侦大队，为基层所队配齐智能终端取证设备，强化各项技术支撑。

3.创新完善制度机制。一是推出以"一级主办、二级考核、三级议案、四级把关、五级审核"为主要内容的执法工作机制，创新建立动态化案件考评机制，进一步完善执法办案场所，严格工作操作规程，得到全省公安机关执法规范化建设检查组（第一组）充分肯定。二是建立实施办理刑事案件"一个出口"工作机制，出台《案件质量考评规定》《案件质量考评评分标准》《优秀卷宗和法制能力测试先进个人奖励办法（试行）》，取得全市公安机关案件质量考评优秀卷宗数量第一名、全市公安机关法律能力测试平均成绩第一名的好成绩，并在全市推广。三是建成分局执法办案管理中心，升级8个派出所办案区。建成法院审判远程观摩系统，编制《行政权力清单》《行政案件办理流程图》等，对涉警信访投诉、市长热线转办事项、初信初访等实行"督办单"制度，明确主办单位和办结时限。省厅受立案制度改革现场会、市政府法制办"执法三项制度"现场会、市局执法规范化建设现场会相继在分局召开。四是编制《常见警情处置指引》《重大执法活动工作预案》《公安机关安全监管责任一本通》，精准指导执法，涉警信访投诉连创历史新低。五是创新推出治安基础要素责任制管控"四三二一机制"，治安、消防、反恐、禁毒等业务大队与各派出所协同作战，整合反恐隐患访查、治安隐患清查、消防隐患检查、涉毒涉爆隐患排查"四项检查"，实施"派出所、机关值班组、分局督察组""三级管控"，强化文明规范、全程留痕"两项措施"，坚持"一抓到底"，实行一次用警、综合管控，常态化、滚动式检查，动态化、台账式管理，强力落实治安基础要素责任制管控，为接连打赢党的十九大、上合组织青岛峰会安保攻坚战提供保障。六是推出《情报信息全警收集制度》，实施情报信息会商研判制度，以合成作战机制助推情报第一时间落地落实，构建起以村干部、警务助理、网格员为基础，以重点行业、重点领域尖子特情为骨架，以"灰色特情"为补充的全社会情报信息搜集体系。以一线实战单位为基础，以实战型指挥中心、"张凤生智侦工作室"为中枢，以派出所、特巡警大队为末端的"情指行一体化"机制日臻完善。

五、岚山区司法局：全国法治县（市、区）创建活动先进单位

岚山区司法局围绕全区工作大局，不断开拓创新，取得突出成绩。

——主要成就：

1. 普法依法治理不断深化。从"二五"普法开始开展"法治岚山"创建活动，岚山区被表彰为"全国法治县（市、区）创建活动先进单位"，获得全国"六五"普法中期先进城市、全省"六五"普法中期先进区县等荣誉称号，岚山区普法办被表彰为"全省十佳普法办"，多人被表彰为普法先进个人。岚山区委党校被表彰为"首批省法治宣传教育示范基地"。"七五"普法期间完善国家工作人员学法用法制度，岚山区被评为"'七五'普法中期先进县（市、区）"，区司法局被评为"'七五'普法中期先进集体"，凤凰山法治文化园被评为"全省法治文化建设示范基地"。

2. 律师管理工作不断强化。先后印发《关于在全区法律服务队伍中开展警示教育活动的实施意见》，与江苏、青岛、临沂等地11家律师事务所成立鲁苏临港律师联盟，并在全区律师行业开展案卷质量评查活动，组织律师积极参与全区"一村（社区）一法律顾问"工作，推进"服务新旧动能转换法律服务进企业"活动。截止到 2018 年，律师担任法律顾问 512 家，挽回或避免经济损失 3.5 亿元。

3.基层工作不断推进。全区 3 个司法所获评日照市"五星级司法所"，先后有中楼司法所李顺春被表彰为"全国模范人民调解员"，巨峰司法所周加德、高兴司法所王延席被表彰为"全省优秀人民调解员"，巨峰司法所周加德被表彰为"全国人民调解工作先进个人"。中楼司法所荣获"全国先进司法所"称号。

4.社区矫正、安置帮教工作不断创新。坚持"一二三"社区矫正管理模式，强化"四统一"日常监管体系，实现社区服刑人员无脱管、无漏管、无重犯的"三无"目标，市委、市政府召开现场会进行观摩。2018 年岚山区社区矫正劳动基地启用，并建立社区矫正信息指挥中心，初步实现"智慧矫正"新模式。社区矫正管理科被日照市司法局表彰为司法行政工作先进集体，荣立集体三等功。在安置帮教工作中，成立刑释解教人员帮教安置工作领导小组。8 个乡镇街道均建立刑释解教人员帮教安置组织，重点帮教对象衔接率达到 100%，安置率达到 95% 以上。汾水镇被表彰为"全国刑释解教人员安置帮教先进集体"。

5.法律援助服务不断优化。形成以区法律援助联络站、乡镇法律援助工作站和村（居）法律援助联络员的三级法律援助工作网络。区法律援助中心构建"12348"公共法律服务热线平台、公共法律服务网络平台及区公共法律服务实体平台，实行"一站式服务"，"应援尽援"，"能援则援"，被省司法厅命名为第二批"山东省公共法律服务示范中心"。

6.公证服务工作不断拓展。先后受理政府采购招投标、退伍士兵选岗现场监督、城区拆迁改造、慈善协会募捐现场、经济适用房公开选房、破产企业破产重整、涉外留学、银行贷款赋强、房地产等各类公证事项近 30000 余件，其中涉外公证书先后发往韩、日、美、英、俄等 70 多个国家和地区使用。2016 年岚山公证处改为自收自支体制，实行绩效工资管理，以优质、高效、便捷的公证服务连续多年荣获"集体三等功""司法行政工作先进集体""人民满意政法单位""2014～2017 年度山东省优秀公证处"等荣誉称号。

莒县：

平安山东建设先进县

一、莒县县委政法委：党的十九大安保维稳工作先进单位

莒县县委政法委机关励精图治，锐意创新，为全县经济社会发展创造安全的政治环境、稳定的社会环境、公正的法治环境、优质的服务环境，莒县先后被表彰为"全省信访工作先进单位""全省安全生产工作先进县""平安山东建设先进县""全省'四五'普法依法治理先进县"，县委政法委被省委、省政府表彰为"党的十九大安保维稳工作先进单位"。

——主要成就：

1. 保障经济社会发展成效明显。一是强化服务保障理念，提出服务和保障发展的可行性意见和措施，班子成员与全县重点项目建立包联制度。积极为全县经济发展提供优质法律服务，全力营造拴心留人的投资环境。二是出台《关于充分发挥政法职能服务和保障经济社会提速增效发展的意见》，制定《莒县政法系统服务和保障全县重点项目十条措施》，印发《政法部门班子成员联系服务重点工程，重点项目分工配档表》，制定《服务"一强三名"强化保障能力深入推进政法综治维稳工作的实施意见》等，推出一批服务发展新措施。三是营造和谐稳定营商环境。对因经济发展而引发的各类矛盾调解优先，对因项目建设引发的矛盾纠纷，通过建立完善劳资纠纷调处中心等行业性矛盾纠纷调解组织居中调解。抓好企业及周边治安秩序和生产经营环境整治，指导政法各部门在重大项目、大型企业探索建立"综治工作室"综治联络员，组织开展企业及项目周边治安秩序专项排查整治，并定期组织相关责任单位对企业周边交

通、消防安全隐患特别是易燃易爆物品等重点场所部位的排查管控，深入推进重大项目社会稳定风险评估，从源头上预防和减少矛盾。

2.构建综治维稳新格局成绩突出。一是县委、县政府印发《关于建设"平安莒县"的决定》，县委政法委牵头开展系列平安创建活动，创新实施"基础工作法"，在全国社会治安综合治理工作会议和平安山东建设经验交流会议上作典型发言；创新实施"会诊工作法"，被中央和省、市委政法委推广，新华社《内参选编》、《人民日报》、《大众日报》、山东电视台等予以报道；创新实施"四网一保"（巡逻联防网、电子监控网、平安互助网、卡口堵截网、治安保险）新型农村治安防控模式，被中国新闻社山东分社《决策参考》、《山东政法》刊发；探索实施"三全一无"（全方位、全天候、全员化、无缝隙）校园安全管理模式，在人民网、中新网等登载；探索实施"四化"模式，不断提升基层社会治理水平，被省委办公厅通过《今日重要信息》报至中央办公厅，并在《山东政法》等媒体刊发；《日照莒县"雪亮工程"照亮平安路》在《大众日报》等媒体刊发。二是健全完善县、乡、村三级排查调处网络，整合多个部门的力量合力化解，化解调处率均达97%以上。2014年创新成立社会矛盾调处中心，完善村级事务管理监督体系，健全完善稳定形势监测预报制度，做细做实网格化服务管理。2018年配备一村一警务助理（网格员）1218人。三是按照"综治办+综治信息系统+N"模式，在县、乡镇街道、村居（社区）挂牌成立三级综治中心，整合维稳、信访、派出所、法庭、检察室、民政、司法、人社等部门合署办公，形成接待群众"一站式"服务、矛盾纠纷"一体化"调处、解决问题"一竿子到底"的工作枢纽。同时，县综治中心视频监控与公安、信访、司法、住建、行政综合执法等部门互联互通。将综治网格员、人民调解员、信访协理员、治安巡防员有效整合，进一步细化"四员"入户走访、信访事项代理、矛盾纠纷调处、村居治安防范以及对本辖区各类不稳定信息的采集、上报、分析、化解、回访等工作职责。积极开展"严打"整治斗争、排查安全隐患防范四类风险、扫黑除恶专项斗争等专项活动。深入推进"天网工程""雪亮工程"建设，实现城乡视频监控全覆盖。研发"平安莒县""莒县综治通"手机 APP，"莒县政法委"微信公众号定期发布社会治安播报，为群众参与群防群治开辟"微阵地"。印发《莒县关于建立完善国家司法救助制度的实施办法（试行）》，设立司法救助金、见义勇为基金，在全县形成鼓励、支持、保障见义勇为行为的长效机制。

3. 推进法治莒县建设成果丰硕。县委、县政府把法治建设工作与经济工作同研究、同部署、同检查、同考核，考核结果计入县委县政府综合考核。每年对人民调解员进行专题培训，并通过农村"议事学习日"宣传调解工作。加强律师队伍建设，进一步规范律师从业行为。坚持法德进机关、进乡村、进学校、进企业、进单位，为招商引资和项目建设打造"最优法德环境"，全市法德共建暨司法行政基层工作观摩现场会在莒县招贤镇召开。按照"谁执法谁普法"的要求，将普法贯穿于执法、司法和社会治理、法律服务、群众工作生活之中，全面建成县、乡、村（社区）三级法治文化阵地网络，打造长效宣传教育基地。针对返乡农民工、妇女等群体，开展劳动保障、婚姻家庭法律咨询等活动。

4. 打造过硬政法队伍成就斐然。深入开展各项主题教育和政法系统"人民满意政法单位""人民满意政法干警""十佳调解员""十佳网格员""十佳警嫂"等先进争创活动。利用"本色——老党员红色群落展馆"、烈士陵园等强化对干警的教育引导，通过外出学习、以案说法、专题培训等形式，学习法律、经济、政治、文化、社会、文明等各方面知识。实施"一线磨砺计划"，并坚持从优待警，完善正向激励和职业保障制度。健全纪检、监察、执法督查等内部监督机构，深化审判、检务、警务、所务公开，实行全县政法系统"禁酒令"。推行干警业绩展示、"工作日志"制度，建立干警个人实绩档案，开展案例讨论、法律文书评比等形式多样的竞赛活动，选树执法办案标兵，提升人民群众对政法工作和社会治安的满意度。

二、莒县人民法院：全国司法警察工作先进集体

莒县人民法院紧紧围绕党在不同时期的中心任务，正确运用法律武器，依法打击惩治犯罪，及时保护合法权益，为社会政治稳定、经济健康发展做出积

极贡献，先后获得"全国司法警察工作先进集体""全省法院集体一等功""全省人民满意政法单位""全省优秀法院""全省多元化纠纷解决改革示范法院""全省法院基本解决执行难先进集体""山东省人民满意的公务员集体"等荣誉称号。

——主要成就：

1. 依法惩治严重刑事犯罪。把各种严重危害社会治安的恶势力犯罪，杀人、抢劫等严重暴力犯罪，抢夺、盗窃等多发性犯罪作为严厉打击的对象，对严重刑事犯罪分子依法从重处罚。抓好经济犯罪和贪污贿赂、渎职犯罪等案件审理工作，依法严厉惩处诈骗、生产销售伪劣商品等侵害人民群众切身利益和妨害市场经济秩序的犯罪。严格执行刑事审判程序，确保刑事审判质量。积极参与"平安莒县"建设，通过以案说法、送法上门等形式广泛开展法治宣传教育。深入开展扫黑除恶专项斗争活动。1990年至2018年审结各类刑事案件10233件。刑事审判庭被省高院授予集体一等功。

2. 妥善审理民商事案件。依法审理婚姻家庭、邻里纠纷、民间借贷等各类民事案件，化解社会矛盾，维护社会稳定，1990年至2018年审结民事案件101586件。成立司法服务工作组，院领导带头走访民营企业，认真审理债权债务纠纷，维护市场秩序，并慎用强制措施，灵活调解，帮助企业渡过"融资难""担保链"等造成的经营难关。完善破产审判府院联动机制，妥善审理破产案件，力促企业"破茧重生"。靠前参与打击逃废银行债务和防范化解金融风险，为金融机构清收不良贷款。

3. 稳妥化解行政争议。依法受理各类行政案件，监督支持依法行政，为人民群众以合法、理性的方式表达利益诉求提供救济渠道。落实行政机关负责人出庭应诉制度。服务保障重大项目顺利推进，依法审结土地及房屋征迁案件。定期报送行政审判情况报告，应邀到行政机关普法授课。妥善化解群体性劳动争议案件，维护职工利益和用工秩序。1989年至2018年审结各类行政案件2721件，被省高院表彰为"全省法院行政审判工作先进集体"。

4. 深度融入社会综合治理。将涉诉信访工作纳入重要议事日程，突出抓好排查、化解、稳控三个环节，促使当事人服判息访。坚持"院长接访日"制度，依托县委政法委成立社会矛盾调处中心，设立交通事故、医疗、劳动争议、保险纠纷等专业化调解中心，每年化解矛盾纠纷4800余件。探索实行"会诊工作法"，与公、检、司等部门组成会诊攻坚小组，全部办结中央政法委交办的涉诉信访案件。探索实施聘任"三员"活动，从乡镇聘任司法协理员、特邀调解员和执行联络员，年均协助法院调处纠纷450余起。全面实施"打桩结网、防线再造"工程，发展村支部书记或村委主任作为司法联络员，形成遍及全县的矛盾纠纷"过滤网"，全院民事收案每年减少近1000件。

5. 加大执行工作力度。认真执行好每一起案件，切实维护胜诉当事人合法权益和法律尊严。主动向党委及政法委汇报执行工作，联合全县43个联动部门配合信用惩戒，与交警、国土、住建、金融等单位建立"点对点"查控机制，设立网络查控专线，构建"联合惩戒网"，形成综合治理执行难大格局。组织实施执行会战常态化，每年一至二次，抓住有利时机各个突破。率先推行执行警务化改革，将执行局与法警队实行"统一管理"和科学编队，组成10个执行小组，实际执行率由2012年前不足50%提高到近年来平均65%以上，被省高院记内设机构集体一等功。突出执行工作强制性，对失信被执行人限制高消费、限制出境、公开曝光、纳入"黑名单"、司法拘留、向公安机关移送追究拒执罪。坚持执行规范化建设，重点整治消极执行、选择性执行、乱执行等突出问题。1991年至2018年执结各类案件40289件，先进做法被《人民日报》《人民法院报》等媒体报道。

6. 深入推进司法为民。推行"大立案"工作模式，建立诉讼服务中心，实行"一站式""一条龙"服务。推进智慧法院建设，建设"24小时法院""微法院"，为当事人提供24小时全时空、各类立案业务全流程覆盖的自助服务平台。全面推行"一次办好"改革，实现全部网上立案、网上交费、微信交费等，提供一体化、全方位、高效率的诉讼服务。加大司法救助力度，对老弱病残当事人及追索赡养费、抚养费、扶养费的案件依法予以缓减免诉讼费。

7. 全面加强队伍建设。坚持不懈加强干警思想建设、政治建设、组织建设、作风建设和业务能力建设，深入开展"内强素质、外树形象、严肃执法、热情服务""纪律作风教育整顿""大学习、大调研、大改进""不忘初心、牢记使命"主题教育活动。深入落实司法责任制改革，推进法官、审判辅助人员和司法行政人员分类管理。出台分类管理绩效考核机制，明确院长、庭长、员额法官职责权限，定期公示员额法官业绩。综合运用业务交流研讨、庭审观摩、精品案件评选、课题攻关、全员案件大评查等多种方式，加大培训力度。设立监察室，聘任"执法监督员"，并落实全面公开审判和庭审直播制度，推进法院监督体系建设。

三、莒县人民检察院：全国先进基层检察院

莒县人民检察院围绕全县工作大局，以执法办案为中心，勇于担当，依法履职，不断推进检察工作迈上新台阶，先后被授予"全国先进基层检察院""全省先进基层检察院""'六型'建设示范院""平安日照建设先进单位""全市优秀检察院"等荣誉称号，多次被省检察院荣记"集体一等功"。

——主要成就：

1.各项检察业务实现新跨越。一是认真履行批捕、起诉职责，落实宽严相济刑事司法政策，创新轻微刑事案件办理引入外部监督机制，《人民日报》《大众日报》专题报道。二是坚持以查办发生在群众身边、侵害群众利益的职务犯罪为切入点，全力遏制腐败现象滋生蔓延。2016 年办理的日照港集团物流有限公司原经理王静波特大受贿案，入选省检察院"十大精品案件"。《2014 年度惩治和预防职务犯罪工作报告》荣获省检察院第二届惩治和预防职务犯罪"十佳年度报告"。三是夯实法律监督基础，做优刑事检察工作。2000 年办理的刘某某寻衅滋事、放火、故意伤害立案监督案获"全国十佳立案监督案件"；强化刑罚执行和监管活动，派驻莒县看守所检察室连续三届被高检院评为"规范化检察室"；做强民事检察工作，在全省检察机关民事审判程序监督理论研讨会上作了经验介绍；向县水利局就水土保持费征缴问题发送的检察建议被评为"2018 年度全省检察机关优秀检察建议"；创设"四个一"

未成年人检察工作机制被中国关工委、司法部、中央综治办表彰的"青少年普法教育活动先进单位";受理的沈某等16人特大拐卖儿童案被评为"全省检察机关加强未成年人司法保护十大典型案件"。同时,完善"法治进校园"活动常态化机制,推进检察长担任法治副校长,聘请心理咨询师对学生进行心理咨询。四是制定服务经济社会发展意见,深化"五进两服务""三联三访"等活动,开展精准扶贫,加强对民营企业、小微企业合法利益的司法保护。在全县重大市政基础工程建设中开展同步预防工作,班子成员每人联系一个项目,对工程建设重要岗位和重点环节进行监督制约。推行"来访只需第一次",妥善处理群众来信来访,被高检院授予"全国检察机关文明接待室"。推进律师参与化解和代理涉法涉诉工作,成立以全国模范检察官"邵明强工作室",对伤情严重的被鉴定人"到病床、到家庭、到现场"进行法医鉴定。

2. 检察事业实现可持续发展。开展规范司法行为专项整治,完善规范司法长效机制,每季度开展一次案件质量评查,选聘特约检察员,成立外部监督员人才库,创新开展对拟不起诉案件引入外部监督机制,主动接受社会监督。建立行政执法检察监督信息平台并与12345热线信息对接,利用电子卷宗等信息化手段,保障律师执业权利。发挥微博、微信等信息化媒介手段的传播作用,扩大检察影响力。

3. 检察队伍建设步步推进。组织开展各类解放思想教育实践活动,出台《关于加强意识形态工作的意见》等,严格落实意识形态工作责任制的经验被省检察院推广。强化司法办案廉政风险防控,进一步规范决策程序、会议制度、请示报告制度、监督制度等。组织干警赴大学进行检察业务学习,与曲阜师范大学开展"检校共建",向省法学会申报课题,一课题被评为"优秀"等次。成功选树十八大党代表、"全国模范检察官"邵明强作为先进典型,营造争先创优氛围,干警先后获省级优秀或十佳办案人(侦查员)称号。

四、莒县公安局:全国优秀公安局

30年来,莒县公安机关积极践行全心全意为人民服务的宗旨,充分发挥职

公安民警、平安志愿者联合开展村居巡逻

能优势，积极服务大局，履行使命，全力维护全县政治大局稳定，公安工作和队伍建设取得里程碑式进步，先后被公安部授予"全国优秀公安局"称号，被山东省委政法委、山东省人事厅表彰为"公正执法单位"，被山东省公安厅记集体二等功，评为全省"打黑恶、反盗抢、追逃犯"安民行动暨缉捕重大逃犯攻坚行动先进集体，被省委、省政府授予"全省人民满意政法单位"，被山东省精神文明建设指导委员会表彰为"省级文明单位"；被市委市政府表彰为"平安日照建设先进单位"；被县委评为"平安莒县建设先进集体"，荣记三等功并授予年度"特别贡献奖"等荣誉称号。2016 年荣登"全国政法英模榜"，2017 年被为"全国文明单位"，2017、2018 年度获得全县建设"一强三名"特别贡献奖，连续两年群众满意度测评全市第一。

——主要成就：

1. 政治安全和社会治安持续稳定。牢固树立大局意识，持续创新工作，深入推进各项安保维稳措施，取得全国两会、党代会、上合组织青岛峰会等重大活动安保的全胜，获得省、市、县各级党委政府系列表彰。一是加强维稳阵地建设，强化情报信息收集研判，升级改造建成信息合成作战中心，出台情报员等级管理办法。实行固话实名制、约谈制、运用反恐法顶格处罚等反恐维稳机制，组建反恐应急处突机动队。创新实行"三长四访"信访工作机制，严厉打击非访行为。二是加强治安高地建设，盘活警力资源，利用信息化手段、情报专业研判打击违法犯罪，组建扫黑除恶、打击电信网络诈骗等专业打击队伍，先后破获 2001 年"5·14"特大杀人焚尸案、"军融国际"重大网络传销团伙等一系列大案要案，抓获 2002 年"11·25"杜凤奎被杀害案犯罪嫌疑人与变换身份潜逃 27 年的命案逃犯，打掉杨某革为首的恶势力团伙等，打击效能得到省市领导高度评价。三是加强管控网建设，挖掘各类社会治安力量，创新实行局领导主副班制度、创新开展"110 再快 1 分钟"主题活动，警务指挥实战化水平明显提升，《山东公安简报》推广经验做法。开展网格化巡防，整合治安积极分子、平安志愿者等力量开展"心防"宣传，创新平安志愿者招募管理模式，引入红色"基因"，得到副市长张培林批示肯定。升级改造 4 处公安检查站，适时启动等级查控勤务，推进"一村一警务助理"工作，城市社区全部按照"1+2+N"模式配齐力量，配备农村警务助理 1224 名，进一步筑牢公安工作前沿阵地。

2. 公安机关核心战斗力不断提升。牢牢把握大数据时代发展大势，着力建设智慧公安，打造以数据警务为牵引的警务工作升级版。一是狠抓各类信息采集、整合和利用，开展"一标三实"等信息采集，收集录入基础信息 21.7 万条。扎实开展"一长四必"现场勘查、深入推进 Y 库建设。采取"三个聚力"措施，在全市率先完成天网工程建设，做法被《山东公安简报》刊发。二是狠抓科技创新，自主研发完善烟花爆竹安全监管信息系统和出租房屋超市系统，管理水平进一步提升。研发扁平化可视化综合指挥管理平台，荣获山东公安科学技术进步奖三等奖。研发"智能身份证识别手环"，入选全省公安机关"最受欢迎的创新成果奖"，县局科技创新研发团队被省公安厅评选为全省十大"优秀科研团队"。三是狠抓服务实战，持续加强对人口管理、接处警信息、行业场所、旅店住宿等各类数据深度研判，加强对信息合成作战法的研究推广，全面提升打击效能。近年通过合成作战破获 2016 "3·23"故意杀人案、2017 年系列盗窃保险柜案、2017 年莒北系列盗窃工程机械车辆案等多起案件。

3. 基层基础建设成效进一步巩固。牢牢把握基层基础三年攻坚工作目标，在完善硬件设施建设前提下，进一步健全完善工作机制、规范标准流程，规范警务运行。一是深化基层基础建设，2016 年正式启用新业务技术大楼，新建县看守所、碁山派出所、长岭派出所以及刑事科学技术室、法医鉴定中心、食品快速检验实验室、智慧莒县数据中心、网安电子取证实验室、拘留所、尸体解剖室等，民警训练基地完成选址。购置治安检查方舱、"空中哨兵"无人机，配发执法记录仪，进一步配强基础装备。二是深化标准规范体系建设，围绕决策指挥、安保维稳、社会管控、执法办案、队伍建设、服务保障等六个方面，出台《110 常见警情分类处置规范》《社区警务工作规范》等标准规范性文件，推动每项业务、每个岗位细化完善工作标准和流程。三是深化执法规范化建设。升级改造县局案管中心，在各办案单位设立案管室和受案窗口，通过运用执法办案闭环管理系统、成立执法监督管理委员会、开展执法质量"日巡查、周研判、月通报"机制等措施，抓好事前监管、事中审核、事后纠错三个环节，及时发现、纠正执法中存在的问题。

4. 社会认可、公共安全指数不断提高。坚持以人民为中心的发展理念，从人民满意的事情做起，回应人民群众的新期待和新要求。一是持续深化"无否决权"工作机制，创新打造"阳光户政"服务品牌，经验做法在全市公安机关推广。完善"互联网+莒县公安服务"，推行使用"交管 12123"交通事故快处平台和自助受理缴费发证等便民措施，极大地方便了群众。二是积极为企业发展保驾护航，相继开展重点项目、工程"一对一"包联机制、五岗进企业、服务经济社会发展登门护航十条措施等活动，实施保障和服务新旧动能转换重大工程。严打各类经济违法犯罪，连续破获王某竹等人集资诈骗案、王某明非法吸收公众存款案等多起涉众型经济犯罪案件。三是坚持县乡道路智能交通监控系统建设，加快推进消防应急中心和微型消防站建设行动，开展"对生命安全负责、向交通事故宣战"，消防安全"三项重点"专项治理等行动，严查酒驾等交通违法行为，深化火灾隐患常态化排查。强化危爆物品监管，加大缉枪治爆工作力度，监所安全"零事故"。

5. 公安特色"阳光警队"建设成效明显。不断加强公安队伍思想建设、组织建设和作风建设，先后开展"两学一做"学习教育、"不忘初心、牢记使命"主题教育、"大学习大调研大改进""新时代新观念新跨越"解放思想教育实践和争创"红旗支部"、争做"红星党员""支部办讲堂"活动，结合开展"三规范一整治"教育实践、"严纪律、强作风、树正气"专项整顿"清风"行动，制定完善《莒县公安日常行为规范》《莒县公安局廉政谈话制度》等各项规章制度。通过组建兼职教官队伍、在全局实行青年民警成长"警师制"传帮带战略、赴高校举办领导干部综合能力提升班、开展民警体能达标测试等，进一步提升队伍综合素质。高度重视公安文化建设，建成公安文化建设展厅，成立多个兴趣小组，按照"一所一主题，一队一品牌"要求，打造各具特色的警营文化。以县政府名义印发《从优待警十条措施》，制定看望慰问、功模休养制度，举行民警入警和荣休仪式，全额发放文明单位奖金，维护民警执法权益，完善辅警管理制度，进一步激发队伍活力，涌现出以公安部一等功刘志峰为代表的一大批先进个人和集体。

五、莒县司法局：全省司法行政系统先进集体

莒县司法局服务大局，成绩显著，先后被表彰为"2015年度全省司法行政系统先进集体"、全国"关爱明天、普法先行"——青少年普法教育活动先进单位、"全国人民调解宣传工作先进集体"。

——主要成就：

1. 人民调解工作、司法所规范化建设成绩显著。广泛成立乡镇、社区与村及专业性行业性人民调解委员会，聘任人民调解员，自1989年以来累计化解各类纠纷10万余件。夏庄司法所庄乾山被表彰为"全国模范人民调解员"，招贤司法所陈志华被评为"全省司法行政系统2016年度人物"。夏庄镇、陵阳镇人民调解委员会被表彰为"全国模范人民调解委员会"，城阳街道和店子集镇人民调解委员会被表彰为"省级优秀人民调解委员会"。2018年招贤镇人民调解委员会被表彰为"全国人民调解工作先进集体"。同时，司法所规范

化建设卓有成效，"省级规范化司法所"达到 9 处，2014 年、2015 年夏庄镇司法所被司法部评为"全国模范司法所"，全省司法行政系统平安和谐发展东片观摩会日照观摩点由莒县承办，市司法局"法德一体"建设现场会在莒县召开。2016 年全省农村社区司法行政工作室建设现场会在莒县召开。

2.社区矫正执法能力全面提升。自 2010 年累计接收社区服刑人员 3743 人，期满解矫 3141 人。社区矫正执法队伍从最初的"一人所"，到每所 3 人~4 人以上。先后出台社区矫正考核奖惩、档案管理、经费补助办法、《社区矫正工作规范(试行)》等规章制度，创新推出社区矫正工作"1+6"管理模式、"一月一主题"教育实践活动、社区矫正"四度工作法"等，并在峤山镇朱家朱里村建设集教育学习、公益劳动、技能培训、安置帮教等为一体的莒县社区矫正中心。

3.法治政府建设、行政复议应诉、行政执法监督、合法性审查工作扎实推进。2019 年重组后的县司法局开始全面履行原县政府法制办公室职能。对不符合执法资格的原持有山东省行政执法证人员进行清理，现有依法持有山东省行政执法证执法人员 1128 人。

4.法治宣传工作屡创佳绩。"三五"普法期间在中小学实施"育才工程"；"五五"普法期间为全县 80 余处重点中小学校配备法制副校长，并开通"莒县司法行政网站"。"六五"普法期间探索创建招贤镇"法德一体"社会治理模式，打造"五位一体"法德教育阵地及莒州消防主题文化公园，开展法制文艺下乡镇演出。"七五"普法期间创建"德润法行·和正莒县"法德一体品牌，举办"公证杯"第一届法治文艺剧目大赛、法治书画展。先后有县国税局被中宣部、司法部表彰为先进单位，县司法局被中共山东省委、省人大和省政府表彰为先进集体，桑园乡东苑庄村、浮来山镇前菜园村、店子集镇店子集村被命名为"全省民主法治示范村"。莒县被评为全省"四五"普法依法治理先进县，浮来山镇沙河崖村被表彰为"全省民主法治示范村"。莒县城阳街道办事处岳家村、陵阳镇陵阳街村被评为"全省民主法治示范村"，莒县被表彰为 2010~2012 年"全国法治县（市、区）创建活动"先进单位、"全国法治城市、法治县（市区）创建活动"先进单位、"全省普法依法治理工作先进县"，县国土资源局被省普法办表彰为全省"六五"普法中期先进单位。在法治文化建设方面，县国税局被表彰为首批"省法治宣传教育示范基地"，莒县招贤镇法德文化广场被表彰为第二批"全省法治宣传教育示范基地"。在法治创建方面，莒县城阳街道大湖社区被表彰为第六批"全省民主法治示范村（社区）"、第六批"全国民主法治示范村（社区）"，招贤镇相家官庄社区被表彰为第七批全省"民主法治示范社区"。县司法局被中国关工委、司法部和中央综治办表彰为第三届"关爱明天、普法先行"——青少年普法教育活动先进单位。2018 年莒县被表彰为全省"国家宪法日、宪法宣传周暨山东省法治宣传教育月"主题宣传活动先进县。

5. 律师、基层法律服务、司法鉴定及公共法律服务队伍发展壮大。2019 年有律师事务所 6 家，法律服务所 17 处，司法鉴定机构 2 家。建成覆盖县、乡、社区三级公共法律服务实体平台，在全县 20 处司法所设立公共法律服务大厅并安装监控设备。1195 个村配备法律顾问。

6. 法律援助、公证工作不断增强。2000 年县法律援助中心挂牌办公，2001 年被确定为全省 17 个基层法律援助联络点之一。2013 年在劳资纠纷调解委员会和莒县经济园区设立两处法律援助工作站，在农村建立"一乡一站、一村一员"法律援助网络。2015 年办理的"414 名农民工维权"案例被司法部、省司法厅评为"优秀案例"，在《法援·法治》刊登。2014 至 2015 年三起案件被评为"全省十佳法律援助优秀案例"。2017 年完善全县各学校法律援助联络点，成立职工、老年人、残疾人法律援助维权律师服务团，设立检察院、少数民族法律援助联络站。2018 年协调建立刑事法律援助工作联席会议制度。2019 年成立妇女维权法律援助服务团，在县婚姻家庭辅导中心、日照管家帮家庭服务有限公司、县退役军人事务局设立法律援助工作站，在全县律师事务所、法律服务所设立法律援助案件受理点。县法律援助中心被表彰为"山东省工会职工维权法律服务示范单位"，中心主任陈维芹获"全国最美法援人"称号。2019 年陈维芹被省政法委授予"山东省法治人物"称号。县公证处先后被省司法厅授予"全省公证质量先进集体"称号，荣记集体二等功，被表彰为"人民满意政法单位"。

五莲县：

平安山东建设模范县

一、五莲县委政法委：全省十八大安保维稳工作先进集体

五莲县委政法委坚持以人民为中心的理念，按照治安防控、矛盾调解、护航发展、规范执法司法、社会治理一体推进的总体工作思路，社会治理基石越筑越牢，近十年全县"无刑事警情日"平均达 140 天以上，省市群众安全感、满意度电话调查连续多年位居前列，先后被表彰为"平安山东建设模范县"、"平安山东建设先进县"（2 次）、全省"十八大安保维稳工作先进集体"、全省"科技创安示范城"，5 次荣获"全省信访工作先进县"称号。

——主要成就：

1. 治安防控机制持续完善。一是按照"打早打小、露头就打，有恶必除、除恶务尽"方针，始终把打击的矛头对准影响社会发展稳定、影响群众安全的违法犯罪行为，深入推进严打"盗抢骗、黄赌毒"、追逃犯、扫黑除恶三年专项斗争等一系列安民行动，依法严厉打击邪教组织非法活动，打掉 13 个"全能神"组织，彻底瓦解了邪教组织体系。二是推行乡镇党政干部带班巡逻制度，组织社会力量参与治安防范，在全县 632 个村居社区全部配备警务助理，并建立"平安联合体"600 余个。推行"治安承包"法，创新实施 110 社会联动机制，通过 110 指挥中心与 7900000 群众服务热线平台端口对接，在出租车上安装 GPS 系统，实现"警的"联合巡防。三是强力推进"雪亮工程"，基本构建起以环县、环城区为主的"四个监控圈"和城区监控网，基本达到城区、城郊以及农村重点部位视频监控全覆盖。完善"一警多能、屯警街面"、

网格布警、合成巡逻、武警巡警联勤等合成化警务模式，最大限度压缩犯罪空间。

2.社会化大调解机制持续完善。一是在全县推行领导干部"大接访"、机关干部"大下访"活动，严格落实矛盾纠纷排查调处制度，重要敏感时期组成联合督导组分片督导调度。二是出台公调、诉调、检调、访调、行调对接机制，推行民事案件、涉农案件分流联动调处办法，建立县矛盾纠纷调处中心，在乡镇开设"党员金牌调解室"以及个人调解室、单元化调解室，在村居配备"大嫂调解员"和法律顾问，构建起矛盾纠纷统一接待、统一分流、统一协调、统一督办，人民调解、行政调解、司法调解协调联动的矛盾纠纷化解机制，全县年平均调解案件 1000 余起，连续 15 年无民转刑命案发生。三是对信访案件实行 ABCD 分类解决办法，扎实开展信访积案化解攻坚行动，群众对到省上访事项答复满意率、化解率位居全省前茅。2019 年在全市率先完成省交办信访积案攻坚任务目标。

3.护航发展机制持续完善。一是出台《关于加强党纪、政纪、法纪维护深化企业改革的暂行规定》《政法工作服务保障全域旅游实施方案》《政法机关服务保障新旧动能转换重大工程十八条意见》等制度规定，在景区挂牌成立旅游法庭、旅游警察中队、旅游纠纷调解委员会。二是在政法系统推行"一线工作法"，在重大工程项目现场、企业周边设立民生警务室、法官工作室、派驻检察室、法律服务室等一线工作室。建立政法部门及领导班子成员包联重点企业、重点项目制度，政法机关与重点工程、重点企业以及金融、食品卫生等重点领域联席会议制度，及时帮助解决各种法律问题。三是与行政执法部门建立行政执法与刑事司法衔接机制，严厉打击发生在群众身边的违法犯罪行为。大力推行首办负责制、服务承诺制、限时办结制，为办事群众提供优质高效服务。

4.执法司法机制持续完善规范。一是扎实开展党的群众路线教育实践活动、"三严三实"专题教育、"两学一做"学习教育、"不忘初心、牢记使命"主题教育，深入开展"三联三访"、"大走访"、"大回访"、"社区六进"、检察工作进农村等活动，实现"政法系统党员干警 100% 走访、案件办理 100% 回访、政法干警对所辖村居 100% 走访"三个 100% 目标。严格落实"五个严禁""四个一律"，加强政法队伍管理"七条铁规"，严肃查处队伍中违纪违规违法问题。涌现出孙金友、孙瑞昌等全国、全省先进英模典型。二是督促政法各部门落实执法信息网上录入、执法流程网上管理等执法新机制，推行"阳光政法"工程，对立案、审判等 122 项业务的办理程序、办理时限、收费标准等向社会公开。通过政法部门单位互联网门户网站、官方微博和网上问政等互动平台收集群众咨询、投诉、建议，处理反馈率达到 100%。三是在县公安局、县法院设立民生警务平台和审务督察平台，对每日 110 报警、窗口服务群众、案件当事人等进行"三级回访"，让群众对干警执法服务进行监督、评判。出台政法干警违法违纪群众实名举报办法，深入开展"开门评警"活动，及时发现和解决执法不公、执法不严及"四风"等方面存在的突出问题。

5. 社会治理机制持续完善。一是开展"莲山大讲堂——普法讲堂""县委理论中心组学法日""'进机关、进乡村、进社区、进学校、进企业、进单位'法律六进"等活动，推行"法德进家"五个一工程，即每村一名法德宣讲员、每村一条法德文化街、每村开通"法德村村响"大喇叭、每户一本普法书、每年对优秀宣传员和好媳妇、好婆婆进行评选表彰。建立县公共法律服务中心，年接待服务群众 3000 余人次。二是实施综治委成员单位联系点共建平安工程，开展平安机关、平安学校、平安医院、平安电力、平安通信、平安厂企、平安铁路等行业基层平安建设活动，并以管区、村、村民小组为单位划分大、中、小三级网格，投资研发五莲县社会治理综合服务信息系统软件，基本实现社情民意全掌控。三是整合全县党政民生服务资源成立群众服务中心，通过 7900000 民生热线、现场接待、网上问政、市长热线、短信、微信、微博等多种方式，一口受理群众各类诉求事项，到县、去市上访分别同比下降达 20% 和 55.6%。四是发挥县曙光基地管理、教育、培训、帮扶和过渡性安置等功能，对影响社会稳定的重点群体、人员实行一体化服务、管理，被国家司法部命名为"五莲模式"。在全市率先建立规模化青少年法治教育基地,内设消防安全、交通安全、禁毒教育等几十项内容,被授予"山东省关心下一代教育基地""全国未成年人检察工作创新实践基地"。

二、五莲县人民法院：全国模范法院

五莲法院践行司法为民、公正司法主题,加强审判执行和自身建设,保持服判息诉率高、调解率高、实际执行率高和上诉率低、改判率低、信访率低"三高三低"的良好局面,各项考核指标位于全省基层法院前列,先后被表彰为全国优秀法院、全国法院党建工作先进集体、全国法院"两评查"活动先进单位、全省优秀法院、全省公正执法先进单位、全省法院党建工作先进集体、全省维护妇女权益先进集体、全省法院思想宣传工作先进集体、全省法院纪检监察工作先进集体、全省无执行积案先进法院、省级文明单位等荣誉称号,被共青团中央授予"五四红旗团支部"。2013年、2015年被省高院授予集体二等功、集体一等功。

——主要成就：

1. 以党建为引领,法院科学发展结硕果。积极打造"1+3"工作模式,把抓党务与抓队伍、抓业务、抓服务紧密结合,促进党建工作与法院工作深度融合,先后有18名干警被授予全国优秀法庭庭长、全省优秀法官等省级以上荣誉称号,被省市纪委定为"廉政文化示范点"。2019年在全省法院党建工作会议上作了典型发言。

2. 以执法为要务,服务全县大局有成效。建立行政机关败诉考核机制和行政首长出庭应诉的创新做法,在全国法院和全省行政审判工作会议上作典型发言,被省高院表彰为"行政审判工作先进集体"。探索建立涉农案件分流联动调处机制,搭建"六个平台"、实施"三环委托",形成全社会合力共同预防和化解矛盾纠纷,先后被省市法院、最高法院和中央、省市政法委转发,被日照市委评为"回眸日照"政法工作十大亮点之一,召开现场会予以推广。2013年在破产审理中,将司法手段与现代市场运作手段结合起来,盘活沉淀资产4

亿多元。向县政府提出一系列具有可操作性的司法建议并被采纳，其中"腾空国有土地房屋的司法建议"引起省政府重视并派工作组前来调研，先后在省政府、省高院有关会议上作了经验介绍。

3.以人民为中心，群众司法需求得满足。加强诉讼服务中心建设，设置具有诉讼引导、立案登记、接待查询等15项功能以及12368服务热线；利用"语音送达"系统建设网络信息平台，向当事人发送案件信息；配置"24小时法院"、电子触摸查询系统、自助立案机等设备，便于群众网上立案。落实"四心工作法"，在偏远山区、大项目建设现场设置法官工作室，采取送法上门、就地办案、先予执行、缓减免诉讼费等举措便民利民。构建以和谐便民为目的、以专业审判为保障、以高效运行为基础的家事审判工作新机制，在全省法院家事审判改革工作会议上作了经验交流，洪凝法庭被表彰为"全国家事审判工作先进集体"。审判法庭全部实现庭审全程同步录音录像和互联网庭审直播，并借助淘宝网平台拍卖标的物，熟练运用"掌上法院"APP软件，健全电子卷宗随案同步生成技术保障和运行管理机制，利用门户网站、官方微博、官方微信等新媒体以及网络服务平台传递法治正能量，5处人民法庭均为全省"五化法庭"。在全市法院首届"公信法院"评选过程中，由"第三方"组织的社会满意度调查五莲法院遥遥领先。

4.以执行为重点，维护合法权益见实效。集中开展涉村居委、涉信访、涉金融、涉民生等专项执行活动，向基本解决执行难宣战，形成县委领导、政法委协调、人大监督、政府支持、法院主办、部门配合、社会各界积极参与的工作格局。建立执行指挥中心，依托最高人民法院司法协助网络查控平台完成与公安、国土、税务、房管等部门的网络对接，"一站式"查控被执行人财产。强化执行联动协作，建立联合惩戒机制，向社会公布"老赖"名单，将失信被执行人信息录入全国失信被执行人名单库，先后被表彰为全国无执行积案先进法院、全省集中清理执行积案活动先进集体、全省法院"基本解决执行难"先进集体。

5.以改革为动力，公正司法水平大提高。落实法官员额制改革，探索建立

"1+1+N"新型审判团队，完善院庭长审判监督管理权力清单，建立专业法官议事规则，修订审委会议事规则，对人员进行分类管理，推动内设机构改革。通过"简案快审、繁案精审"工作模式，采取内外分流、多元化调解、设立速裁团队等措施，充分利用司法、行政等社会调解资源优势，快速妥善化解矛盾纠纷，提升民商事案件的审判质量和效率，《大众日报》《山东法制报》等新闻媒体予以报道。开发审务督察电子系统平台，对案件实行短信、电话、上门"三级回访"，打通联系群众的"最后一公里"，省高院院长白泉民对此作出批示予以肯定，全省法院召开座谈会现场推广，《人民法院报》头版头条、省电视台《法院在线》栏目及各级新闻媒体对此进行重点报道。

三、五莲县人民检察院：全国检察机关集体一等功

五莲县人民检察院认真履行检察职能，强化法律监督，维护公平正义，全力支持和服务全县科学发展、跨越发展、和谐发展大局，先后荣获全国检察机关集体一等功、"文明接待示范窗口"、全省"人民满意政法单位""省级文明单位"、"平安山东建设先进基层单位"、"公正执法先进单位"、"党员教育工作先进单位"、首届"十佳基层检察院"、"先进检察院"、全市"先进基层党组织"、"信访工作先进单位"、省级"花园式单位"等荣誉称号，荣立集体一等功。

——主要成就：

1.办理重大典型案件连创战果。先后挖出投资牟利而从事挪用公款和受贿活动窝案、县建委主要负责人受贿案、银河酒业集团主要负责人受贿案、县文化局主要负责人受贿案、县农业局主要负责人贪污案、农业银行五莲支行主要负责人和中国银行五莲支行主要负责人受贿案、原水利局局长贪污受贿案。近年累计为农民工追讨工资、赔偿款达506万元，被表彰为"山东省工会职工维权法律服务示范单位"。2018年审查起诉虚开增值税发票案16件，有效防止了国家巨额税款的流失。

2.检察工作创新屡见成效。一是在全市基层检察院中率先开展人民监督员

制度试点，对拟撤案和拟不起诉的自侦案件依法提请人民监督员进行监督，并推行人民监督员选任"外部化"做法，由县人大常委会确认人民监督员。二是在控申举报部门实行"来访者选择接访人"新举措，开辟接待来访"绿色通道"，省、市院检察长分别对这一做法作出批示，予以推广，至2018年数十年没有积案发生，保持涉检赴省进京零上访。三是制定《关于充分发挥检察职能服务科学发展和谐发展的意见》并由县委转发，实施《案件风险评估办法》，严格落实首办责任制和"四定两包"措施，积极参与矛盾纠纷排查调处，省市委政法委、市检察院对这一做法予以转发，市委主要领导作出批示。四是出台《关于重大工程项目建设跟踪预防实施意见》《充分发挥检察职能服务科学发展和谐发展的意见》，针对工程招投标、设备物资采购、质量监督、工程资金拨付等廉政风险点，实施重点跟踪监督。开展行贿犯罪档案查询，参与重大工程招投标活动现场检察监督，提出检察建议或纠正意见，得到县委政法委领导和县委书记的高度评价，中国职务犯罪网、正义网等媒体多次报道。六是加强青少年法制教育。五莲检察机关青少年法治教育标准化试点项目被确定为省级标准化试点项目。

3.实施民生工程收获丰硕。大力开展后进村帮扶和城乡文明共建活动，争取项目投资改善许孟闫家车村的民生工程和事项，帮助完成潮河镇西花崖村西岭深水井配套工程。严厉打击危害食品药品安全犯罪，对涉嫌食品药品安全领域的违法犯罪行为依法快捕快诉，保障"食安五莲"建设。

四、五莲县公安局：全国优秀公安局

五莲县公安局奋发有为，实干争先，实现了公安工作和队伍建设的长足发展，被公安部授予"全国优秀公安局"称号，连续两届被公安部命名为"全国公安机关执法示范单位"，被省委、省政府评为"全省人民满意的公务员集体"，先后有15个单位荣记集体一、二等功，2人被省委、省政府记个人一等功，1人被表彰为"全国基层优秀科所队长"，4人被表彰为"全国优秀人民警察"，1人荣获"全省十大杰出民警"称号，28人被省公安厅、市委、

风雪无阻练精兵

市政府记个人二等功，60人被省厅、市委、市政府评为先进个人，12人被省厅评为"全省优秀人民警察"。

——主要成就：

1.维护政治稳定取得新成绩。实行信息工作全警化、社会化，健全"三情"信息搜集、综合、分析、研判机制，加强同邪教组织的斗争，打掉省公安厅督办的组织利用邪教组织破坏法律实施犯罪团伙，侦破经验被省厅610办公室转发。推出打击、转化、宣传"三位一体"反邪教工作模式，被公安部、省公安厅、市委610推广。全市专项整治"全能神"邪教现场推进会在五莲召开。全力强化警卫工作，圆满完成三级以上警卫任务29次，完成一系列重大活动庆典安保工作任务。

2.打击刑事犯罪展现新担当。1993年至2018年共立刑事案件12004起，破获各类刑事案件15117起，其中破重大案件1374起，摧毁犯罪团伙628个。破获拐卖妇女案件612起，解救被拐妇女612名。开展扫黑除恶专项斗争，铲除黑恶势力，打黑除恶成绩列全市第2名。2003年至2018年以来破获经济犯罪案件518起，挽回经济损失10911万元。2018年成功侦破全省1号大案——"2018—175"公安部毒品目标案件，山东省副省长、公安厅长孙立成等省市领导作出批示予以肯定。打击电信网络诈骗犯罪，先后追回诈骗非法所得1600余万元。

3. 治安防控实现新突破。以平安五莲建设为重点，把预防为主落实到公安工作全过程。狠抓内部单位"创安"工作措施，推广五莲平安医院做法。推行以"一警多能、综合执法、合成作战、归口办理"为主要内容的合成化现代警务，探索建立"五网一体"立体化治安防控模式。坚持源头"预防"、以打"促防"、多元"联防""三防"一体，深入开展综治主题创建活动，在全省"两无"主题创建会议作了典型发言。强化视频监控系统和推进智慧城市建设，建成一个监控中心、四个监控圈"五合一"监控系统。

4. 治安管控彰显新提升。研发建成全县实有人口网络管控系统，经验做法被《人民公安报》刊登，被列入全省社会治安综合治理工作会议书面交流。全面落实公共场所治安安全管理责任，推行等级化管理，全县娱乐场所全部安装监控系统，全县64家旅馆安装信息系统。强化爆炸危险物品管理。查处"黄赌毒"案件。

5. 道路交通安全管理展现新作为。一是创建"平安畅通县区"，购置数字式信号灯指挥设施，在城区更换旧式信号灯指挥设施，新增数字式信号灯指挥设施。2018年城区交通标志总数量360面。二是压事故、保畅通，常态化开展超载、超速及疲劳驾驶、酒后驾驶整治行动，建县以来没有发生特大交通事故。开展智慧交通建设，重点加强交通卡口和电警建设，将执法重点对准群众反映强烈的酒驾毒驾、超载超限、改型改装、闯红灯等重点违法行为，查处各类交通违法行为170720起。1989年至2018年处置交通事故5584起。

6. 消防安全管理迈上新台阶。以维护辖区火灾形势稳定为主线，与各乡镇（街道）、管委签订消防工作目标责任书，全力整治消防安全隐患。2000至2018年整改火灾隐患35484处。

7. 服务保障发展推出新举措。制定《关于为国有企业改革和发展服务的意见》《五莲县公安局贯彻〈山东省公安机关服务经济社会发展便民利民二十条措施〉意见》，创新实施百名民警联系企业活动，推出一系列服务扩大内需和保障企业发展的新措施，推行园区警务、项目警务和旅游警务。严密防控打击经济领域内的刑事犯罪，推进打击逃废银行债务"利剑2号"专项行动，成功破获公安部督办的"2.22"特大虚开增值税专用发票案，追回税款及非法所得1400余万元。加快推进公安机关"一次办好"，推行"互联网+公安服务"模式和一系列方便群众办事创业措施。

8. 执法规范化建设创出新品牌。着力构建完备的执法制度体系、规范的执法办案体系、系统的执法管理体系、实战的执法培训体系、有力的公开公平体系"五位一体"模式，执法质量考评工作连续10年位居全市第一名。顺利启用新闭环管理系统，再次被公安部命名为"全国公安机关执法示范单位"。建成执法办案中心，实现一站式办案、合成化作战、全流程监督，入选"全省十大规范警务品牌"。

9. 公安队伍建设开创新局面。坚持政治建警，建立健全党委"三会一课"党委中心理论学习小组制度，先后开展"三讲"教育、保持共产党员先进性教育、党的群众路线教育、"三严三实"教育、"两学一做"学习教育，全力打造"六型"阳光警队。坚持素质强警，开展"学习刑警大队，学习高竹兴，争创全省优秀公安局，争创优秀民警"的"双学双争"活动。坚持以制治警，出台《党委成员廉洁自律十项规定》《党委议事制度》《集体议案制度》等规章制度，开展治理解决民警职务犯罪、制止刑讯逼供、"三看、三查"教育整顿活动，扎实推进"严纪律、强作风、树正气"专项整顿"清风"行动，进一步正风肃纪。坚持从优待警，制定《从优待警构建和谐警营十条措施》，实行副科级干部差额竞争推选上岗。坚持文化育警，《警营文化建设实施意见》《文体活动实施意见》，建成公安展馆，开展"三室一廊一院"建设，举办"平安之声"文艺晚会、"不一样的青春暨首届优秀青年民警评选"、老民警退休暨新警入警仪式等活动，大力丰富警营文化。

五、五莲县司法局：全省"七五"普法中期先进集体

五莲县司法局坚持党的事业至上、人民利益至上、宪法法律至上，致力于五莲民主法治建设，服务经济社会发展，维护社会和谐稳定和人民群众合法权益，为五莲经济社会高质量发展做出积极贡献。五莲县先后荣获"全国法治创建先进县""全省法治创建先进县""平安山东建设模范县"荣誉称号。

——主要成就：

1. 形成大普法新局面。从"一五"普法到"七五"普法，都制定实施普法规划和依法治县规划，落实"谁执法谁普法、谁主管谁普法、谁服务谁普法"的普法责任制，组建由普法讲师团、"村法律顾问"、"村法律服务者"、"村专职人民调解员"、"大嫂调解员"为主力的法律普及志愿者队伍，广泛开展"法律七进"活动，先后被表彰为全省"五五"普法依法治理先进县、山东省普法工作先进县。松柏镇王家口子村、潮河镇林泉村被表彰为"全国民主法治示范村"，松柏镇王家口子村、于里镇窦家官庄村、高泽镇秦家庄村被表彰为"全省民主法治示范村"。五莲县曙光基地被评为首批"山东省法治宣传教育示范基地"。市北经济开发区林泉社区公园、五莲县芙蓉广场被评为"全省法治文化建设示范基地"。县税务局局长王增友被表彰为"全省'七五'普法中期先进个人"。

2. 司法所规范化建设取得新收获。全县12处乡镇设有司法所。潮河司法所、洪凝司法所、街头司法所、于里司法所被省司法厅授予"省级规范化司法所"称号。2018年基层司法所全部打造成"柜台式""开放式"公共法律服务站，设立规范的所长室、人民调解室、社区矫正宣告室、法制宣传室、档案室。2019年潮河司法所丁学星荣获"全国模范司法所长"荣誉称号。

3. 开拓公共法律服务新路子。建立山东省首家覆盖全县的"公共法律服务智慧平台"，整合县、乡镇（街道）、村（居）三级公共法律服务平台，汇集免费咨询、人民调解、法律援助等12项公共法律服务功能，建立村法律顾问值班系统，将"法治扶贫""百姓监督台""行政复议"移植到平台，实现一

个平台办理业务，并引进全国 11141 名律师资源，免费提供"全天候"法律咨询，将大量矛盾纠纷化解在基层。县公共法律服务中心被省司法厅命名为首批"山东省公共法律服务示范中心"。县委、县政府将"一村（社区）一法律顾问"工作列入年度工作重点，以县政府名义聘任村法律顾问，632 个村庄的法律顾问实现从"有"到"优"。

4.创造人民调解工作新经验。做好定期排查和专项治理工作，基本实现"小矛盾不出村，大矛盾不出镇，矛盾不上交"，全国以及省市县媒体进行报道这一做法。设立乡镇、村两级人民调解委员会，并根据需要设立企事业单位、区域性、行业性的人民调解委员会，成立五莲县人民调解工作指导委员会。根据县委、县政府《关于进一步做好新形势下人民调解工作的意见》，调整完善老中青结合、专兼职结合的村（居）调解员队伍，建立村法律顾问与人民调解员"一对一"帮扶工作机制。同时，实行"以案定补、个案补贴"，与人民调解员工作量直接挂钩。建立多元化机制调处行政纠纷，助力五莲县法治政府建设。市长李永红、副市长张培林批示"将五莲的做法在全市推广"。2018 年，五莲县在山东省司法厅召开的坚持发展"枫桥经验"实现矛盾不上交暨司法所工作电视电话会议作了典型发言。

2008 年 ～ 2018 年五莲县调解案件统计表

年度　　　人民调解案件	2008	2009	2010	2011	2012	2013	2014	2015	2016	2017	2018
调解案件总数	2018	2126	1924	2206	1697	2566	1636	1732	1162	1477	1316
调解成功数	1989	2097	1635	1727	1395	2515	1613	1697	1146	1447	1289

5.社区矫正和安置帮教工作取得新进展。印发《关于社区矫正衔接工作的意见》，部署社区矫正组织接收矫正对象。组建县曙光基地并与监狱建立起信息核查通报制度，与公安局建立信息共享等衔接机制，以全省第一名的成绩通过由省司法厅、省质监局标准化试点工作验收。在曙光基地建立刑满释放人员

过渡性安置帮教基地，打造集中管理、教育、帮扶和过渡性安置的一体化平台，帮教率达 100%。曙光基地先后被评为"全省法治文化建设示范基地""山东省关心下一代教育基地"。

6.律师、基层法律服务监督管理工作开创新局面。与县人民法院联合制定《关于进一步规范律师和基层法律服务工作者出庭程序的意见》，由县司法局出具实行统一出庭函。加强律师行业监督管理，建立健全到庭旁听制度、案件回访制度、评议反馈制度、联合检查制度、律师代理重大敏感案件报告制度、律师参与值班和参与化解信访事项等社会矛盾纠纷工作制度。至 2018 年全县律师为 495 家企业和单位担任法律顾问，挽回和避免经济损失 3.8 亿元。制定出台《法律服务所百分制考核办法》《基层法律服务工作目标管理办法》等管理标准，狠抓机构、制度、管理、流程"四个规范"，全面提升基层法律服务工作能力水平。

7.公证、法律援助工作提升新水平。建立五莲县法律援助中心，制定援助案件全程跟踪监督制、案件回访制、案件旁听制、援助案件评查制等规章制度，率先在全省开展"援调对接"工作，推进刑事法律援助全覆盖，落实律师值班制度，结合"互联网+法律援助"工作模式，将刑事认罪认罚见证业务全部通过"法援在线"平台移交。同时，将法律援助初审前延到乡镇、县直部门法律援助工作站，实现"应援尽援、能援优援"。2019 年 9 月，省司法厅批准成立合作制公证处，大力推进赋强公证业务，实行"上门"服务制，建立困难家庭和老弱病残群众办证"绿色通道"。引进"背对背"评议器，群众在办理业务时对服务做出满意度评价。

2004 年 ~ 2018 年五莲县法律援助中心办理援助案件统计表

年　　度	2004	2005	2006	2007	2008	2009	2010	2011
办理案件(件)	43	43	45	47	98	160	191	225
年　　度	2012	2013	2014	2015	2016	2017	2018	
办理案件(件)	280	332	570	451	410	500	548	

日照经济技术开发区：

创建全国社会治安综合治理"长安杯"工作先进集体

一、日照经济技术开发区工委政法委：平安日照建设先进集体

日照经济技术开发区工委政法委坚持以人民为中心的发展思想，全力维护国家政治安全，确保社会大局稳定，促进社会公平正义，保障人民安居乐业，为实现开发区新旧动能转换实现高质量发展作出积极贡献。

——主要成就：

1. 政法工作服务保障经济建设的优势得以发挥。坚持把服务改革开放、服务经济建设作为重要政治责任，推动实现项目落地"和谐拆迁"，项目建设"无障碍施工"，项目发展"无缝隙保障"。一是思想观念实现"三个转变"，即由"被动保障"向"能动服务"转变，由"坐等上门"向"主动出击"转变，由"就事论事"向"统筹兼顾"转变，紧紧围绕经济发展功能区的定位，协调和平衡各方利益，公平、合法、合理、合情处理各种纠纷。二是建立服务保障经济发展"三个机制"，即建立项目推进联动协作机制、项目推进定期走访机制、建设项目推进矛盾纠纷联合调处机制，在处理涉及项目建设方面的矛盾纠纷时，进行联合调处，政法各部门既互相监督，又互为补充，合法、合理、合情的化解各类矛盾纠纷。三是实现服务保障"三个前移"，即服务前移、管理前移、阵地前移。通过建立政法部门服务项目建设工作专班，有效整合司法行政、维稳、执法监督和警务保障等工作职能，积极为项目推进创造安定有序的社会环境。

2. 平安开发区"升级版"得以实现。一是细化"网格化+"责任体系，形

成覆盖城乡、条块结合、横向到边、纵向到底的"网格化+"基层社会服务和治理责任体系。在科学划分区、街道、社区（村）"三级实战"网格的基础上，进一步向小区、村民小组和楼栋延伸细化，形成特大、大、中、小、微五级网格，把服务和管理责任全部装进网格，并使区、街道、社区（村）三级综治中心与三级网格中心合二为一，形成"网格化+"大综治责任体系。二是高标准建设"三位一体"综治智慧平台，区级综治中心、党群服务中心和行政审批、便民服务事项全部进大厅上平台，综治与党建、便民服务的有机融合有效衔接，并把综治工作网络向村居、社区以及学校、医院、商场（市场）、宾馆（饭店）、工地延伸，实现一个体系领导、一个平台统揽、一个机制运行。三是建立社区（村居）党员、群众议事和监督机构，推行村民自治"五步工作法"；推行"一村（社区）一法律顾问"制度，开展法律咨询、法治讲座、法治户外宣传系列活动；设立区、街道、社区（村居）三级调解中心，确保"小事不出村，大事不出镇"。在网格内建立新时代文明实践站，开展德法同行、文明共创活动，深化"道德模范""最美家庭"推荐评选活动，创建文明志愿服务队，推动志愿服务常态化。四是强化"三级实战"机制保障。主要领导亲自研究部署，各街道党工委、社区（村居）主要负责同志具体抓落实。制定网格员选聘管理办法，设岗定责，严格考核奖惩。进行网格化服务管理软件升级开发和综治指挥平台智慧化升级改造。建立健全三级工作例会、限时办结、处置反馈、督查考核等工作制度。

3.队伍建设得以加强。坚持以党建带队建，推动"规范化党支部"创建、党员先锋岗创建活动，发掘、选树、宣传先进典型，弘扬正气，凝聚警心。开展以"强纪律、转作风、树形象"为主题的纪律作风整顿活动，以"六查六看"为重点，着力解决"慵、懒、散、拖、软"等问题。结合党的群众路线教育、"三严三实"专题教育、"两学一做"学习教育、"不忘初心、牢记使命"主题教育，建立完善以案件质量流程控制为核心的业务规范化体系，推行以绩效考核为基础的目标量化管理机制，形成全方位、立体化的动态管理体系，全面提升专业化和职业化水平。

二、日照经济技术开发区人民法院：全省审判质量管理先进集体

日照经济技术开发区人民法院坚持实践"为大局服务，为人民司法"工作主题，营造适合经济社会发展的和谐司法环境，先后荣获"全国五四红旗团支部""省级青年文明号""全省审判质量管理先进集体""全省规范司法行为年先进集体""思想宣传先进集体""市级精神文明单位"等百余项荣誉称号，3次荣立集体二等功、1次荣立集体三等功。

——主要成就：

1. 服务社会取得新成绩。一是近五年来共审判和执行各类案件9825件，结案标的额20.3亿元，取得"人员少、办案多、质效好"效果。二是制定《刑事案件普通程序简化审操作规程》，探索推行简易程序适用和量刑规范化改革，尤其在对未成年人犯罪案件审理上寓教于审、跟踪管理、感化挽救，悔过自新率达100%。刑庭一直保持"青少年维权岗"荣誉称号，多次受到上级法院及团委表彰。三是创建从立案调解、诉讼调解到执行和解的全程调解工作模式，构建人民调解、行政调解、司法调解协调配合、相互联动的多元化纠纷解决机制，将调解贯穿于诉讼全过程，总结出交心谈心法、换位思考法、排忧感化法、巧借外力法、释法明理法、帮助协调法等多种调解方法，2018年对离婚案件创新推行"离婚证明书"。涉外商事精品审判做法先后被区党工委、市中院、市委政法委、省高院转发，荣获"全省法院商事审判工作先进集体"称号。四是引入行政诉讼协调机制、非诉行政执行案件审查听证机制，营造行政机关、行政相对人和人民法院三方之间和谐关系，多次被表彰为"全区年度工作模范单位"。五是落实执行风险告知、财产举报和申报、执行公开制度，设立执行大厅，严格落实执行裁决、执行措施、执行争议协调"三分立"制度。坚持穷尽所有执行措施开展执行工作，通过"执行110"快速反应机制、夜间送达、银行联查等方法，提高执行实际到位率，执行实际到位率居全市法院前列。同时，完善创新对弱势群体的执行救助金制度。"执行110"做法被《人民法院报》《大众日报》等媒体报道。六是在便民诉讼服务中心设立信访接待大厅和院长接访室，面对面与群众沟

通交流，一站式解决实际问题。落实首问负责制、法官带案下访、巡回接访等便民做法，有效解决群众的合法合理诉求，荣获"全市信访工作三无单位"、"全市涉法涉诉信访工作先进集体"、市中院"信访积案化解年活动先进集体"等荣誉称号。

2.案件质效得以新提高。一是认真执行巡回办案制度，加大易岗交流、学习培训力度，开展庭审比质、文书比优、调解比技、执行比效、书记员比速、法警比武"技能六比"活动，组织庭审观摩竞赛、法官讲坛，近年有30余篇研讨论文被国家和省、市有关部门收编、采用。二是建立"大立案"流程监管机制，全院统一立案、统一管理、统一网上监控。强化案件评查问责制，对办结案件一月一评查，一月一通报，连续十年未发生超审限案件。同时集中管理帐物，严格落实信访责任倒查制度和二审发回改判案件评析制度。三是建立以分权制衡、流程管理、质量评查和执行管理"四位一体"的审判质效管理模式，使干警人人有目标，个个有任务，建院以来连续11年无错案、无超审限和无重大违法违纪，主要办案业务指标连年实现均衡结案率、调解撤诉率、服判息诉率持续升高，上诉率、改判发回率、上访申诉率持续下降的"三升三降"良好局面。

3.便民服务形成新氛围。一是高标准建成包括立案大厅、信访大厅、执行大厅、院长接访室及便民服务区等多个区域功能互补，集诉前调解、立案、速裁、执行、信访、便民服务功能于一体的全市功能最齐全的诉讼服务中心，"柜台式"开放办公，并专门开辟了残疾人无障碍绿色通道。同时，开展法律进机关、进乡村、进社区、进企业、进学校、进军营"法律六进"活动，推行流动立案、假日法庭、巡回审判等多种便民服务。二是发挥人民陪审员作为审判员、监督员、调解员、接访员、执行员"五员"作用，"五员"案件陪审率全市最高。市领导对该做法作出批示并在全市政法系统转发。三是通过法官"六进"，在辖区大项目企业和街道社区建立"法官联络室"，向企业提出有效司法建议并巡回办理案件，通过社区联调化解纠纷，在全省法院民商事工作会议上作了典型发言。四是与公安、司法、保险业协会等部门联合建立"联调速裁机制"，实行道路交通事故纠纷案件"全方位、一站式"解纷模式，调解率高达82%。五是将执行权科学细分为"实施权、裁决权、事务性权力和监督权"，案件质效实行"执行法官—执行局长—分管院长"三级把关，对执行案件当事人实施执行风险、执行程序、财产举报、法官信息"四告知"，加强执行"110"快速反应、联席会议、执行威慑、执行网络、执行救助等机制建设，配合适用信息曝光、司法拘留、限制出境、限制高消费、强制拍卖以及拒执罪等强制措施，有效化解"执行难"。2012年全国开发区法院执行工作研讨会在此召开，该院作了《创新机制，打造"阳光高效"执行工作品牌》的典型发言。

4.办公条件实现新改善。建成审判综合大楼和新的信息中心，安装监控设备，在诉讼服务大厅设置电子显示屏，依托局域网，推行网上办案监控管理。同时，建成"百米廉政文化长廊"和乒乓球室、图书室、健身房、篮球场、羽毛球场等，被市纪委命名为"廉政文化示范点"。

5.队伍素质得到新提升。对班子成员实行层级管理、单独定工作任务指标，单独考核，使班子成员带头落实工作职责，带头办案，带头讲廉政。结合"发扬传统、坚定信念、执法为民""人民法官为人民"等实践活动，组织干警参观革命旧址、唱红歌、开展演讲比赛等，提升干警综合素养。三是设立廉政屏保、加强正反典型教育以及签订廉政建设责任状、进行廉政举报约谈、开展争做"家庭廉内助""法院开放日"等活动，实现对干警廉洁自律的全方位监督。四是建立科学的业绩考核机制，考核到人，定期通报，年底奖惩。建院11年来干警队伍"零违纪"。

三、日照经济技术开发区人民检察院：全市十佳文明机关

日照经济开发区人民检察院充分履行检察职能，强化检察队伍和法律监督能力建设，为开发区经济发展和社会和谐稳定做出积极贡献，先后荣获"全市十佳文明机关""全市学习型党组织建设先进集体""山东省维护妇女儿童权益先进集体"等荣誉称号，两次被省检察院记集体二等功，机关品牌"规范文明办案、公正廉洁执法"荣获日照市市级机关名牌，被省院表彰为创建"无违法违纪、无责任事故"先进检察院，被高检院表彰为"全国检察机关文明接待室"，连续五年获评"省级文明单位"。

——主要成就：

1. 检察业务工作成效明显。一是充分发挥批捕起诉职能，保持对严重刑事犯罪的高压态势，并注重适用宽缓刑事政策，取得良好法律效果和社会效果。二是严肃查办和积极预防职务犯罪，建成集廉政展室、廉政文化走廊、廉政报告厅于一体的廉政教育基地。"重点工程建设领域廉政监督机制"获得日照市反腐倡廉工作创新奖和开发区机关工作创新一等奖，"探索开展订单式教育模式，打造预防职务犯罪新机制"被评为全市社会管理创新奖和开发区机关工作创新一等奖。三是积极开展诉讼监督，提出纠正违法意见，对有较大社会影响的刑事案件依法提起抗诉，并经市中级法院二审改判。其中乔亚男等5人职务侵占、掩饰、隐瞒犯罪所得案抗诉案被评为2013年度"全省优秀诉讼监督案件"。强化对民事行政诉讼活动的监督，对7件确有错误的不服法院生效判决的申诉案件提请市院抗诉，均被市院采纳。办理民事虚假诉讼监督案件，依法维护司法公信力。四是推行检察官全员接访制度，保持了建院以来涉检赴省进京零上访的良好纪录。

2. 检察工作科学化水平不断提升。一是结合检察业务技术楼建设，建设屏蔽机房、高清视频会议室、侦查监控指挥中心、安防监控系统、分级保护系统，全面应用统一业务应用系统，建成新媒体工作室，开通微信、微博、客户端、抖音等新媒体平台，检察信息化建设走在全市基层检察机关前列。二是突出执法规范化建设、执法场所建设、执法监督建设，初步做到对执法办案活动的全程控制、动态管理、同步监督。三是进一步完善以民生检察联络员、民生检察联系点为节点的民生检察联络体系，深化完善检察官结对服务重点项目企业、联系基层村居社企、结对帮扶困难家庭等机制，努力把服务发展、服务民生贯穿到执法办案全过程。"全过程服务发展、全体现服务实效"荣获全市机关党建工作创新奖。

3. 检察机关良好形象赢得赞誉。开展政法干警核心价值观、"守纪律、正检风、做表率"、深化"双无"检察院创建、"三严三实"等教育活动，坚持每周集中学习，适时组织专题讲座。加强检察文化建设，建成区党性教育阵地、检察文化中心、文体活动中心，组建篮球队、乒乓球队、羽毛球队和检察文联，积极参与全国文明城市创建和"道德讲堂"、"学雷锋志愿服务"结对帮扶困难群众等公益活动。抓实纪律作风建设，签订并严格执行党风廉政责任书、一岗双责责任书、八小时以外行为承诺书，开展纪律条规和党员干部德廉知识专题学习，在上级组织的纪律条规和德廉知识测试中均取得优异成绩。严格规范公务接待、办公用房，开展公车清理，落实"一案三卡"、执法档案、执法责任追究等监督措施，推行案件责任终身负责、执法办案说情报告等，坚持廉政谈话、廉洁自律预警、日常检务督察和内部监督制度，建院 20 年来内部"无违法违纪、无责任事故"。

四、日照市公安局经济技术开发区分局：全省公正执法先进单位

日照市公安局开发区公安分局于 1994 年 11 月成立以来，以队伍正规化建设为保障，以基层基础工作为载体，狠抓安保维稳、打击违法犯罪、治安防控体系建设、服务人民群众等各项工作，确保全区社会治安大局持续稳定，为加快全区经济社会发展、争创国家一流开发区创造和谐稳定的社会环境，先后被授予"全省公正执法先进单位""全省治安防控工作先进单位""全省治安防控工作优秀等次县级公安机关""全市人民满意政法单位""平安日照建设先进单位"等荣誉称号。

——主要成就：

1. 多措并举，深入开展严打整治斗争。坚持把深入开展严打整治斗争作为创建"平安开发区"的重要措施，持续不断地开展扫黑除恶、命案侦破、打霸治痞、打击"两抢一盗"、打击经济犯罪、禁毒专项斗争，始终保持对各类刑事犯罪的主动进攻态势。2000 年以来共破获刑事案件 4729 起。一是对绑架、杀人、抢劫、强奸等重大恶性案件，坚持领导靠案，组织精兵强将快侦快破，及时消除社会影响。二是打击锋芒对准群众反映最强烈、最深恶痛绝的各类黑恶势力犯罪，多警联动，向黑恶势力发起凌厉攻势。三是把街面"两抢"、入室盗窃案件等多发性侵财案件列为打击重点，坚持侦巡综合施策，狠狠打击违

公安干警实战演练

法犯罪分子嚣张气焰。四是以打击合同诈骗、职务侵占等案件为重点，扎实开展打击恶意逃废银行债务行动，维护全区经济金融秩序安全稳定。加大对非法传销案件的打击力度，深入开展禁毒专项斗争。六是聚焦环境保护、食品药品安全等民生领域侵害群众利益的突出犯罪问题，重拳出击、露头就打。

2. 密织防控网络，深化治安防控建设。牢固树立"有效的防范胜于强有力的打击"的思想观念，狠抓巡逻防控网络、内部单位防控网络和科技防控网络建设，进一步提高整体防范水平，有效预防和减少"两抢一盗"等多发性侵财案件的发生。一是改革分局机关值班模式，施行机关与派出所联合处警，派出所值班民警重点负责街面巡逻防控。加强巡逻网络建设，以派出所为单位划片分段，科学设置巡逻责任区域，实行网格化巡逻，提高发现犯罪、打击现行能力。二是举办内部单位保卫干部培训班、开展安全大检查，指导和监督机关、团体、企事业单位加强内部治安防范工作，配齐配强保卫人员，落实门卫、值班和巡查等保卫措施，进一步提升内部单位安全防范水平。三是以构建"全域覆盖、全网共享、全时可用、全程可控"的视频监控网络为目标，推进"天网工程""雪亮工程"建设，实现全区村居、社区视频监控全覆盖。四是坚持严管、严治、严防相结合，完善管理手段，强化服务职能，确保治安行政管理工作有序高效运转。2006年以来查处各类治安案件12530起，治安处罚违法人员7173名。

3.创新服务机制，优化经济发展环境。紧紧围绕全区开发建设中心，不断创新警务工作措施，确保"经济发展到哪里，警务工作就服务到哪里"。一是根据园区布局，确定责任民警对每个园区进行包联，了解园区企业困难和治安防范中的问题，深入摸排化解矛盾纠纷，指导加强治安防控工作，开展法制宣传教育，当好园区的"联络员、服务员、保卫员"。二是推行局领导分片包干、联系街道工作做法，主动加强与街道的联系，及时了解项目建设中的治安问题，加强对重点项目跟踪服务。三是对重点工程建设和企业运营过程中发生的违法犯罪活动"零容忍"，坚决从严、从快打击。

4.突出工作重点，加强基层基础建设。践行"精准警务"理念，以重大活动安保维稳为主线，以打好公安机关基层基础攻坚战为依托，以打造开发区公安工作升级版为目标，深入推进基层基础建设攻坚战，圆满完成重大活动安保任务。一是推行"业务室队联动"为主体的警力共享和集中攻坚模式，整合刑侦、经侦、禁毒、食药环侦等职能，设置案件侦查中心，集约警力资源进入同一战场、同一循环，实现常态化、程序化集约合成用警。整合治安、国保、出入境、户政等职能，设置治安服务管理中心，打破警种壁垒统一管理、统一服务。二是积极争取区工委、管委支持，收回分局机关沿街二层楼使用权，投入经费进行装修改造，建起户政服务大厅和规范标准的案件管理中心，有效缓解刑侦、经侦、禁毒、食药环侦等执法办案单位业务用房紧张问题。升级改造分局办案中心，突出智能化、规范化、人性化、实用化。对奎山派出所进行扩建，新建110值班室、户籍大厅和生活用房。三是全面推行"一村一警务助理"工作模式，辖区行政村全部配备警务助理。同时，建好用好平安志愿者队伍，发挥正能量。四是夯实队伍基础。建立局务会、业务工作调度会、队伍建设分析会、领导干部考勤等会议、工作制度。落实每季度绩效考核点评工作会制度、带薪年休假制度，组织健康体检，让民警切实感受到组织的关怀。坚持纪律作风整顿，确保队伍风清气正。

山海天旅游度假区：

全国"两会"安保维稳工作先进集体

一、山海天旅游度假区稳定工作办公室：全国"两会"安保维稳工作先进集体

山海天旅游度假区稳定工作办公室全力推进"平安山海天""法治山海天"，取得"三无、三降、两提升"，即无政治破坏事件、无非法集聚事件、无暴力恐怖事件，刑事案件、治安案件、信访总量逐年下降，群众安全感、满意度逐年上升的卓越成绩，先后荣获全国"两会"安保维稳先进集体、全省"七五"普法中期验收先进集体等省级以上表彰33次，个人获得表彰81人次。

——主要成就：

1.协同推进，服务经济发展。一是印发《关于进一步做好证明事项清理及建立证明事项清单相关工作的通知》，开展涉及规章规范性文件专项清理工作，推进减证便民，优化营商环境。出台《政府合同合法性审查程序规定》《重大行政决策公众参与程序规定》，建立有关部门、政府法律顾问、行业领域专家、法制机构共同参与、密切配合的重大决策协同审查机制。强化执法监督，促进严格规范公正文明执法。二是开通信访专线、扫黑除恶线索举报电话、网上信访信息系统；对涉及困难群众的涉法涉诉信访案件，在符合条件的前提下积极为其争取司法救助金。设立法律服务中心，为群众提供免费专业优质法律服务。三是建立政法机关服务民营企业联席会议制度、重大事项会商督办机制，建立领导班子成员定期接访民营企业制度、定点联系民营企业制度，切实服务民营经济发展。

2.创新落实，深化平安建设。一是抓住人民群众普遍关注、社会反映强烈的涉黑涉恶突出问题或重点地区开展集中整治，深入推进立体化社会治安防控体系建设和"雪亮工程"建设，保障人民群众安居乐业。二是落实矛盾纠纷多元化解机制，开展排查安全隐患防范四类风险、矛盾纠纷大排查大调处活动。推进行业性、专业性调解组织建设，建立公共法律服务工作站，建设司法行政工作室，实现公共法律服务体系全覆盖。三是深入推进网格化、信息化、法治化、实名制等基础性工作，每年对街道开展综治民调工作，广泛开展平安创建活动，加强对特殊人群的服务管理，有效预防和减少特殊人员重新违法犯罪。

3.深化改革，促进公平正义。一是建立健全法治建设体制机制，推进领导干部学法制度，创建全方位、多层次、宽领域的普法教育工作阵地，建设法德广场、普法一条街等。扩大法律服务范围，为群众提供婚姻家庭、遗产继承、邻里纠纷等多方面的法律咨询，指导开展矛盾纠纷排查调处。加强社区矫正人员管理，巩固教育矫正成果，避免再次犯罪的发生。二是坚持命案必破、黑恶必除、盗抢必打，深入开展打黑除恶、缉枪治爆等专项行动，做到更快破大案、更多破小案、更准办好案、更好控发案。在全省率先建立并启用"阳光司法平台""阳光警务系统"，推进警务、检务、审务公开。深入开展案件评查，组织开展违法违规减刑假释、暂予监外执行等专项监督活动。三是开展法律进机关、进乡村、进社区、进学校、进企业活动。健全各级领导干部学法用法考试考核机制，组织领导干部学法、考法。

4.党建引领，打造过硬队伍。把政治理论教育、理想信念和社会主义法治理念教育，宗旨观教育、党风廉政教育纳入政法干警培训重要内容，推进思想政治教育经常化和制度化。开展反恐实战大演练、干部教育主题培训，对政法干部进行分层、分级、分类培训。建章立制，运用"身边案"教育"身边人"。严格执行全面从严治党"两个责任""一岗双责"，用铁的制度和好的机制防止执法不公，办人情案、金钱案、关系案等问题发生。

二、日照市公安局山海天旅游度假区分局：公安部社区"智慧警务+"试点区域

山海天旅游度假区公安分局全面践行"精准警务"理念，用实实在在的业绩书写担当奋进的答卷，连续三年以全区第一名的成绩被授予"年度目标管理绩效考核先进单位"，先后被授予"日照市党的十九大安保维稳工作先进集体"、全市"防风险、化积案、保稳定"工作先进集体、日照市文明单位、全区党风廉政建设暨作风建设先进单位、创建全国文明城市先进单位等荣誉称号，荣立集体二等功 1 次、集体三等功 4 次，先后有 4 名民警记二等功，16 名民警记三等功，108 名民警受到市级以上表彰。

2019 年，山海天旅游度假区分局阳光女警巡逻队启动仪式

——主要成就:

1.重大安保维稳磨砺新担当。分局公安干警、辅警不舍昼夜、连续奋战,圆满完成全国两会、十九大、上合组织青岛峰会、青岛海军节、新中国成立70周年、日照建市30周年等重大活动以及中国体操节、国际马拉松、杜鹃花节安保警卫等180余次安保警卫任务,并以党建领航安保活动,创建"八个一"战时党建工作法,精准提升安保维稳战斗力,被市指挥部以简报形式转发。

2.精准打击质效实现新提升。发起扫黑除恶、打击电信网络诈骗、禁毒等攻坚战役,破获刑事案件,查处行政案,全区治安大局创历史最好水平。成功打掉恶势力犯罪集团和恶势力犯罪团伙,实现区域扫黑除恶历史性突破。在全市率先实现局长分包电信网络诈骗案件全破,挽回经济损失18.13万元。先后破获全市首例非法经营不燃烧电子"烟弹"网络省督大案、全市最大制售假药部督大案、特大暴力虚开增值税专用发票系列案件等。

3.基层基础攻坚取得新成效。一是以"一标三实""出租房屋和流动人口管理"为重点采集信息,通过日常走访和出租房屋检查抓获网上逃犯;对重点行业场所加大治安、反恐、消防等检查暗访力度,开出全区首张反恐罚单;扎实开展平安海区创建,检查各类船舶,查处违法船只,拆除"三无"船只。二是以"标准规范建设年"为抓手,制定《标准规范建设实施方案》,建立完善决策指挥、安保维稳等5大类49项警务工作机制的标准规范,行政结案率和处罚率分别同比上升17.1%和27.9%。三是推进"天网工程"升级改造,建设高清视频点位,接入社会和交警资源,试点"智慧景区"建设,提升"人、车、网"实时感知能力。四是高标准改建两城派出所,升级改造两城公安检查站,全面整改"空巢"警务室,高质量建设庙山和西黄庄两个农村中心警务室,构建全天候驻守的"1+4+N"工作模式,打造5分钟"快速处警圈"、10分钟"便民服务圈"和24小时"高效技防圈"。全力推进"社区智慧警务+"项目建设,"一标六识"全面采集达

开展楼道搜索突击战术演练

到公安部验收标准。五是全面优化"一村一警务助理"工作模式，开展"警校共建、护校安园"行动，建立警务助理护学岗机制。制定《"指尖派出所"使用规范》，拓展建立涵盖民俗户、日租房、寄递物流等行业场所微信矩阵群。推动两个街道社区戒毒康复办公室达到省级标准，禁毒专职社工全部配齐。

4.服务中心工作实现新跨越。一是维护重点项目开工秩序，推进"项目警务"，加大矛盾纠纷排查化解力度，成功化解信访积案，解决204国道改线阻挠施工案件，保障沿海违建拆除。二是全力推动拆迁改造攻坚克难，成功拔钉清障，得到度假区党工委、管委会高度肯定。三是做好森林防火、防汛防风暴潮工作，从严快速查处在林区违法使用明火行为。做好"放管服"一次办好改革，在全市率先推出居住证申领"一次办好"业务，率先实施"1+6"户籍管理综合服务模式，以"数据跑""民警跑"形式优化办事流程，市局户政处对"1+6"服务模式进行推广。

5.阳光旅游警务锻造新作为。在全省率先建立旅游警察队伍，创新推行阳光旅游警务，打击处理强买强卖、招手揽客、缺斤短两、妨碍公务等违法犯罪，旅游旺季刑事、治安、纠纷警情连年下降。联合有关部门印发《关于整顿旅游市场秩序的通告》，明确 13 类扰乱旅游市场秩序的行为和法律责任。推行"双轮驱动、分线巡逻"模式，摩托车铁骑网格化上路巡逻，专注旅游路、民俗旅游村的巡逻防范和反恐处突，破获系列沙滩盗窃游客手机案件。女子骑行队以流动警务室为依托，救助游客 508 人。通过联合通告、宣传走访、强制停业、视侦取证等方式加强综合治理力度，招手揽客行为降至历史最低。积极配合其他部门开展综合整治活动，山海天旅游市场焕然一新。

6.阳光警队建设开创新局面。一是党建领航，积极创建市级党建示范点，组织开展争创"先锋"党支部活动，创新"1+6+N"主题党日制度，实行党员积分管理，与港航公安局结对开展丰富多彩的党建活动，并建成党建主题广场和诗词文化公园，被表彰为"日照诗教先进单位"。在重大活动安保、重大抢险救援任务中开展党建主题实践活动，设立流动红旗岗与党员先锋岗，划分党员责任区，激发党员民警争先创优和模范带头意识。二是素质强警，组织"师带徒"随岗训练和"送教一线"等多种形式的互动教学、案例教学，开设"部门负责同志上讲台""流动法制小课堂"，开展散打、游泳、急救等技能培训，常态化开展全警体能达标测试，鼓励民警参加各类警务实战技能比武，提升实战素质和能力。三是正风肃纪，严格落实党风廉政建设责任制，扎实开展"两所两队两无一零"专项督察和执法"双清"活动，落实"四个一律"等警令警规，并制定辅警管理岗位设置和职位选任工作办法，加强辅警队伍规范化管理。四是从优待警，认真落实《即时表彰奖励实施办法》，强化"一事一奖"，提升奖励效能。开展功模休养，完善优抚措施，组织"心理健康进所队暖警心"活动，并改造设置理发室、乒乓球室、台球室、警营超市和篮球场、羽毛球场，增设休息用房，使民警获得感、归属感不断增强。

砥砺奋进三十年

　　成绩来之不易，经验尤为珍贵。建市 30 年来，日照政法战线在维护政治安全、社会安定、人民安宁，促进经济社会持续健康发展进程中，不断进行新创造，取得新经验。许多经验如法院系统推行院领导视频接访制度、案件"三回访"机制，加强涉诉信访信息化建设，积极服务保障新旧动能转换；检察机关开展刑事被害人救助工作、建立"向前一步解决问题"工作模式并创新人民监督员选任"外部化"；公安机关推动群防群治，构建治安防控体系五张网；日照市普法办创新实施农民工普法"双证"管理办法；五莲县打造"五网一体"立体化治安防控体系等，先后得到中央政法委、最高法、最高检、公安部、司法部等省级领导肯定与高度评价，并在全国及省级有关会议交流，或以简报形式推广。这些新亮点、新经验概括起来，就是以"坚持党管政法"为根本遵循，以"维护人民权益"为根本目的，以"维护社会大局稳定"为根本任务，以"深化政法改革"为根本方法，以"加强队伍建设"为根本保障，让人民群众在每一个司法案件中都感受到公平与正义，不断增强获得感、幸福感、安全感。在新时代，尤其要学习贯彻习近平新时代中国特色社会主义思想，借鉴新时代"枫桥经验"，创新组织群众、发动群众机制，加强社会治安防控体系建设，深化扫黑除恶专项斗争，持之以恒把政法领域改革进行到底，锻造一支政治过硬、本领高强的新时代政法队伍。实践证明，实现政法工作现代化，创新是必由之路。我市政法工作在创新中取得的宝贵经验来之不易，应当切实珍惜、坚持和发扬。

第五章　省以上会议交流的经验

东港区创新"三前"工作法
切实强化基层社会管理服务

日照市东港区委政法委

今年以来，我区严格按照省、市部署要求，以突破基层社会管理薄弱环节为切入点，将管理服务前移到基层一线，坚持实行基层社会管理力量、关口、服务"三个前移"，筑牢基层平安稳定根基，进一步提升了群众安全感和满意度，有效促进了社会管理综合试点工作的扎实开展。我区先后荣获平安山东建设先进区、全国和谐社区建设示范单位、全国唯一一个农村社区管理和服务创新实验区等称号。

一、坚持基层社会管理"力量前移"

有效解决基层群众利益诉求、维护社会和谐稳定，是社会管理工作的重要内容。面对新形势下基层群众的新期盼、新诉求，我们前移政法力量，创建"一线工作室"，积极组织政法干警带头参与社会管理服务工作。一是力量在一线配置。按照"干警下沉、一线服务、群众满意、共筑平安"的思路，在中心村（居）社区和大项目建设工地，建起"大项目法律服务工作

公安、武警联合巡逻

室""警官兼任村官工作室""驻村法官工作室""民生检察工作站""人民调解工作室"等 367 处"一线工作室",配备车载流动法庭、车载警务室;今年又投入 500 余万元,新建 43 个高标准农村警务室,构建"一线工作室 + 农村警务室 + 流动警务室"与基层治保力量联勤联动的社会治安格局,将"零距离"联系群众、服务经济、执法为民的触角延伸到百姓家门口,全区共下沉政法干部 572 人,达到政法力量的 75%。二是民情在一线了解。派驻干警随身携带《民情日志》簿,广泛征求群众意见、建议,深入排查矛盾纠纷和不稳定因素,建立管理台账;同时,将姓名、职务、联系方式等印成警民联系卡发给群众,让群众知道有话找谁说、有事找谁办,并保持通讯 24 小时畅通,为群众提供"零距离、全天候、低成本、便捷式、高效率"执法服务,对各类矛盾纠纷第一时间掌握、第一时间处置、第一时间化解。三是问题在一线解决。深化干警在一线考评机制,确保把各类矛盾纠纷化解在基层和萌芽状态,去年以来,就地成功调处纠纷 1500 余起,现场开庭结案 297 件,破获各类案件 629 起,为群众节省费用和挽回损失 358.4 万元;设立"一线工作室"和警务室的村居(社区)治安、刑事案件、上访案件和群众满意率呈现"三降一升","一线工作室"逐步成为政法系统服务基层群众的窗口、化解社会矛盾的前沿、创新社会管理的平台、锻炼政法干警的基地。

二、坚持基层社会管理"关口前移"

杜绝和减少社会不稳定因素，必须从源头上加强对特殊人群的管理服务，切实做到"关口前移"。一是实施农民工"双证"管理办法。流出地的农民工往往是流入地的流动暂住人口，强化流出地的农民工服务管理，是杜绝和减少流动暂住人口违法犯罪的有效措施。针对这一现状，我们探索实施农民工"双证"（遵纪守法合格证、依法维权受援证）管理办法，将农民工学法用法工作作为专项内容，列入各级各部门的综合治理、平安建设工作，单项赋分考核，在日照市中盛社区、锦华集团、日照市机电工程学校、高新区、后楼村进行了试点，初步实现了组织农民工考"证"学法、监督农民工遵"证"守法、服务农民工依"证"用法的一体化管理。通过随身携带的"双证"，在外地，可证明农民工学法用法情况，方便当地对流动人口管理，在本地，可证明农民工身份，可以持证直接到法律援助及相关部门请求援助。目前，共发放"双证" 10.6 万余个，1.6 万余人次得到法律援助，持证农民工无一人违法犯罪。二是严管社区矫正对象。稳控、转化矫正对象，一直是社区管理重要内容，我们进一步完善社区网格矫正"信、通、卡"同步衔接法和"簿、案、册"一体化监管法，并与鲁南（日照）监狱实施联防、联管、联控，做到无脱管、无漏管、无重新犯罪，目前累计接收网格服刑人员 193 人，解除服刑人员 35 人，无一人重新违法犯罪；全区社区服刑人员衔接报到率、入矫率均达 100%。三是积极探索实有人口管理办法。我们整合公安、民政、计生、住建等十大部门信息资源平台，由综治办牵头、公安部门负责"合十为一"，建立信息资源共享平台，把特殊人群管理全部联网共享，实现"以证管人"向"人、房、业、证"四位共管转变，做到了实有人口、实有房屋、实有就业同管，去年年底以来，累计清理登记流动（暂住）人口 16 万人，从中抓获各类逃犯 230 人。

三、坚持基层社会管理"服务前移"

社区是基层社会管理的最小单元，将社区划分成网格，实现了最小单元的社会管理服务前移到每家每户；建设信息服务平台，是前移社会管理服务触角的有效支撑。一是健全完善农村社区"十户联组"服务网络。在全区65个农村社区，按照"困难同帮、治安联防、荣辱捆绑"的原则，每十户建一个联组网格，每网格设一名网长（党员或群众代表），分别负责格内安保、纠纷调处、民政优抚、信息报告等，镇街道综治办对此考核备案，并层层签订工作责任书，逐步建起"邻里守望、联组共防"管理网格。二是健全城市社区"百户联管"服务网络。坚持"条块结合、属地管理、高效服务"的思路，对全区70个城区社区划分网格，以100户左右居民为一网格，依托70个社区服务中心实施"111服务法"，即1名党员（或离退休干部）任网长、1名社工为联络员、1名平安志愿者任楼长，逐步形成了1300多人的网格固定服务队伍，实现"小事不出网格，大事不出社区"。三是健全城乡社区综合服务信息平台。推进社区"双基"建设，设置社区综治办，建起以综治办为龙头、多部门参与的信息服务平台，实施综治包片联带，以社区带弱村，以中心村带边缘村，结合农村探头监控"村村通"工程，按照天上有"眼"、中间有"台"、地上有"格"的布局，最大限度实现基层社会管理服务全域覆盖和一线服务。区、镇（街道）同步设立信息服务中心，统一调度处理网格事务，按照"发现、处置、报告、反馈、结案、评分"的工作流程，推行全天候在线服务模式，最大限度防止、减少、弱化网格内社会问题发生，进一步提升了居民对服务工作满意度和安全感。年度社区居民测评显示，居民对社区管理服务满意率达97%以上；省社情民意调查中心组织的调查中，群众对警民关系满意率为99.48%，位列全省第一。

（2012年4月全省加强和创新社会管理工作推进会议）

实施"五元化解" 维护社会稳定

日照市东港区委、区政府

东港区辖 10 个镇街道，常驻人口 63.3 万人，是日照市的驻地区。近年来，区委、区政府认真贯彻落实中央和省、市关于多元化解矛盾纠纷的一系列部署要求，坚持源头排解、公开纾解、专业调解、联动合解、分责破解，实施"五元化解"，维护社会稳定，全区呈现出群众安居乐业、社会安定有序、经济科学发展的良好局面，为日照市争创全国社会治安综合治理优秀市做出了驻地区应有贡献，被省委、省政府授予平安建设先进区、全省信访工作先进单位、被济南军区政治部、省委政法委授予涉军维权先进单位。

一、实施"源头排解"，将问题化解在萌芽前

东港作为市委、市政府驻地区、主城区，随城市化进程加快和一批市区重点工程项目落地，随之而来的利益诉求增多。政法综治维稳各部门始终坚持围绕中心、服务大局，全力服务市区重点工程建设，对重大工程、重大决策实施前逐一落实社会稳定风险评估机制，全面排查风险隐患，提前介入做好群众工作，及早预防化解社会矛盾，最大限度把问题妥善解决在萌芽，实现小事不出村、大事不出镇、矛盾不上交。去年以来，组织提前介入排查化解矛盾隐患，圆满完成了第三届"中国—中亚"合作论坛、抗战胜利 70 周年大阅兵等重大（会议）活动安保工作；稳妥推进了青日连铁路、222 省道拓宽、613 省道改造、机场安置区建设、青岛路片区和谐拆迁等重点工程项目，实现了无震动和谐拆迁。其中，仅日照机场建设一个项目，就征地拆迁 6448 亩，涉及 32 个村，6206 户，17600 口人；今年以来，已有小

东港区陈疃派出所为群众调解纠纷

岭、七里一村、南王家村等 27 个城中村实现签约拆迁率 100%。

二、实施"公开纾解"，将问题化解在辖区内

区级层面，将 16 名区级党政班子成员每月定期公开接访时间、地点在《日照日报》公示，公开接待群众为其排忧解难；镇级层面，将 10 个镇街道党政班子 126 名科级干部每月公开接访时间、地点在《新东港》及网站公示，方便群众对号找人；村级层面，组织村居（社区）干部每天轮流坐班为群众解决问题，设立"大嫂调解员"调处邻里矛盾纠纷；部门层面，践行"两学一做"责任担当，开展"大走访、大下访"活动，打通服务群众"最后一公里"通道，安排 46 名优秀部门干部到薄弱村任职"第一书记"，安排 429 名科（处）级党员干部开展包村工作，着力解决不稳定因素、破解发展瓶颈、落实精准扶贫等，确保把问题解决在群众家门口。今年以来，帮助村里排查化解不稳定因素 34 个，群众初信初访下降 35.7%，进京非访同比下降 93%。

三、实施"专业调解"，将问题化解在本行业

坚持"群众哪里需要调解，调解室就建在哪里"，推动镇街道司法所围绕党委政府中心工作开展专业化调解，由传统的调解离婚、邻里纠纷等普通

问题向调解辖区房产纠纷和非访、集访重点事项转变，并将其纳入全年调解业务考核；加大行业性、专业性调解组织建设，在涉及群众利益诉求多的综治委成员单位建立调解室，目前已设立道交、医患、劳保、公安（治安）、法院（诉前）等调解室，今年已有 2668 件纠纷在诉讼渠道之外得到有效解决，起到了分流化解矛盾纠纷的效果。为进一步推动以法治思维引领专业调解，将律师作为参与第三方调解的重要力量，在全省率先实行法律顾问全覆盖制度，各镇街道、各部门、各村居（社区）都配备了法律顾问，防止了因行政决策不当引发矛盾问题。将律师参与纠纷解决纳入法律援助范畴，研究制定出台了有关文件，对符合条件的困难群众诉讼实施免费法律援助及减免缓（缴）诉讼费，全区律师和法律工作者每人每年至少办理一件法律援助案件，去年以来共办结法律援助案件 623 件，保障了弱势群体的诉求问题解决，从源头上减少了矛盾上行。

四、实施"联动合解"，将问题化解在程序中

针对类型化问题综合各方面力量建立快速协调处理平台，尽量采取非诉讼方式化解矛盾。在坚持访调对接、诉调对接、检调对接、公调对接的基础上，对重大疑难问题实施联席会议协商机制，多部门合力化解群众诉求，新建两个矛盾化解中心：一是升级建设区人民调解工作中心，设立调解服务热线8110148，全天候接听群众调解诉求；设置调解专家库、研判室，实行分类调解、流程化，有效满足群众多元调解意愿；二是改造扩建区社会矛盾调处中心，通过法定途径分类处理信访诉求，推进人民调解、行政调解、司法调解、信访接待"四位一体"相衔接的矛盾纠纷联合调解中心建设，安排区纪委信访室、法院、检察院、公安分局、妇联、司法局、人社局、民政局、住建局、国土分局 10个单位现场办公，对反映诉求问题的群众实行一站式服务、专业化调解、法治化流程，确实调解不成的，法院兜底受理、现场立案，导入诉讼程序。群众只要进了这个门，可一揽子解决有关诉求，避免引发不满情绪和将小事拖大，今年以来群众满意度始终保持在 90% 以上。

五、实施"分责破解",将问题化解在职责内

区委、区政府明确镇(街道)、部门党委(党组)书记直接抓稳定工作,各级党组织书记是本辖区、本部门、本领域抓好稳定工作的第一责任人,对稳定工作负总责、亲自抓,今年 2 月 23 日,全市党委书记亲自抓稳定工作现场会在东港区召开,专题推广东港工作经验。全区层面,区委常委会每季度听取一次平安稳定工作专题汇报;对疑难复杂事项,实行"九长会审"机制,区委书记召集区纪委、政法委、法院、检察院、司法局等九个部门"一把手"把脉会诊,采取现场办公、部门联动、当面点评、重点约谈的方式,与镇街道党委书记"一对一"集体会诊、现场开方、当面指导,明确化解思路、化解时限,并安排有关部门帮助镇街道解决问题。乡镇层面,镇街道党委书记对稳定工作亲自抓,对重点复杂问题,建立"七员包保"化解制度,对涉及村居干部特别是支部书记经济作风问题的、由镇街道党委书记包保,对涉及征地拆迁问题的、由镇长或办事处主任包保,其他重点信访事项按照工作分工倒排正包,分别由镇街道党委副书记、纪委书记、组统委员包保,坚持"四个面对面"解决问题即村居干部与群众面对面、街道干部与群众面对面、邻里调解与群众面对面、综合调解与群众面对面。自去年以来,全区累计化解信访事项(含涉法涉诉)233 件,其中成功化解 10 年以上积案 8 件。部门层面,全力落实问责督查机制,将化解责任细化到岗、落实到事、具体到人,参照省委、市委有关文件规定,制定印发了《东港区信访工作责任追究的暂行办法》《关于实施平安稳定责任"一票否决"的暂行办法》《关于影响社会平安稳定有关事项的约谈追责办法》等,落实挂牌督办、黄牌警告、一票否决,对相关责任人进行约谈、问责。今年 1 月 25 日,区纪委根据有关规定问责通报了工作不力的 3 名乡镇干部;区委办 1 月 27 日发文(办字〔2016〕5 号)在全区通报了相关责任追究情况。同时,坚持奖惩同步,对矛盾纠纷化解工作先进单位和先进个人,每年在区委、区政府工作总结表彰会上都专门表彰,为先进个人荣记三等功。

(2016 年 7 月全省多元化解矛盾纠纷会议汇报材料)

围绕"三个聚焦" 画好政法工作"同心圆"

日照市委政法委

随着经济社会加快发展和全面深化改革加快推进，各类矛盾问题和风险隐患仍大量存在、交织复杂，机构改革中综治办、维稳办、反邪教办撤并后，政法委承担的维护稳定任务越来越重，加强和改进政法队伍建设的重要性也愈加凸显。省委政法委在机构改革全面铺开、扫黑除恶专项斗争深入推进的关键时期，召开这次会议，研究部署加强政法队伍纪律作风建设的任务措施，十分及时，十分重要。

十九大以来，我们按照中央、省委关于新形势下加强政法队伍建设的部署要求，结合日照实际，立足实现"作风转变、素质提升、效能优化"这一目标，探索加强和改进政法队伍建设的路径、措施，通过抓实"三个聚焦"提升政法队伍向心力、战斗力和凝聚力，为政法工作提供了有力保障。现将主要做法汇报如下。

一、聚焦政治建警提升"向心力"，画好绝对忠诚"同心圆"

发挥政法委"思想领导、政治领导、组织领导"的职能作用，以思想政治建设引领政法机关党组织建设，确保"刀把子"牢牢掌握在党和人民手中。一是始终坚定政治立场。定期组织召开政法委员会全体会议，完善全体会议议事制度，落实、健全政法机关党组织重大事项向党委报告制度，统一思想认识，团结引领各级政法机关党组织始终牢固树立四个意识、坚定四个自信、做到两个维护，确保中央、省委决策部署在政法系统落地生根。政法各机关对思想政治建设实行每季度一次会议部署、一次自查报告、一次集中

开展法治宣传活动

检查、一次民主评议的"四个一"工作机制，确保政法工作始终沿着正确政治方向前进。二是始终筑牢理想信念。把理想信念作为政法队伍的政治灵魂，经常性开展理论宣讲、专题研讨、先进事迹报告会等教育活动，用习近平新时代中国特色社会主义思想武装干警头脑。强化政法意识形态领域管理，积极发挥"长安日照"等115个政法新媒体的正面引导作用，开展反邪教"党员做先锋"活动，专项清理干警参与邪教组织、信教等问题，有效防止理想信念"滑坡"风险。三是始终发扬政治担当。在全市政法系统深化践行"向前一步解决问题"和"重担面前责任在我"理念，政法机关讲政治、顾大局，在维护重点群体稳定、打击违法犯罪、化解矛盾风险等急难险重工作中拉得出、冲得上、打得赢，发挥了"先锋队""手术刀"作用。7月4日，市委、市政府专门召开"防风险、化积案、保稳定"工作总结表彰会议，表扬先进，鼓舞干劲，振奋精神，在全市倡树了"听党指挥、忠诚使命、忘我奉献、敢打必胜"的政法担当精神。

二、聚焦实战历练提升"战斗力",画好担当作为"同心圆"

坚持把实战作为学用衔接的"牛鼻子"和能力素质的"训练场",仗怎么打兵就怎么练,实战缺什么就专攻什么,政法队伍在攻坚克难中经受历练,越干越会干,越敢越敢干,展示了良好形象。一是在重大活动安保维稳中历练干警。全市政法系统全员上阵、连续作战,一方面坚持抓在经常、事了案结,集中开展"一排查四防范"、重点群体教育稳控、化解信访积案、社会面严打整治等系列活动,另一方面严防死守,决战决胜,成立安保维稳战时指挥部,全面织牢立体防控网,研判通报预警信息1.2万多条,落地核查重点人员1864名,纳入管控的9481名重点人员无一人失控进京,圆满完成十九大、全国"两会"、上合组织青岛峰会等重大活动安保任务。在要求高、压力大、挑战多的情况下,政法干警打一仗进一步,摸索出一套运行高效、落实有力的工作体系,形成了一股上下一致、聚力攻坚的强大合力。二是在扫黑除恶专项斗争中历练干警。坚持依法办案,扫黑办及时协调推动,政法机关主力军三级联动,先后召开专题调度推进会议12次,举办专业知识培训57场次,推动侦查、起诉、审判有效衔接。坚持完善"大三长""小三长"会商机制,对重大、复杂、疑难涉黑恶案件统一执法办案思想,努力在证据标准、犯罪认定、涉案财产处置等方面达成共识,确保打得有力、打得精准。今年以来,全市共打掉涉黑犯罪团伙2个,涉恶犯罪团伙28个,破获刑事案件167件,刑事拘留195人,查封、冻结、扣押涉案资产3820.7万元。三是在打击逃废银行债务行动中历练干警。政法委发挥"领头羊"作用,牵头成立打逃指挥部,各政法机关抽调精干力量参与,在全省率先开展打击逃废银行债务行动。2017年以来,全市共立案58起,抓获犯罪嫌疑人130人,约谈违约企业负责人650余人次,查扣涉案资产48.83亿元,挽回经济损失26.7亿元,重塑了健康有序的金融生态环境,刘家义、龚正等省领导给予充分肯定。政法机关克服人手不足、干警知识储备较少等困难,边干边学,在实战中进一步提高了本领、锻炼了素质,为打好防范金融风险攻坚战奠定了坚实基础。

三、聚焦纪律作风提升"凝聚力"，画好廉洁为民"同心圆"

深入落实全面从严治党要求，以"四个坚持"为着力点，一手抓正风肃纪，一手抓服务群众，激发干警队伍内生动力。一是坚持施教于前。在全市政法系统开展"讲学习、树新风、提效能、保平安"主题教育暨作风建设集中整顿活动，切实解决"怕、慢、假、庸、散"的问题，打造"干部作风最好、办事效率最高"的政法机关。健全廉政谈话、廉政党课制度，加强纪律规矩经常性教育，引导干警全面执行中央八项规定、《中国共产党纪律处分条例》等铁规禁令，把纪律规矩挺在前面。二是坚持人民中心。以重大活动安保和扫黑除恶专项斗争为契机，下决心解决了一批过去长期没有解决的问题，今年去省、进京上访同比均下降50%以上。全市交办285件重点信访积案，化解253件，化解率88.8%，用真情感化了一批持续上访多年的信访群众，实现案结事了。把维护稳定作为改善群众安居环境和增进民生福祉的过程前三季度全市接报刑事警情同比下降30.1%，八类主要案件同比下降26.74%，群众获得感、幸福感、安全感不断提升。上半年我市组织的群众安全感、满意度测评分别达97.36%和97.84%，在2017年基础上（分别位居全省第一、第三）再有提升。三是坚持从严查处。按照"边扫黑除恶打伞、边整风肃纪强警"的要求，严肃查处莒县公安局原正科级侦查员张某江违法收受盗砂人员财物，为其盗采、运输和贩卖河砂等违法行为提供帮助，充当盗砂恶势力团伙"保护伞"问题，以零容忍态度坚决将害群之马清除出去。运用集中通报、公开曝光、一案双查"三种手段"，建立反面典型案例深入剖析和警示教育"两个机制"，做好依法查处"后半篇文章"，举一反三强化重点领域、重点岗位的源头整治，建立正风肃纪长效机制。四是坚持从优待警。加大政法机关人财物保障力度，落实与司法体制改革相配套的保障政策，建立向基层一线倾斜的激励机制，全市各类表彰奖励60%以上向县乡基层倾斜。依法查处治安、交通等领域7起暴力抗法袭警犯罪，支持政法干警秉公执法司法。推动组织部门出台了在安保维稳等急难险重工作中观察识别干部的专门方案，在政法系统进一步树立起"困难在一线解决、矛盾在一线化解、作风在一线磨炼、干部在一线培养"的鲜明导向，让基层干警"吃苦不吃亏，受累不受罪"。

借此机会，再提几点粗浅的建议：一是参照人民警察定向向公安院校招考机制，建议政法机关每年拿出招考人员定向向政法院校毕业生招录人才；二是按照中央政法委 2016 年政法干警招录培养试点工作方案，建议参照中央公务员招录办法，每年自政法院校法学专业毕业生中招录法律硕士送"五院四系"定向培养，以充实政法干警第三梯队。

下一步，我们将以习近平新时代中国特色社会主义思想为指导，按照中央、省委关于政法队伍纪律作风建设的部署要求，特别是贯彻落实好本次座谈会议和林峰海书记的重要讲话精神，牢牢把握"五个过硬"的总要求，深入推进思想政治、业务能力和纪律作风建设，不断提升正规化、专业化、职业化水平，努力建设信念坚定、执法为民、敢于担当、清正廉洁的过硬政法队伍，为推动政法工作再上台阶提供坚强保障。

（在全省政法队伍纪律作风建设座谈会上的发言）

加强流程、机制、队伍一体化建设
不断提升民事再审立案工作水平

日照市中级人民法院

日照中院立足再审立案工作实践和人民群众司法需求，通过明确流程、完善机制、强抓队建等举措，努力实现"案结事了人和、人民群众满意"的目标，民事再审立案工作水平迈上新台阶。2010年以来全市法院共受理民事申请再审案件127件，审结81件。

一、明确流程，提升再审立案规范化水平

1.实现民商事再审受理和审查事项公开化。一是畅通案件受理渠道。在全市法院诉讼服务中心大厅均设立了专门的民商事申请再审案件受理窗口，安排专人负责案件受理工作，依照相关法律规定进行严格审查，并做好释明工作，对当事人申请再审提交的材料，按照规定的要求进行严格把关。二是强化便民服务。印制民商事案件申请再审须知、民事再审申请书样式、申请再审相关法律和司法解释等民商事申请再审诉讼服务"明白纸"，便于申请再审当事人更好地申请再审和了解案件的审查程序；同时将审查流程、工作人员及监督电话制作监督公示版面上墙，落实受理、审查责任。三是加大公开力度。认真落实司法公开各项措施，打造再审审查阳光程序，着力提高听证、询问审查比例，根据具体案情确定灵活多样的听证和送达方式，以审查程序的公开、公正提升裁判结果的公信力。2010年以来，申请再审案件中当面听取当事人意见的占98%，增强了工作透明度。

2.实现民商事再审受理和审查程序标准化。一是统一受理审查流程。

全市法院司法公开工作现场观摩会与会人员参观诉讼服务中心

认真组织学习省高院《关于明确民商事申请再审案件受理与审查若干问题的意见》，按照法律规定和上级法院的要求，制定全市法院受理审查民商事申请再审案件工作流程规定的实施细则，细化受理和审查程序，明确申请再审案件的法定条件和形式要件，并以中院文件的方式下发全市法院贯彻执行，使申请再审案件流程在全市范围内得到明确。二是统一审查标准和事由适用。准确把握新民诉法立法精神，坚持再审审查"事由审查"原则，围绕当事人提出的法定事由进行审查；严格把握事由成立的条件，注意区分事由适用的不同情形，确保裁判尺度的统一，特别对于再审申请人是自然人的，没有特殊情况一律由再审申请人本人来立案，以防代理人无权代理和再审申请人恶意不诚信。三是统一审查方式。积极推行以裁定方式结案的再审审查程序诉权化改造，采取径行裁定、阅卷审查、询问听证等审查方式，尝试对达成调解协议的案件直接提审后制作民事调解书，不再移送其他审判庭的做法，提高再审审查工作的效率和公信力。

3．实现民商事再审受理和审查工作专业化。一是规范裁判文书制作。贯彻落实最高人民法院关于印发《民事申请再审案件诉讼文书式样》的通知要求，统一文书样式，规范文书用语，切实提高文书质量；不断强化裁定书的逻辑性和说理性，特别是在驳回申请再审的文书中，围绕当事人的再审事由进行详细的分析论证，做到以法服人、以理服人。二是重视调查研究。围绕再审审查工作规律、申请再审事由的适用、审查程序的规范完善等问题，经常性地对类型化案件、再审审查程序、工作机制、新《中华人民共和国民事诉讼法》修正案等进行调查研究，及时总结经验，提前研究制定工作措施。三是配强专门工作机构。为适应民事再审制度改革的需要，早在2009年4月，日照中院就较早成立了专门负责再审案件受理和审查工作的立案二庭。目前，全市法院除一处基层法院未单独设立专门工作机构，其它法院均已设立，配备人员23人，全部具有大学本科以上学历，其中具有审判资格的16人，真正把有责任心、能力强、素质高、审判经验丰富的法官充实到了民事再审审查队伍中来。

二、完善机制，提升再审审查质效

1．完善审判管理机制。一是强化流程管理。对受理的民商事再审审查案件，纳入全院的审判流程管理系统，由立案一庭统一立案、编号、确定法定结案期限，进行微机自动分案；案件审结后，将案件法律文书、送达回证等报到审判管理办公室，由审判管理办公室在微机上给予办理结案。对审限扣除、审限延长、审限届满等各个节点，严格监控，实行案件每周通报制度，加强对再审审查案件的动态分析和跟踪督办，督促审判人员均衡结案、审限内结案。二是强化业绩管理。修订审判、执行、信访"三大流程"，将审查阶段的结案率、调解撤诉率、当庭履行率、信访投诉率以及再审改判发回率等效果指标纳入考核，作为综合评判立案二庭审判质效的重要指标。三是强化层级管理。实行审委会、院庭长、合议庭、承办法官多层级定案把关制度，认真开展违法审判责任追究、二审再审发改案件评析等活动，经常性地组织庭审观摩、案件质量评查、优秀法律文书评选等活动，促进再审审查工作质量的稳步提高，努力实现再审审查率下降、结案率上升和询问听证率上升的"一降两升"目标。

2. 完善全程调解机制。针对民商事再审审查案件当事人信访突出、案情复杂、矛盾尖锐等特点，始终坚持"调解优先、调裁结合、多措并举、纠纷终结"的原则，不断加强民商事再审审查调解工作，把调解贯穿于整个再审立案工作的全过程，使再审立案工作成为化解讼争的"减压阀"。一是注重再审审查立案前的合理疏导。在判后答疑阶段，悉心为当事人解疑释惑，并对当事人反映的问题及时告知原审判法庭，紧密配合做工作，避免形成信访案件。在信访初访阶段，发现当事人对原审判决不服有激化矛盾倾向的，主动为当事人提供诉讼指导，帮助其理清维权思路。二是注重立案审查过程中的调解。认真阅卷，熟悉案情，对申请人提出的再审事由通过全面阅卷做到了然于胸；面对面交流，抓住焦点，准确捕捉当事人的诉求和目的；因案制宜，对症下药，逐案制订调解方案。对于调解不成或不能调解的案件，及时裁决，并切实做好判后答疑和接待当事人的工作，确保当事人服判息诉。今年以来，已调解及撤回再审申请 2 件，未立案调解 11 件，取得了良好的法律和社会效果。

3. 完善纵横联动工作机制。一是加强案件联调联解。中院联合市司法局下发了《关于进一步加强"诉调对接"工作有效化解矛盾纠纷的意见》，并结合省高院《关于明确民商事申请再审案件受理与审查若干问题的意见》的相关精神，要求全市上下两级法院和法院各部门树立"一盘棋"思想，强化联调联解在再审案件审查中的地位和作用，理顺再审立案前后两级法院在调解、协调中的关系，明确两级法院及责任人的职责，分阶段、递进式做好矛盾纠纷化解工作，尽量从源头上减少矛盾，实现案结事了人和。二是加强部门间的横向协调配合。制定出台《涉诉信访工作管理办法》，进一步细化立案、审判、执行、再审审查阶段的信访工作分工，理清各部门的信访工作职责，并加强与再审审查工作的对接，以信访工作成效检验再审审查工作水平。要求各法院再审立案部门加强与信访、审判业务部门和审监部门之间的协调配合，及时总结、交流、探讨工作中出现的问题。

三、强抓队建，提高再审立案队伍素质

1. 不断加强党的建设。坚持"抓党建、带队建、促审判"的工作思路，拓展深化党群"双向直通"机制，认真践行"公正、廉洁、为民"司法核心价值观，抓好党员干部队伍的思想教育、党性教育，坚持"支部建在庭上"，深入推进学习型党组织建设，完善组织生活制度，健全党员干警立足岗位创先争优长效机制，打造理想信念坚定、法律专业素养过硬的再审审查法官队伍。

2. 不断加强司法作风建设。深入开展"过硬队伍建设年"等主题实践活动，认真落实上级及中院关于进一步改进司法作风的"十条措施"，切实改进审判作风，把再审立案作为法院工作的一个重要窗口，认真落实申请再审接待工作的各项要求，把服务人民群众、全力保障民牛贯穿于再审立案工作的各个方面和全过程，认真做好判后答疑和辨法析理等工作，努力使当事人服判息诉，树立亲民、爱民、为民的良好司法形象。

3. 不断加强司法能力建设。结合"过硬队伍建设年"活动，积极组织再审立案人员学习民商事方面法律知识，不断强化再审立案法官做群众工作、维护公平正义、媒体舆论引导、科技信息化应用、拒腐防变"五个能力"。尤其是在新的《中华人民共和国民事诉讼法》《中华人民共和国刑事诉讼法》颁布实施以后，在第一时间组织学习培训，购买相关书籍，开展法律实务探讨，提升再审立案人员的审判业务水平。去年以来，全市法院再审立案人员共参加市级以上研讨、培训30余人次。

（2013年8月全省法院再审立案工作会议交流材料）

建设"三区两中心" 实施"五环调解法"
充分发挥人民法院多元解纷职能作用

日照市中级人民法院

日照市中级人民法院全面推进多元化纠纷解决机制改革，依托诉讼服务中心，升级打造"三区两中心"新型诉讼服务平台，综合实施"五环调解法"，筑牢夯实诉调对接工作平台，充分发挥司法的引领推动作用，助推解纷方式"百花齐放"，有效满足人民群众多元化解纷需求。最高人民法院院长周强，省委政法委书记张江汀，省高院院长白泉民等领导先后到法院调研指导，给予充分肯定。

一、把形势任务作为第一信号，稳妥推进司法改革，凝聚多元解纷新共识

把推动多元化纠纷解决机制改革作为司法参与社会治理的重要内容，依靠党委领导、政府主导，以法治方式支持调解、仲裁、行政裁决、行政复议、诉讼等解纷途径有机衔接。

1. 兑现"有案必立、有诉必理"承诺，稳妥推进立案登记制改革。去年5月份以来，全市法院深入推进立案登记制改革，坚持敞开大门收案，对于依法应当受理的案件，坚决做到有案必立、有诉必理。一年来共收案41600余件，同比增长14.2%，"立案难"问题得到根本解决。登记制同时带来收案增加等新问题，要求人民法院不断规范和提升立案服务水平，升级诉讼服务中心建设。

2. 解决法院"案多人少、收案井喷式增长"问题，稳妥推进多元化解矛盾纠纷工作。随着立案登记制推行、行政诉讼受案范围扩大及民商事案件管辖标准调整，基层法院"案多人少"成为常态。搭建诉调对接平台，构建多元化纠纷解决机制，发挥各类解纷主体、解纷方式的积极作用，成为人民法院满足群众多元解纷需求和缓解结案压力的必然选择。为此，制定出台《关于深入推进多元化纠纷解决机制建设的意见》，得到市委常委、政法委书记刘西良批示肯定。

3.实现"用两到三年时间基本解决执行难问题"目标，稳妥推进执行工作体制机制改革。今年，最高人民法院党组明确提出"用两到三年时间基本解决执行难"目标，日照法院以此为动力，在推行"执行警务化"工作经验基础上，高标准建成执行指挥中心，发挥执行信息化优势，加大执行财产查控、信用惩戒工作力度，切实解决"被执行人难找、财产难寻"等突出难题。

二、把群众满意作为第一追求，建设"三区两中心"，搭建诉调对接新平台

面对新形势、新任务，把推动矛盾纠纷"低成本、高效率、源头性"解决列为工作重点，加大投入对诉讼服务中心进行升级和改造，形成"三区两中心"的合理分区和科学布局，打造方便群众诉讼的优质窗口和多元化解新平台。

1.合理布局"三区"。重新规划后的诉讼服务中心分"自助服务区、立案服务区、信访服务区"三个主要区域，全部采用白底蓝色大字标牌标识，分别承担不同职能。"自助服务区"设自助立案查询一体机、律师服务平台，当事人、律师可实现网上立案、自助查询、文书打印等服务。"立案服务区"将立案登记、诉讼收费、送达保全、司法救助等20余项功能集中到前台办理，立案工作实现"窗口+信息化"两条腿走路。"信访服务区"由信访接待大厅、院领导接访室、远程视频接访室等组成，能够实现日常信访接待、院领导周三接访、远程视频接访等职能，可实现与全国四级法院视频接访互联互动。

全市法院院长会议

2.科学建设"两中心"。"两中心"分别是执行指挥中心、诉调对接中心。为切实解决"执行难",在诉讼服务中心内高标准建成"执行指挥中心",能够实现执行指挥、执行监督、远程调度、视频会议等四大功能。中院"诉调对接中心"设置了指导分流室、人民调解室、专业调解室、司法确认室及人民陪审员室、律师代理申诉值班室,建成了集诉讼指导、诉前分流、立案登记、委托调解、案件速裁等多项职能于一体的综合服务平台;中院与市妇联、贸促会、仲裁委、司法局等部门分别会签诉调对接工作文件,相继建立和完善行政案件协调和解、道路交通事故案件联调速裁、婚姻家庭案件委托调解等工作机制,实现解纷资源集中化、解纷流程模块化、解纷人员专业化和社会效果最大化。

3.打造"辅分调审"化解流程。针对群众诉讼能力和解纷知识差异水平,在诉调对接中心建立诉讼指导分流制度,充分发挥指导分流室的枢纽作用,形成矛盾纠纷"辅导、分流、调解、审判"的分层递进化解模式。当事人到立案服务区立案，一律先行诉讼辅导，与当事人算好亲情、信誉、时间、经济、风险"五笔账"，同意调解的分流到调解室或者其他调解组织；对不愿意调解的，简单案件到法官工作室速裁快审，复杂案件，转入业务庭进行审理，实现纠纷有序分流和高效化解。今年以来，全市法院诉调对接中心圆满完成省法院一审民商事案件分流 20% 的目标。

三、把社会和谐作为第一责任，实施"五环调解法"，形成多元解纷新合力

坚持把"调解优先、调判结合"工作原则贯彻于诉讼全过程和各个审级，探索实施具有日照特色的"五环调解法"，尽可能地促进案结事了人和。

第一环，实施诉前调解。认真落实市委、市政府《关于完善"向前一步"多元化解矛盾纠纷工作机制的实施意见》，把诉调对接工作触角延伸到诉前，使得大量纠纷化解在基层和萌芽阶段。各基层法院通过设立驻村工作室、巡回审判点、开展"无讼社区"创建活动等方式，选派法官定期进村居、社区、重点企业，与街道社区、企业相关人员携手化解矛盾，努力实现纠纷不出村庄、社区、企业。莒县法院大力实施"打桩结网、防线再造"工程，依托县社会矛盾调处中心，推动交通事故、医疗、劳动争议专业化调解，已化解纠纷 3000 余起，被授予"全省多元化纠纷解决改革示范法院"。

第二环，实施立案调解。中院立案庭主动发挥职能作用，对于在保全、立案阶段可能达成调解意向的案件，由立案庭工作人员及时快速进行调解。印发《立案调解工作暂行规定》，明确立案调解范围、原则、时限、程序、文书等内容，通过确立"诉前保全促调解、立案审查促调解、庭前受邀促调解、因案制宜促调解"的机制模式，使立案调解成为快速解决纷争的绿色通道。2012 年以来年均调解案件 50 余件，民商事案件呈现出"收案数量、信访案件数量减少，诉讼成本节约"的良好态势。

第三环，实施特邀调解。人民法院主动吸纳符合条件的组织及个人成为特邀组织或者特邀调解员，接受人民法院立案前委派或者立案后委托调解。全市法院聘请退休法官、人民陪审员、律师、相关领域专家组成 300 余人的调解团队，吸纳调解组织 20 余个。同时，健全完善司法确认等非诉纠纷解决机制效力保障机制，确保"诉"与"调"真正对接得起来，社会资源得到充分利用。

第四环，实施信访调解。2010 年以来，全市两级法院坚持每周三"院领导接访"制度，畅通群众诉求表达渠道，听取人民群众对于诉讼案件的意见，共接访 1600 余场次，接待群众来访、咨询 15000 余人次，大量涉诉信访案件吸附在法院，解决在当地。同时，中院信访庭在大厅设办事窗口，承担接待群众日常来信来访、申诉和申请再审的受理审查、判后答疑等多项职能。最高人民法院院长周强，省委政法委书记张江汀，省高院院长白泉民分别前来视察并给予肯定，最高法院简报两次转发。

第五环，实施律师调解。高度重视发挥律师在化解涉诉信访案件中的作用，2015 年以来，在全省法院较早地探索实施律师参与和化解涉诉信访案件、律师代理申诉制度，在中院诉调对接中心设律师代理申诉案件值班室，选任 20 名优秀律师轮流值班。与市检察院、市司法局等部门会签《推动开展律师代理申诉工作暂行办法（试行）》，积极争取党委政府支持，建立律师代理申诉工作专项经费。律师经阅卷认为案件有问题的，及时提出补正建议，认为案件没有问题的，积极配合法院做信访人的服判息诉工作。截至目前，律师接待当事人申诉案件 48 件，息诉罢访 9 件。

（2016 年 7 月全省多元化解矛盾纠纷工作会议交流材料）

实施行政诉讼绩效考核　推进法治政府建设

日照市人民政府

　　日照市是一座新兴的沿海开放城市、港口城市、旅游城市，地处山东半岛南翼，现辖两区、两县、开发区和旅游度假区，总面积5310平方公里，总人口284.5万。近年来，在党中央、国务院和山东省委、省政府的正确领导下，在各级法院的大力支持下，我们通过探索建立行政诉讼绩效考核机制，将行政诉讼案件败诉率、行政首长出庭应诉率等指标纳入对区县和部门的绩效考核体系，有力地提高了行政机关的行政执法水平，促进了法治政府与和谐社会建设。我市行政机关行政诉讼的败诉率由2000年的31%下降到去年的12%，近3年来，没有发生一起因行政争议处理不当引发的群体性事件，人民群众对行政执法的满意率达到95%以上。

一、实施行政诉讼绩效考核的背景

　　近年来，随着经济社会的快速发展，社会结构和利益格局快速调整，公民与行政机关的纠纷增多，一些行政执法者的执法理念和方式与形势的发展变化、与人民群众对建设现代法治型政府和服务型政府的要求还不相适应：有的行政机关"官本位"思想比较严重，对行政诉讼存有偏见，认为与普通老百姓对簿公堂有失身份，更害怕败诉丢面子，不应诉、不答辩、不出庭的现象较为突出；有的把行政审判当成行使行政管理权的"紧箍咒"，片面理解行政效率，对司法裁判消极执行；等等。为了尽快扭转这一局面，市委、市政府决定，利用行政诉讼这一检验行政执法水平的平台，把行政机关涉诉后的表现、诉讼结果纳入对区县、部门的绩效考核体系，通过建立考核激励机制，督促行政机关不断提高依法行政水平。这一设想符合建设法治政府的要求，适应人民法院对优化行政审判环境的期待，在工作中推行后，得到了各级法院的积极响应。

二、实施行政诉讼绩效考核的主要做法

1. 实行示范带动。2005 年，首先在五莲县进行了试点。基本做法是，将考核权赋予法院，法院作为绩效考评委员会的成员，对各个行政部门年度内涉行政诉讼情况建立档案。对行政部门负责人是否出庭应诉，是否进行答辩，是否被判败诉，是否执行司法裁判等，分别设定不同权重的分值，年底汇总得分。由于该项得分在行政机关绩效考评中占有较大比重，对各行政机关改进和提高行政执法工作产生了积极的督促作用，有效提高了行政机关的行政执法水平。经过一年试行，该县行政诉讼案件败诉率下降 25%，行政诉讼案件协调率增长 48%，人民群众对政府工作的满意度明显提高。

2. 坚持定量考核与定性分析相结合。在总结试点经验的基础上，从 2006 年起，市委、市政府将行政诉讼绩效考核制度在全市推开，将其纳入了对全市各区县政府和市直部门的年度考核体系。具体做法是：由法院将有关行政机关负责人出庭应诉率、行政诉讼案件的败诉率、拒不执行人民法院生效裁判等情况提供给政府法制办，由政府法制办核算各单位行政诉讼得分。具体的计分标准是：区县政府和市直机关在行政诉讼中被法院判决败诉的，每败诉一案扣 10 分；对于主要负责人应出庭而未出庭的，每次扣 5 分；对于拒不执行人民法院生效裁判的，每出现一案扣 10 分；对于行政机关败诉案件中的违法行政行为，依据《山东省行政执法错案追究办法》和《日照市行政机关工作人员行政过错责任追究暂行办法（试行）》的规定，追究相关人员责任。同时，对各级行政机关日常行政执法中的服务态度、服务效率、服务质量等指标通过征求群众意见的方式进行汇总分析，作为行政诉讼绩效考核的重要依据。

3. 建立政府与法院间的良性互动机制。一是建立司法建议与信息反馈制度。由法院定期汇总行政诉讼情况，对行政机关败诉案件存在的问题和败诉原因，逐一分析总结，并向政府提出可行性建议。政府收到法院司法建议后，责成法制办牵头，会同有关单位一起研究制定整改措施，并责令相关涉案单位认真总结教训，完善执法规范，最后再将处理意见反馈给法院。二是建立政府与法院联席会议制度。联席会议定期召开，主要是通报行政诉讼情况，剖析典型案件，共商改进对策。针对共性问题，统一行为规范，用制度的形式固定下来，形成会议纪要，协同督促落实。三是强化行政诉讼协调机制。为妥善化解行政争议，法院改变以往"一步到庭、径行判决"的审判方式，而是优先采取庭前、庭中、庭后协调的方式，动员行政机关主动纠正违法的行政行为。多数案件在行政机关自动纠错后，行政相对人主动撤诉，这种做法既维护了行政管理相对人的合法权益，又达到了及时主动纠错、提高办案效率的目的。同时，为了保证行政机关"一错不再犯"，我们对经法院协调处理的案件，同样进行执法过错确认和追究。四是强力推动行政负责人出庭应诉。市委、市政府制定出台了《关于加强机关负责人出庭应诉工作的意见》，硬性规定，对于重大、复杂、疑难的案件和集团诉讼的案件，行政机关的主要负责人必须出庭应诉。这对于行政负责人增强依法行政观念，全面具体了解本机关执法人员的执法水平，促进问题的解决起到了有力的促进作用。

三、实施行政诉讼绩效考核产生的效果

1. 提高了行政机关执法水平。随着行政诉讼考核机制的推行，我市各级行政机关依法行政意识普遍增强，执法形象明显改善。从调查问卷情况看，有90%的被调查行政相对人认为全市行政执法水平普遍提高，其中认为公正合理程度提高的为89%，程序严格程度提高的为87%，适用法律法规适当性提高的为94%。

2. 促进了和谐社会建设。通过实施行政诉讼绩效考核，规范了行政权力运行，有效维护了公民的合法权益，也减少了行政诉讼的发生。去年以

来，全市法院受理一、二审行政诉讼案件 760 件，协调撤诉 612 件，协调撤诉率 80.5%，矛盾激化案件、群体性事件、涉诉非正常进京上访案件均为零。

3.加快了政府职能转变。通过实施行政诉讼绩效考核，各级行政机关的执政为民、有限政府、责任政府、公共管理等现代民主施政理念得到进一步树立和深化，有力地促进了政府职能转变和法治政府、亲民政府建设。近年来，市政府对现有行政审批项目进行了四轮清理，共精简审批项目 600 余项，精简率近 50%，废止、修订市政府规范性文件 54 件，使我市成为与周边地区相比行政审批事项较少的市。同时，市政府每年还推出十几项为民办实事重点工程，有效密切了政府与群众的关系。

4.优化了经济社会发展环境。通过实施行政诉讼绩效考核，各级行政机关服务发展、服务群众的意识大大增强，初步打造了讲法治、讲诚信、讲和谐的城市发展环境。近年来，我市先后获得了中国投资环境百佳城市、全国社会治安综合治理优秀市、中国人居环境奖等一系列荣誉称号，最近又喜获"联合国人居奖"。近些年来，日照各项主要经济指标的增长幅度都连续在全省名列前茅。日照正被越来越多的投资者看好，成为新兴的投资热土和最具吸引力并富有鲜明特色的"宜居城市"。

下一步，我们决心落实好这次会议精神，特别是院长王胜俊的讲话要求，认真学习借鉴先进经验，更加重视行政诉讼在推进法治政府、亲民政府建设中的作用，加快建立与民意互动的协商性公共治理新模式，进一步提高科学行政、民主行政、依法行政的能力和水平，为促进经济平稳较快发展、构建和谐社会创造更加优良的环境。

（2019 年 10 月全国法院行政审判电视电话会议发言材料）

探索"三维度立体化"办案模式
助力全市金融风险化解

日照市人民检察院

自 2016 年以来，全市贸易融资风险突出，市委、市政府在全市开展打击逃废银行债务专项行动。期间，市检察院受理公诉案件 135 件 229 人，起诉 91 件 159 人。特别是在办理宏伟集团案、昌华集团案等七起有重大社会影响的案件过程中，发挥一体化办案优势，完善提前介入、联席会议、检察建议、案件会商、庭审观摩等工作机制，探索"三维度立体化"办案模式，实现办案效果与社会效果有机统一，通过办案服务全市贸易融资风险化解工作，被市委、市政府授予"全市系列攻坚行动突出贡献奖"。

一、"三同步"审查实现上下一体，凸显办案力度

逃废银行债务案件，涉及犯罪事实繁多、定罪证据庞杂、办案难度大、社会关注度高。七起重点案件涉及 71 名犯罪嫌疑人、26 个罪名，涉案数额高达 300 余亿元，证据卷宗 1500 余册。审查起诉时间紧、任务重。市及区县两级院高度重视，通过同步阅卷、同步研讨、同步沟通的方式，在全市范围内统一把握证据标准、起诉标准，加大打击力度。一是同步阅卷强化指导针对性。市院派出办案人员具体靠案，在不影响基层院承办人阅卷的前提下，到基层院具体查阅卷宗、梳理案件事实、审查案件证据。共计审阅卷宗 100 余卷，全面了解案件证据情况，避免了单纯通过听取汇报指导案件所带来的局限性，同时通过对不同案件的审查，由点及面，加大对全市此类案件的指导力度。二是同步研讨明确审查思路。建立案件研讨机制，统一把握案

精准服务，深入分析企业司法需求

件的定性及证据标准。对在审查过程中发现的部分案件侦查思路不清晰、侦查方向不明确，认定事实和调取证据之间缺乏刑事因果关系等较重大问题，及时召开办案组成员论谈会，大家集体讨论分析，形成初步意见后向分管领导汇报。市院公诉处 12 次听取案件汇报，共同讨论案件审查过程中的疑难问题、证据规格，帮助区县院理清审查思路，同时明确补充侦查事项。三是同步沟通解决执法不统一问题。针对七起重点案件分属三个公安分局办理，对同一类事实的认定存在较大差别的问题，特别是针对主要犯罪事实涉及诈骗类犯罪的，因侦查方向的不一致，导致移送起诉的事实认定不一致，调取、组织和论证证据的方向也不一致。市院公诉处 7 次会同基层院承办人一起与公安机关具体侦办人员座谈讨论；3 次组织两级侦查部门与检察机关两级办案部门之间座谈讨论。进一步统一认识，达成相对一致的意见。避免出现相同情节的犯罪嫌疑人，在有的案件中被起诉，在有的案件中没有追究刑事责任的情况；避免出现相同的事实，在有的案件中被认定为犯罪被起诉，在有的案件中不认为是犯罪没有被追诉的情况；避免出现相同的事实，在有的案件中被认定为诈骗类犯罪，在有的案件中被认定为骗取贷款或不认定等情况。

二、"三环节"沟通强化左右协调，体现办案强度

1. 在侦查阶段，提前介入引导取证。对七起重点案件，各区县检察院均在侦查阶段派员提前介入，与侦查人员一起理清办案思路，明确侦查方向，引导公安机关根据各犯罪嫌疑人的主观故意及案中所起作用，确定涉嫌罪名，补充关键证据，为案件顺利侦结提供保障。耿某、唐某云贷款诈骗案，公安机关立案及侦查终结移送审查起诉，均为骗取贷款罪。东港区检察院提前介入侦查后，以贷款诈骗罪的证据规格提出了补充证据的方向及具体的证据要求。经补充相关证据，并对全案证据进行全面分析论证，将该案定性为贷款诈骗罪。更好地体现出罪责刑相统一的原则，能够更加准确有力地打击犯罪。

2. 在审查起诉阶段，主动联系及时补证。东港区院成立公诉专案组，主动提前介入宏伟集团案，和侦查人员召开案件沟通交流会7次，与审计人员商谈3次，引导公安机关突出补证重点、加大补证力度，边审查边引导补充证据100余卷，未经退查及时在审查起诉期限内起诉至法院，有效提高了工作效率，凸显了检察机关从快从严打击犯罪的良好效果。经与侦查部门沟通，同意撤回移送审查起诉21人，使无罪或疑罪的人免受法律追究。

3. 在审理判决阶段，加强对接统一认识。与法院建立疑难案件会商机制，在案件起诉后，主动与法院沟通案件情况，深化认识，统一打击标准。对情节严重、后果严重、社会危害性大的，建议依法从重判处。针对该类案件涉及银行账务等相关证据繁多的情况，通过召开庭前会议等方式，统一证据审查，保证庭审效果，增强指控犯罪力度。宏伟集团案，贷款诈骗、信用证诈骗犯罪事实107笔30余亿元；骗取贷款罪、骗取金融票证罪犯罪事实150笔40余亿元，一审法院均未提出异议。

三、"三层次"分析注重前后延伸，拓展办案深度

1. 根据证据追漏罪。办理七起重点案件共追诉漏犯 16 人、追诉犯罪事实约人民币 80 余亿元；通过正确使用法律让恶意逃废银行债务者得到应有的惩处，消除逃废银行债务人员侥幸心理，更好地实现办案的震慑效应和警示教育效果。全市违约企业与银行达成还款协议 10.9 亿元。2017 年底，全市不良贷款率下降至 5.34%。

2. "深挖资产"追赃款。公检法建立"深挖资产"追赃机制，明确将追赃工作贯穿办案全过程的原则。检察机关承办人无论在提前介入引导侦查取证过程中，还是在审查起诉过程中，都将深挖资产作为办案的重要内容。在提审犯罪嫌疑人、会见辩护人过程中，重点讯问资金流向以及现有资产情况；在案件办理过程中，联系侦查人员细查贷款资金去向，既证实其贷款用途，又为追赃打好基础，实现从快从重打击犯罪、确保法律效果的同时，最大限度挽回经济损失，确保办案效果最大化。全市通过办案查扣涉案资产价值 48.83 亿元。东港区院在办理秦某成等人以虚假煤炭贸易合同骗取银行贷款 260 万元案过程中，引导公安机关对犯罪嫌疑人骗取资金的去向调查取证，同时对犯罪嫌疑人开展释法说理工作，最终为银行挽回全部损失。

3. 结合案情提建议。认真落实党中央"谁执法，谁普法"的要求，针对办案过程中发现的一系列问题，提出检察建议延伸监督触角。在宏伟集团案开庭审理过程中，建议市打逃办组织由部分人大代表、政协委员、相关金融部门、企业负责人等近百人观摩庭审。当庭发表的公诉意见中，深刻剖析了犯罪原因及应吸取的教训，使被告人深受触动，同时得到旁听人员的一致好评。市院结合办案情况，对全市涉及金融贸易领域的犯罪案件进行全面调研，分析相关犯罪的特点、发生的原因，研究从源头上遏制此类犯罪的对策，向党委政府提出有针对性和可操作性的建议，向案发单位主管机关日照市银监局提出检察建议。通过延伸监督触角维护金融稳定，为经济社会发展和良好金融生态提供优质司法服务。

（2018 年全省检察长会议交流材料）

立德树人　法治先行
高标准打造青少年法治教育基地"日照模式"

日照市人民检察院

　　日照市检察机关牢固树立对未成年人"全面保护、综合保护、特殊保护"工作理念，高标准、全方位打造全国一流青少年法治教育基地，取得明显成效。日照市青少年法治教育基地列入首批"省级教育基地"，被评为 2017 年度"全省检察机关创新成果奖"。高检院未检办领导在全省检察机关青少年法治教育基地建设现场推进会上将基地建设称之为"日照模式"。

普法进校园活动

一、努力提高站位，深刻认识建设高标准青少年法治教育基地的重要意义

青少年是祖国的未来、民族的希望，少年强、则国强。为有效应对当前青少年犯罪罪名多样化、年龄低龄化、手段暴力化、心理问题诱因化的严峻形势，我们针对未成年人法治教育模式单一、资源分散的现状，精准施策，将建设集法治教育与法治实践为一体，符合青少年教育特点的法治教育基地为突破口，把青少年法治教育基地作为检察机关的"朝阳工程"去谋划，作为人民群众所关注的"民心工程"去拓展，积极创新青少年法治教育的新形式，努力护航青少年健康成长。

二、树立精品意识，力争建成全国一流的青少年法治教育基地

1. 规划合理。专门成立调研小组，多次到省内外知名青少年法治教育基地考察，形成科学合理的规划建设方案。注重资源整合利用，将基地设在五莲县科技学校实训中心内，打造全市"一小时法治教育服务圈"。采用检校共建模式，检察机关投资建设基地并对基地展厅内容升级更新，科技学校提供基地建设场所并负责基地日常运行管理维护，充分发挥双方优势，提升运营效果。

2. 功能齐全。基地占地3500平方米，分为序区、普法教育展区、法治与消防安全展区、法治与交通安全展区、法治与禁毒教育展区、安全自护教育展区，模拟法庭、科普教育厅、报告厅，以及心理疏导室、宣泄室、安全自护体验室、法言堂，形成"六区、三厅、四室"的格局。基地共有法治教育、消防安全、交通安全、禁毒教育、急救自护、科普知识、心理咨询等几十项内容，几乎涵盖与青少年健康成长有关的各个方面。

3. 形式新颖。在展厅设计上，重视体验性和互动性，寓教于乐，改变传统的以讲授方式为主的法治教育形式，将功能与造型相结合，借助"太阳型光柱""健康树""网络之殇"等艺术造型，增强观赏性和趣味性。利用现代多媒体、互联网、虚拟现实等高科技手段，形成数字化教学设备，设置地震求生、现场灭火、体感翻书、趣味抢答等体验互动环节，将创新与法治理念融入到实践学习活动中，提升教育效果。

4.注重实效。在功能设计上重视实效性，在基地设立观护帮教中心，建立"观护帮教+技能培训"模式，为相对不起诉、附条件不起诉未成年人提供技能培训。设立"七彩桥心理疏导室"和"心理宣泄室"，为有疏导和宣泄需求的青少年提供"一对一"心理干预和矫治。设立预防职务犯罪警示教育基地，将廉政教育融入大、中、小学生的法治教育，在青少年心中播下廉洁种子，并通过"小手拉大手"，提高家庭、社会廉政水平。

三、打造三个平台，推动青少年法治教育基地向更深层次发展

1.将法治教育基地建设成为教学相长的普法平台。深化检教合作，与教育部门会签意见，将实践基地纳入当地中小学校外教育的整体规划，定期组织全市中小学生到基地接受法治教育，在全市中学生一周校外拓展训练中，专门拿出一天时间到基地接受法治教育。合作共编《道德法制安全教育读本》，向全市中小学生赠阅，成为学生接受法治教育的"选修课"。深化检校合作，在6所中小学设立示范性"法治教室"，承担辐射周边学校法治教育的任务，并协助学校对老师进行培训，提高学校法治教育水平。深化教育方式，针对不同阶段学生的法治需求，开展分阶段、多层次的教学互动，同时从学生中聘请"法治宣讲员"，让学生影响学生，推动法治教育与法治实践紧密结合。引入"互联网+"，将基地的报告厅、模拟法庭与全市中小学多媒体教室连接，定期开放法治课堂和法治情景剧的同步直播，让学生坐在教室里就能接受法治教育，打通了法治教育"最后一公里"。如基地承办的"法治进校园"全省巡讲活动，在报告厅宣讲的同时，向五莲一中等学校同步直播，收到很好的巡讲效果。基地运行以来，约有2万余名中小学生在基地接受法治教育，部分家长和老师也共同参观。基地运用电子留言台、法言堂，收到心得体会1000余篇，取得良好教育效果。

2. 将法治教育基地建设成为司法为民的检务平台。基地既推动法治教育由重点人群向社会适当延伸，又成为宣传检察职能、践行执法为民的有效途径。充分运用报纸、互联网、"两微一端"对基地进行宣传，发表市级以上宣传信息100余篇，同时将检察职能、法律法规、重点案例在基地公开，拉近检群距离，树立检察机关良好形象。基地开放以来，已接待各级领导各类学习考察活动80余批次2000余人。我们还将教育基地作为检察人员锻炼的舞台、检察成果展示的平台，轮流安排年轻检察人员"当一天讲解员、做一堂辅导课、开一场模拟法庭"，提升检察人员素质能力，丰富基地内容。

3. 将法治教育基地建设成为共建共享的互动平台。牢固树立共建共享工作理念，与法院、公安、司法、消防、计生、团委、妇联等部门协调，将基地与各部门工作职能有机对接融合，作为开展模拟法庭、消防演练、卫生防疫、留守儿童安全自护教育，未成年人社区矫正等工作的基地。市教育局在基地挂牌"日照市青少年法治教育基地"，团市委将基地列为"青少年校外教育实践基地"。

（2019年3月全省检察机关未成年人检察工作会议交流材料）

把公安工作的标尺定位在人民满意上

日照市公安局

日照市公安局曾经是行风建设的后进单位。1995 年下半年，新一届局领导班子组建后，狠抓行风建设，大打翻身仗，很快扭转了被动局面。从 1996 年开始，连年被评为行风建设先进单位，2000 年又获得市直政法系统行评第一名。我局行风建设之所以发生这么大的变化，关键在于局党委高度重视行评工作，虚心听取行评意见，调整工作思路，始终把公安工作的标尺定位在人民满意上，根据人民群众在行评中提出的意见、建议，改进工作，转变作风。

一、实施《禁酒令》，刹风整纪，重塑公安形象

过去，民警喝酒误事、酗酒失态、酒后驾车肇事等违纪现象屡见不鲜，严重败坏了警察形象，群众讽刺我们有句顺口溜，叫做"日照公安，举杯就干"。群众在行评中给我们提出了这一问题。对此，我们局党委高度重视，下决心从酒上开刀，并以此为突破口和切入点，全面加强行风建设，重塑公安形象。1995 年 9 月，我们发布了《禁酒令》，严格禁止民警在工作日中午饮酒等十种涉酒行为。局党委成员在全体民警大会上郑重承诺：从我做起，向我看齐，对我监督。违令者不论是谁，坚决查处，决不搞下不为例。从《禁酒令》发布到 1995 年底三个月的时间，严肃处理了违令饮酒 13 起 24 人，对情节轻微的警诫，对情节严重的记大过，对屡教不改的坚决辞退。由于态度坚决，查出有力，一下刹住了喝酒风。紧接着我们又启动了以"一套文明用语、一张警民联系卡、一本群众留言簿、一辆便民服务车、一

民警与警务助理讨论工作

场岗位大练兵"为主要内容的"五个一"工程，收到明显社会效果，广大民警以崭新的形象展示在全市人民面前。

二、发扬优良传统，转变工作作风，以实际行动取信于民

侦查破案是公安机关的经常性工作。过去，民警办案吃住在发案单位，认为是天经地义的事情，发案单位负担重，群众说是"丢了一只羊，吃了一头牛"。行评中群众对此反映强烈。为解决这一严重影响警民关系和民警形象的问题，1996年初，我们公开向社会承诺：今后公安机关侦破案件一律自带铺盖，自开炉灶，不给群众添麻烦。一开始，不少单位和群众对此半信半疑。这时，东港区奎山街道发生一起重大杀人案，参加侦破的40多名公安民警，在案发现场附近租借5间民房，架起折叠床，垒起锅灶，奋战二十多个昼夜，案件成功告破。群众看在眼里，服在心里。几年来，我们的侦查员就是冬天一床棉被，夏天一顶蚊帐，成功侦破了一大批大要案件。特别

是一些有影响的杀人、抢劫、绑架案件侦破后，各界群众纷纷到公安机关赠送锦旗，鸣放鞭炮，表示祝贺和感谢。

三、实行警务公开，以公开促公正，以公正创满意

根据行评中群众的要求，我们本着能公开的事项全部公开的原则，把人民群众联系密切的 12 个警种的职责任务、办事程序、收费标准、投诉办法等全部向社会公开，实施"阳光工程"，以公开促公正，以公正创满意。针对群众对交通事故和治安案件处理意见较多的问题，我们制定了交通事故和治安案件公开调处规范，在各交警大队设立交通事故责任公开认定室和公开调处室，在各派出所设立治安案件公开调解室，对有一定影响的事故、案件，邀请人大代表、政协委员和各界群众列席旁听。自 1999 年实行这一制度以来，通过公开定则、公开调处的交通事故和治安案件，当事人满意率达96%。

四、以人为本，诚心为民，不断提高服务质量

2000 年以来，我们根据行评意见，在提高服务质量上采取了一系列新的举措。为方便群众对车辆的挂牌办证，实行车管业务一条龙服务，并增设16 处挂牌办证点。为杜绝"关系牌、人情号"，把所有待挂号牌全部输入微机，实行电脑选号，把选号权交给群众。为确保中小学生的交通安全，设立交警高峰岗、助学岗，定点定时护送中小学生过马路。为便于群众了解办事程序，各基层窗口单位普遍印制了办理各种手续的"明白纸"，办事群众一目了然，不让群众多跑一趟腿。各派出所还专门设置了便民留言簿，当民警出差在外时，群众可以把要办的事请写在留言簿上，待民警回来后，按群众要求主动上门服务。去年，我们又针对部分群众安全防范意识差，住宅被盗案件较多的问题，印制了"两分钟安全防范法"和"居民安全防范常识"，由辖区民警挨家挨户送到居民家中。广大群众说：我们想到的，警察想到了；我们没有想到的，警察也替我们想到了。

五、坚持从严治警和以德塑警，努力建设高素质的公安队伍

我们按照中央和省委、市委关于党风廉政建设和反腐败工作的一系列指示、要求，先后制定了《党风廉政建设责任制规定》《领导干部"一岗双责"约法三章》《公安民警违法违纪违规处理办法》等规章制度，在强化对民警思想政治教育、职业道德教育和纪律作风教育的同时，对队伍中出现的违法违纪问题不护短、不遮丑，坚决查处。1999 年年底，我们对本年度发生一般违规违纪的 6 名民警举办了为期一个月的思想教育学习班，学习结束后试岗 3 个月，期间只发基本生活费，试岗期满后根据工作表现安排适当工作。去年年底，在公安部开展的"三项教育"活动中，我们又分离出72 名民警进行素质培训，对全体民警起到了很大的警示作用。今年，我们根据公安队伍实际，又制定实施了《公安思想政治工作目标责任制》，建立民警思想状况定期分析、谈心交心、领导接访、8 小时外活动监督管理等规章制度和工作机制，实现了民警思想政治工作的经常化、制度化、规范化。对于这些措施，群众在行评中给予了充分肯定。由于抓队伍建设措施得力，全市公安机关连续三年没有发生民警犯罪和严重违纪案件，省市有关部门社会问卷结果表明，我市人民群众对社会治安和公安民警的满意率达到95% 以上。

（2001 年全国民主评议行风经验交流会议发言材料）

主动进攻　敢于亮剑
迅速形成对黑恶犯罪压倒性态势

日照市公安局

扫黑除恶专项斗争开展以来，日照市公安机关在省公安厅和市委、市政府的正确领导下，主动进攻，敢于亮剑，迅速形成了对黑恶犯罪压倒性态势。

一、提升政治站位，强力推进落实

提升政治站位，强力推进落实的具体措施有：一是党委政府高度重视。市委、市政府高度重视开展新一轮扫黑除恶专项斗争，主要领导旗帜鲜明，全市上下强势推进。今年以来，市委书记齐家滨多次听取扫黑除恶工作汇报，作出专门批示，市委常委会3次专题研究扫黑除恶专项斗争。二是公安机关强力推进。市局党委将专项斗争作为上合组织峰会安保的重要组成部分，纳入"铁拳"严打和"六个不发生"创建考核，市局"一把手"每周例会听取工作汇报。全市未发生造成影响的涉黑恶案件，未发生因涉黑恶违法犯罪引发的突出信访问题。三是注重专业化、规范化发展。5月份以来，市局党委研究通过了日照市公安机关《涉黑涉恶线索核查工作机制》《扫黑除恶特情工作机制》，市局扫黑除恶专业队建立协作联动、线索核查、宣传发动、挂牌整治、责任倒查等工作规范，推行最小作战单元工作机制，双人捆绑、以老带新、优化组合，缓解了警力难题，形成了尖兵效应。

二、突出重拳严打，强化重点攻坚

突出重拳打击，强化重点攻坚的具体措施有：一是坚持除恶务尽，打好歼灭战。聚焦涉黑恶问题突出的重点地区、重点行业、重点领域，把打击锋芒始终对准群众反映最强烈、最深恶痛绝的各类黑恶势力违法犯罪。截至目前，全市在侦涉黑团伙 1 个、移诉 1 个，打掉恶势力团伙 29 个，抓获涉黑恶团伙成员 195 人、刑事拘留 160 人，多项指标位居全省前列。二是围绕重点案件，打好攻坚战。副市长、市公安局局长张培林亲任专案组长，扫黑除恶专业队全力靠上，东港分局投入精干力量，全力推进"张氏兄弟"涉黑团伙案件。该案于 6 月 24 日移送起诉，以涉黑罪名移诉 33 人，破获各类刑事案件 17 起，缴获枪支 2 支，扣押、冻结资产价值 3368 万元。莒县公安局成功打掉以杨文革为首的重大涉黑恶犯罪团伙，抓获处理问题村干部 3 名，查明寻衅滋事、故意伤害等案件 26 起。三是政法部门协同，打好整体战。协调建立公、检、法联席会商会办机制，统一执法思想。6 月 15 日，

公安特警执行检查站查控勤务

全市扫黑除恶工作案件协调推进会议召开，市委常委、政法委书记耿学伟，副市长张培林，检、法等部门主要负责同志参加会议，对建立工作会商、办案协作、案件会诊、联合培训等制度进行研究部署。

三、强化线索摸排，限时通报移交

强化线索摸排，限时通报移交的具体措施有：一方面，深入摸排核查。通过走访摸排、警情研判、案件梳理等方式，对黑恶犯罪线索开展滚动式不间断摸排。共梳理重点行业领域报警信息 300 余条，核查涉黑恶线索 105 条，其中省厅重点督办线索 15 条。另一方面，健全移交机制。提请市扫黑办牵头纪检监察机关和公安机关建立涉黑涉恶线索移交核查、部门齐抓共管、刑事司法和党纪政纪处分衔接"三项机制"，对相关线索限时 5 个工作日内移交。目前，全市共打击处理问题村干部 7 人，党员 22 人。市纪检监察部门已对为犯罪嫌疑人充当"保护伞"的原东港区电子商务中心主任梁志刚、原开发区奎山街道夹仓四村党原党支部书记张守松、原支部委员尹衍军立案审查、开除党籍。

四、抓好宣传发动，放大宣传效应

提请市扫黑办印发《关于加强扫黑除恶专项斗争宣传工作的通知》，组织各级各部门充分利用报刊、广播、电视、网络等媒体宣传发动，鼓舞群众，震慑犯罪。目前，全市累计发放宣传资料 2.7 万余份，制作悬挂横幅 1300 余条，张贴各类通告 2.1 万余份。6 月 20 日，新华网、中国纪检监察报等媒体以"山东日照打掉一非法盗砂卖砂团伙 8000 方河沙牵出多个保护伞"为题，对我市扫黑除恶战果进行宣传报道。

（2018 年全省扫黑除恶专项斗争推进会议交流材料）

奋发进取　扎实工作
展现法律援助工作新作为

日照市司法局

日照市法律援助工作坚持以服务为民为宗旨，在维护社会稳定、维护司法公正、维护受援人合法权益等方面做出了积极探索实践，至 2004 年已有 7 项工作经验得到司法部和省厅领导的充分肯定，连续三年在全省综合考评中名列前茅。日照市法律援助中心先后被评为"省级文明法律援助中心""全省法律援助先进集体"，被市委市政府授予"行风建设示范窗口先进单位""人民满意的政法单位"等荣誉称号。

一、审时度势，不断增强法律援助工作的方在动力与活力

法律援助是一项基本的司法人权保障制度，也是司法行政工作一项新的职能，是党和政府的"德政工程"，在新的历史条件下具体生动地体现着执政为民，服务为民，是司法行政工作实践宗旨，服务大局富有活力的"增长点"。因此，我们倍加重视，重点培植，克服困难，不断注入动力与活力。

1. 健全机构网络。工作开展之初，在没有成型模式与经验的情况下，我们大胆实践，积极建议，成立全国第一个市级法律援助委员会，解决了工作初创阶段的许多重点、难点问题。2001 年以《山东省法律援助条例》颁布实施为契机，各区县全部成立正式列编的法律援助机构。同时，针对法律援助的对象和领域，积极与妇联、老龄委、残联、共青团、工会、武装等部门达成协作意见，在全市按系统成立特殊群体法律援助联络站 36 个。2002年按照重心下移、关口前移的要求，在大力抓好区县中心人员配置的基础

2013 年 6 月，全市行业性专业性调解现场会在莒县召开

上，将法律援助向乡镇、社区和农村延伸。特别是 2003 年 9 月《法律援助条例》颁布实施后，将法律援助覆盖面大幅度扩展，在乡镇依托司法所、民政办建立"法律援助联络站"，在农村调委会中聘任法律援助联络员，全市建站聘员面达 50% 以上， 2004 年达到每乡镇一站、每村一员的目标。乡镇以上还拥有各种形式的兼职人员 125 人，志愿者队伍 180 人，初步构建起具有日照特色的社会法律援助体系。

2.完善运转机制。以规范化建设为目标，初步构建起以国家、省的法律援助条例为核心的、在各个环节上都有章可循的制度体系。在内部管理与业务规范方面，修订完善《接访立案制度》《援助业务指导职责》《档案管理制度》《财务管理制度》等内部管理制度，并按照"四统一"原则，全方位规范援助案件承办程序，确定各个工作环节具体标准，探索实行若干配套措施，如率先实行为受援公民颁发受援资格证制度；对全市律师、公证员和基层法律服务工作者实行援助义务量化管理模式；制定实施《援助案件质量监督办法》《日照市法律援助联络站工作制度》等，保证法律援助活动有序进行。

3.落实保障措施。一是组织领导到位。市法律援助委员会每年召开一至二次专题会研究安排重点工作，每年召开一次全市法律援助会议，部署全面工作。二是经费保证到位。市县两级法律援助业务经费全部列入当地财政预算，市级业务专项经费每年不少于12万元，并确定比例逐年递增。同时，制定《关于接受社会捐赠法律援助经费的实施办法》，开辟多元化筹措援助经费渠道。三是基本建设到位。市中心房屋、汽车、电脑、摄像、文印等设施基本适应工作需要，区县中心硬件设施也有大幅度改善。在建的市政府第二综合办公楼确定为市法律援助中心拨出300平方米，办公条件将会改善。

二、奋发有为，努力促进法律援助工作上台阶、上水平

前几年，在机构新、人员少、基础差的情况下，集中对社会上有重大影响的疑难案件予以援助，先后办理二十余起疑难复杂援助案件，引起广泛赞誉和好评。面对新的形势任务，不断提高工作标准，调高工作起点，创新工作方法，加大工作力度，寓援助于服务之中，进一步提高了法律援助的社会效益。

1.围绕实践党的宗旨，为保护困难群众利益搞好服务。服务为民是法律援助的本质要求。为进一步方便群众，提高服务质量，我们把"148"法律服务热线功能合并到法律援助中心，实行24小时值班，将法律咨询、法律服务与法律援助结合一起进行，在耐心解答咨询的同时，积极开展上门服务，特别是对老、弱、病、残等困难群众，更是倾注满腔热情。去年，市法律援助中心联合多部门对碑廓镇董家忠父女被打致伤生活无着援助案、开发区残疾人牟墩建落实工伤待遇摆脱困境援助案等提供法律援助，引起良好社会反响，群众交口称赞"法律援助伸张正义，扶贫救困，办实事，办好事"。

2.围绕党委、政府重点工作，为维护大局搞好服务。在防治"非典"期间，法律援助集中发挥"148"法律咨询作用，配合"中心"释疑解惑。因政府采取关闭歌舞厅网吧等娱乐场所措施，引发经营业主对其合法性产生质疑，中心人员主动靠上，晓之以理，动之以情，示之以法，使之服从大局，配合各项防治措施的落实。追逃拖欠农民工工资是政府春节前阶段性重点工作，也是社会各界关注的热点和难点。根据上级部署，我们及时下发《关于积极开展农民工法律援助工作的通知》，与劳动、工会等联手行动，以法律手段维护农民工的合法权益，仅1月～2月份就办理该类援助案件15起，为农民工追回工资20余万元。

3.围绕筑牢第一道防线，为维护稳定搞好服务。我们把维护社会稳定作法律援助工作的出发点和落脚点，并在参与政府信访工作，特别是对一些集访案件的困难群众提供法律援助。如齐鲁公司兼并乡镇企业建材公司过程中，引发128名职工集体上访，法律援助中心按市政府要求积极介入，在弄清事实真相的情况下建议成立特别专案组，将该案纳入不同法律程序，最终获得妥善解决。日照轻骑集团部分退休职工因工资待遇问题准备进京上访，我们立即赶到现场，耐心细致地说服，及时纳入诉讼程序，维护了退休职工合法权益，一并解决若干连带问题，达到政府满意、当事人满意的效果。

三、强根固本，提高法律援助队伍内在素质

做好法律援助工作，要求法律援助人员必须有优良的思想品德、过硬的业务水平和无私的奉献精神。我们坚持不断地在援助工作人员中开展理想宗旨、人生观、价值观教育，引导他们树立积极向上、吃苦耐劳、任劳任怨、无私奉献的精神，并扎实推进行风建设，实行政务公开，各项规章制度、办案程序、人员的工作分工、监督电话等全部上墙，承诺对申请援助或来访群众做到"四心"，即一杯热茶送上爱心，认真询问热情细心，听其陈述认真耐心，负责办理一片诚心。全市援助人员恪守承诺，努力为受援对象排忧解

难。据统计，全市法律援助工作人员每年自掏腰包为申请援助贫困群众购买车票、安排生活和住宿费用达 2000 多元，树立了法律援助队伍的良好形象。同时，狠抓业务知识学习培训，每年举办两次培训班，除学习专业知识外，重点学习法律援助条例及新修订、新颁布的法律法规。近几年来，全市共承办法律援助案件 1500 起，为受援人挽回经济损失 4750 余万元，接待群众来信、来访达 35 000 余人次，获得政府无偿法律援助的人数达 2200 人次，多次得到市委、市政府的肯定与表扬。

（2004 年 2 月 27 日全省司法行政工作会议交流材料）

精心组织　分类指导
推动法治创建工作全面发展

日照市司法局　日照市普法办

日照市坚持县乡村一体建设、点线面共同推进，法治创建工作水平不断提升，被命名为全国"六五"普法中期先进城市，有 2 个县（区）被评为首批全国法治县（市、区）创建活动先进单位、3 个村（社区）被评为全国民主法治示范村（社区）。

一、优化环境，汇聚合力

日照市委、市政府下发《关于在全市开展法治城市、法治区县、法治乡镇（街道）创建活动的实施意见》，成立专门工作班子，设立协调指导小组，市普法办坚持半年一检查、一年一考核、两年一表彰，层层传导压力，逐级压实责任，形成了协调联动、齐抓共管的工作格局。2013 年 9 月，市委、市政府在岚山区召开法治建设现场会，调度推动法治建设工作。2014 年 11 月份，日照市人大常委会对法治创建工作进行了两天的专题视察，就下一步工作提出具体指导意见。刚刚结束的市委十二届六次全体会议明确提出，以全面建设法治日照为目标，深入开展法治城市、法治县（区）、法治乡镇（街道）、民主法治示范村（社区）和法治学校、法治企业等创建活动，标志着法治创建工作已纳入经济社会发展大局，为深化法治创建工作提供了政策支撑。

二、强基固本，夯实基础

2013 年以来，日照市委、市政府先后召开全市县域司法行政规范化建设东港现场会、行业性专业性人民调解工作莒县现场会、社区矫正工作五莲现场会、法治建设工作岚山现场会、法律援助工作莒县现场会,一次会议突出一个主题、出台一套政策、制定一个落实方案,并成立专项督查组跟上督查督办,努力为深化法治创建工作夯实基础、搭建平台、提供支撑。

在县域司法行政规范化建设东港现场会的推动下,县级"四个中心"建设全面完成,"一站式"平台服务进一步整合强化;基层司法所改造升级步伐加快,年底将基本达到省级规范化标准。在行业性专业性人民调解工作莒县现场会的推动下,以建立"医患、劳资、道路交通"调处中心为抓手,建立"面对面、实打实"的调解防控体系,每年调解纠纷 1.5 万余起,筑牢了维护稳定的"第一道防线",省长郭树清实地调研后给予高度评价,莒县在全省平安建设工作会议上作了经验介绍。在社区矫正工作五莲现场会的推动下,刑罚执行示范区和县(区)基地建设全面启动,省委常委、政法委书记才利民对五莲县社区矫正工作作出批示,认为值得总结推广。在法治建设工作岚山现场会的推动下,率先在全省建立领导干部带头学法讲法制度,推行领导干部、公务员学法用法和普法考试无纸化工作,中国社科院有关专家先后 4 次来我市专题调研,省厅召开观摩培训会,总结推广我们的经验做法。在法律援助工作莒县现场会推动下,完善以案定补政策,构建起政府主导、全额保障、覆盖城乡、惠及全民的法律援助体系,1 月~10 月,办理法律援助案件 1743 件,同比增长 30%。市法律援助中心先后被授予全国"十佳法律援助单位"、全国法律援助"便民服务示范窗口"等荣誉称号。

三、分类指导,联动创建

1. 加大普遍建立法律顾问制度工作指导力度,扎实推进法治政府建设。将法律服务列入政府购买服务范围,建立完善财政经费保障机制,并在东港区进行试点,用政府购买法律服务的方式,竞聘 36 家法律服务机构、318 名法律工作者,担任东港区政府及 9 个乡镇(街道)、区直 53 个部门(单位)、220 个村居(社区)和 100 余家规模以上企业的法律顾问,构建全方位法律顾问服务体系，为政府依法行政、企业守法经营、群众遇事找法提供了便利和保障。这一做法被司法部印发推广。市委、市政府近期召开现场会，推动全市党政机关、企事业单位、村居社区普遍建立法律顾问制度。

2. 加大民主法治示范村（社区）建设指导力度，扎实推进基层法治创建。认真落实"四民主两公开"制度，使村级管理日趋科学化、民主化、规范化。推行"一村一顾问"制度，组织法律顾问对80%的村规民约进行了修订完善，使依法建制、以制治村实现了新进展。建立"社区律师会客厅"和"名人调解室"，使村居（社区）群众享受到优质高效的法律服务，群众的法治意识明显增强，办事依法、遇事找法成为新常态。

3. 加大重点对象普法教育指导力度，扎实推进法治社会建设。紧紧抓住领导干部这个"龙头"，指导岚山区率先建立领导干部带头讲法制度，协调市委党校将法治教育列入干部培训课程，带头学习法律、带头遵守法律、带头依法办事已逐渐成为领导干部的自觉行动。紧紧抓住青少年这个"源头"，指导东港区在中小学开展"小手拉大手、普法进万家"亲子学法活动，形成了学生、学校和家庭"三位一体"学法用法格局。紧紧抓住农民工这个"大头"，指导推行农民工遵纪守法合格证、依法维权受援证"双证合一"制度，持证农民工无一人违法犯罪。紧紧抓住企业这个"重头"，组织指导律师开展"法律体检"活动，帮助1000余家企业建立法律风险预测应急机制，为580家企业修订规章制度，指导136家企业开展法治企业创建活动。

四、创新方法，提升成效

1. 注重打造特色品牌。把抓品牌作为推动工作、提高水平的重要突破口，鼓励和支持各县（区）开展形式多样、丰富多彩的品牌创建活动，形成了东港区法德共建、岚山区微博普法、莒县"1+10"模式、五莲县"进家入户"工程等系列法治创建品牌。这些不同方面、不同领域打造的品牌，形成了鲜明的工作特色，引领法治创建工作不断实现跨越。

2. 构筑法治宣传阵地。加强协调指导，出规划、出政策，强化经费保障，建立起点面结合、纵横交织、覆盖城乡的法治文化建设和法制宣传教育示范基地网群。目前，全市有法治文化示范点 87 个、法治文化示范基地 64 个、法治宣传教育示范基地 56 个、法治文化一条街 720 余条。东港区法治文化广场、五莲县法治文化公园、日照海关被命名为全省法治文化建设示范基地。

3. 实施法治惠民工程。把法治创建与法律服务结合起来，以法律服务推进法治创建。制定出台《关于进一步加强律师队伍政治纪律建设的意见》和《关于进一步加强律师队伍职业道德建设的通知》，着力解决律师队伍存在的片面追求经济效益、不正当竞争、乱收费等问题。制定出台《关于在全市公证行业实施公证惠民措施的通知》，对 10 类公证事项给予开通"绿色通道"，每年办理公证案件近 3 万件，一直保持"零错证、零上访、零投诉"，市阳光公证处先后被评为"全国优秀公证处""全省十佳公证处"。组织开展以"诚信规范、执业为民"为主题的司法鉴定行风建设专项活动，推动了司法鉴定行业持续健康发展，实现了数量和质量"双提升"，1 家鉴定机构被省厅记集体二等功。通过高质量的法律服务，化解纠纷、定分止争，法治创建工作水平明显提升。

（2014 年 12 月 4 日全省法治创建会议交流材料）

创新体制机制　做好结合文章
不断提高社区矫正执法规范化水平

五莲县司法局

社区矫正是司法行政机关的硬抓手、硬任务，是执法规范化建设的"重头戏"。五莲县司法行政工作围绕全县中心工作，发挥司法行政人员法律基础好、善于做群众工作的优势，服务大局、服务群众、服务社会，维护全县社会政治稳定，2010 年～2014 年连续五年获得"全省司法行政系统先进集体"荣誉称号。

一、创新社区矫正管理体制，建立"一基地三平台"

1. 构建"一体化"管理基地，有效实施集中管理。2011 年依托原洪凝街道公益劳动基地，流转土地 1700 亩，投资 2000 余万元建设县曙光基地，分监督管理区、教育培训区、心理矫正区、公益劳动区、技能培训区、过渡性安置区、就业安置区 7 个区域，业务用房面积近 8000 平方米，成为集监督管理、教育培训、帮困扶助、心理矫治、电子监管等多功能于一体的新型社区矫正中心。

2. 搭建专业管理平台，明确管理机构。2012 年在县司法局加挂"五莲县社区矫正管理局"牌子，内设刑罚执行科、教育培训科、社区服务科、安置帮教科、心理咨询室、综合科（信息指挥中心）6 个机构，为社区矫正工作规范开展提供了机构保障。

3. 搭建协同管理平台，完善联动协作机制。一是建立衔接机制。发挥县综治委特殊人群管理领导小组职能作用，健全联席会议制度，明确部门职

鲁南监狱传统文化讲师在五莲县社区矫正基地举办社区服刑人员教育学习讲座

责分工，确保各项工作有效衔接。二是建立调查评估机制。受法院、监狱委托，组织开展了非监禁刑罚人员审（裁）前社区矫正环境调查评估工作，先后对 85 人进行了判缓前、假释裁定前调查评估。三是建立无缝对接机制。县社区矫正管理局与法院、监狱建立社区服刑人员报到"回执单"制度，与检察院、监狱建立信息核查通报和罪犯集体移交制度，与公安机关建立社区服刑人员脱管漏管追查和突发事件应急处置制度，实现了社区矫正工作全程与公、检、法、监狱等职能部门无缝对接。

4.搭建信息管理平台，实施网络定位管理。建立覆盖全县的社区矫正定位管理平台，运用北斗和移动定位技术，对符合监管条件的 186 名社区服刑人员实行电子镣铐或手机实时定位监管。

二、创新社区矫正工作机制，丰富矫正内涵

1.完善措施，严格监管。一是加强人员管控。对社区服刑人员实行"县衔接、镇管理、村登记"，坚持"每周必问、每月必访"，做到人员底数清、日常表现清、家庭情况清、思想状况清。二是采取"1+5"模式，成立矫正小组。为每名社区服刑人员成立由一名司法所工作人员为组长，社区民警、村居（社区）负责人、所在单位或者学校负责人、家庭成员或者监护人、社会志愿者5人为成员的矫正小组。三是加强监督检查。采取"听、查、看、访、问"形式，每年两次对各乡镇（街道）社区矫正工作进行专项监督检查，促进规范执法。四是严格考核奖惩。对社区服刑人员日常表现实行"日记载、周评议、月考核"，对表现良好的社区服刑人员给予奖励，对不服从、不配合管理的给予处罚，维护刑罚执行的严肃性和权威性。

2.拓宽形式，抓好教育矫正。一是加强思想教育。为每名社区服刑人员印制《学习资料》《法律常识问答》和专用学习资料袋、笔记本；聘请政法干警讲课，开展思想道德、法制、时事政治等方面的教育，每月不少于8小时。以"崇德尚法、明理笃行"为主题，建设法治文化公园，寓学法于矫正、教育之中，引导社区服刑人员树立正确的价值观，增强法制观念。二是强化劳动教育。社区服刑人员每月在基地集中劳动不少于6小时，在镇村参加公益劳动不少于2小时。三是开展心理教育。采取分类教育和个别教育方式，开展心理咨询和心理危机干预，为社区服刑人员实施心理矫正197人次。

3.有效对接社会，做好帮扶工作。一是开展过渡性就业帮扶。县曙光基地可为"三无人员"提供3年～5年林、农、工不同方面劳动机会，并指导推荐社会就业280余人次。二是开展劳动技能帮扶。先后举办电焊、缝纫、烹饪等培训班9期，培训社区矫正和刑满释放人员470余人次。三是创新帮扶模式。建立社区矫正贴吧、QQ群，定期组织社区服刑人员家属（监护人）座谈会、家访、回访，动员家庭力量参与社区矫正工作。

三、创新社区矫正保障机制，加强规范化建设

1.强化队伍保障。按照"职业化、专业化、社会化"要求，建立专群结合、专兼结合的"3+2"社区矫正队伍。"3"即由县司法行政干警组成的专业队伍，由招聘社会工作者组成的协管员队伍，由村居干部、人民调

解员、党员、群众等组成的志愿者服务队伍；"2"即村（居）干部和社区服刑人员近亲属两支帮扶队伍。

2.强化制度保障。围绕组织领导、队伍管理、监督管理、衔接协调等方面，制定出台社区矫正工作意见、工作人员守则、工作制度、社区服刑人员考核奖惩办法等制度，保障工作实施。构建适用前社会调查评估、入矫初人身危险评估、矫正中教育效果评估、解矫后总体矫正质量评估"四段式"风险评估制度体系，严把社区矫正"入口关"和"出口关"，控制社会风险，消除社区安全隐患。

3.强化基础保障。将社区矫正工作经费列入财政预算，保证社区矫正工作基本运转需求。在此基础上，通过增加经费、增加设施、给予优惠政策等方式支持和促进社区矫正工作，初步构建起了运转协调、配套完善的社区矫正基础保障体系。截至目前，基地已累计接收社区服刑人员1227人，解除764人，在册管理463人，无一人重新犯罪。

（2015年9月全省司法行政机关执法规范化建设推进会交流材料）

创新"双证"管理办法 切实保障农民工守法维权

日照市普法办

2007年，日照市普法办通过在东港区开展试点，积极探索农民工法制教育和依法维权的有效机制和途径，创新实施"双证"（农民工遵纪守法合格证、农民工依法维权受援证）管理办法，将农民工学法考试成绩、须遵守的法律法规、农民工依法维权的途径以及市、区法律援助中心的联系电话等，统一编印在册，由农民工随身携带，发证单位跟踪监督管理，实现农民工学法、守法和用法维权的一体化，取得显著成效。自试点工作开展以来，先后发放"双证" 3600 余份，持证农民工无一人违法犯罪，并有 30 人次依照证书提示寻得法律援助。

一、加强普法宣传，组织农民工考"证"学法

我们把农民工作为普法重点，从他们的认知水平和实际需要出发，采取有效措施，重点加强宪法、劳动合同法、治安管理处罚法、道路交通安全法、法律援助条例等法律法规的宣传教育，不断强化农民工的法制观念。一是落实普法责任。制定《农民工学法用法制度》，落实组织农民工学习法律的责任，明确在输出地依托村居委，利用春节前后空闲时间，集中对外出务工人员进行法制培训，并把考试合格作为办理"遵纪守法合格证"先决条件；在输入地按照"谁主管、谁用工、谁负责"的原则，引导用工单位在用工前搞好法律集中培训，强化农民工的法制意识。二是创新普法形式。在抓好集中教育培训的基础上，定期组织由律师、基层法律服务工作者参加的普法讲师团，深入农民工居住地、施工地、企业车间、农贸市场等场所，通过

开办讲座、布置展版、发放宣传资料、现场咨询等形式，指导农民工学习法律法规。今年仅东港区就举办送法到农民工集聚地、送法进社区等专题宣传活动 48 场次，发放普法资料和通俗读物 11 余万份。工作中，针对不同单位、行业的特点，精心选择有针对性的内容和切实有效的组织形式，促进农民工学以致用、以用促学。如在江豪建材批发市场采用集中选讲、法律咨询等形式，侧重宣传刑法、社会公德、治安管理和劳动保护等方面的法律法规；在企业较多的高新区采用个案剖析、宣传图板等形式，侧重宣传环境保护法、安全生产法等法律法规，促进农民工对法律的学用结合。三是营造普法氛围。坚持在农村及城市社区、农民工集居地，把生产生活中常用法律法规以"三字经""顺口溜"等形式，喷涂上墙，制成匾牌，突出立体化宣传。东港区已在 95% 的村居建成普法街，在 90% 的企业、市场、建筑工地建起法制宣传栏或法制一面墙，实现出门见法、行路学法。他们还积极联合有关宣传媒体，通过演播以案学法节目以及宣传车、标语、文艺演出等形式，使普法宣传更加通俗易懂、深入人心。

二、加强跟踪管理，督促农民工遵"证"守法

在广泛开展法制宣传教育的基础上，组织村居委或用工单位与考试、评议合格的农民工签订守法维权协议书。协议书以双向承诺的形式，重点将村居委（或用工单位）应保障的农民工权益、农民工务工期间须遵守的法律及履行的义务予以明确。为促进协议书的履行，特别是督促农民工遵"证"守法，探索实行"一人一表、一人一档、一年一签、一年一检"跟踪监督管理措施。在输出地，责成村居委对持证农民工登记造册，严格落实定期联系制度，固定专人每季度至少与农民工联系一次，特别是在农民工节日或农忙时节返乡时，组织人员及时询问其遵纪守法情况，了解其与用人单位签定、执行劳动合同和安全生产合同等情况，对发现的各种问题及时给予指导改进。在输入地，要求用人单位认真做好持证人学法用法以及诚信守法情况记录，向发证单位及时进行反馈，以强化对农民工的守法约束。通过加强跟踪监督

管理，既将农民工手中的证书变成严格自律的"责任书"，也变成敲开用工之门的"保证书"。陈疃镇一位农民工往年外出打工，用工企业总是要求由当地居民担保，今年持盖有村委公章的"双证"顺利找到工作，还当了企业仓库保管员。

三、加强法律援助，服务农民工依"证"用法

外出务工，拖欠工资、人身安全、伤病治疗等成为农民工经常遇到的棘手问题。为引导农民工运用法律维护自身权益，我们把"双证"确定为"农民工依法维权受援证"，印上市、区法律援助中心联系电话，具体明确农民工依法维权受援范围及求援方式。在此基础上，出台《关于加强农民工法律援助工作的意见》，在工会、建委、劳动保障等部门设立农民工维权接待站，公布27个农民工权益维护热线电话，明确对农民工请求优先解答，构建起农民工寻求法律援助的"绿色通道"，有效避免农民工在合法权益受到侵害时不知如何维权以及实施过激行为维权等问题。为方便农民工寻求法律援助，明确市区范围内农民工持"双证"即可得到援助，程序简单，办事方便；农民工请求用人单位支付劳动报酬及请求用人单位支付医疗费、伤残补助费、伤残津贴等工伤待遇，只要提供"双证"或有效身份证明，不再审查经济困难情况，可直接给予援助。西湖镇一孔姓农民工在某建筑工地从9米高处摔下，构成9级伤残。索赔无果下，孔某持"双证"到东港区法律援助中心请求援助，援助中心依据"双证"记载的信息当场给予援助，经法律程序索赔医疗、伤残补助费用等4万余元。2007年，市、区司法服务机构共现场接待或电话受理农民工法律咨询1430余人次，接受农民工维护权益请求72人次，均给予认真解答或圆满解决。

（2007年11月全国部分省、区、市农民工法制教育工作座谈会交流材料）

第六章　省以上简报推广的经验

山东省日照市强力推进"一线工作室"建设

日照市委政法委

今年以来，山东省日照市着眼于做好新形势下的群众工作，按照"警力下沉、一线服务、群众满意、共筑平安"的工作思路，组织全市政法系统在所辖村居（社区）、重点工程项目建立"一线工作室"，着力打造服务群众的一线平台，形成了"干警受教育、群众得实惠、执法上水平"的执法服务新机制。

一、因地制宜，分类创建

1. 创建"大项目法律服务工作室"。由市委政法委、市综治办牵头负责，政法各部门共同参与，在全市 189 个大项目、重点工程区域内设立"大项目法律服务工作室"，政法各部门派驻干警现场联合办公，形成合力，主动为大项目提供法律咨询服务、预防和打击违法犯罪、化解矛盾纠纷，为大项目、重点工程建设顺利推进创造良好法治环境。实行"一个政法单位包保一个产业园区、一名政法领导干部联系一个大项目"的包保制度和联席会议制度，帮助研究解决大项目、重点工程推进过程中遇到的执法问

社区民警开展入户走访征求意见建议

题，做好保障服务。

2.创建"驻村（社区）法官工作室"。由系统法院牵头负责，在所辖中心村居（社区）挂牌设立以法官名字命名的"驻村（社区）法官工作室"，向群众发放"便民联系卡"，公开联系电话。"驻村法官"围绕党委、政府中心工作，走访联系群众、了解社情民意，提供法律咨询、调处简易纠纷，指导民事调解，进行普法宣传、案例讲解，协助办理立案手续和解决信访问题，为困难群众做实事、办好事，为辖区经济社会发展提供优质高效的司法服务。

3.创建"民生检察工作站（室）"。由检察机关牵头负责，依托乡镇（街道）综治维稳工作中心，设立"民生检察工作站（室）"。"驻站（室）检察官"主要负责宣传、介绍检察工作；了解和掌握群众提出的控告、申诉、举报和民事行政申诉情况，查办损害农民、村集体利益的各类犯罪行为；了解社情民意，开展法制宣传、提供法律咨询和开展预防犯罪工作；掌握影响社会稳定的倾向性问题，开展涉检矛盾纠纷排查化解，做好教育疏导和稳控工作。

4. 创建"警官任村官工作室"。由公安机关牵头负责，选拔优秀民警由所在辖区乡镇（街道）党委任命，兼任治安落后村居（社区）的党支部副书记，设立"警官任村官工作室"。"驻村警官"主要负责了解民情，搜集信息，为群众提供治安管理服务和法律咨询，对各类矛盾纠纷苗头做到"第一时间掌握、第一时间处置"；参与村委会工作，维护村内治安，打击震慑违法犯罪，指导建立村级调解、巡逻等综治队伍，协助治安被动落后村居实现转化，加强村居（社区）流动人口服务管理，构建和谐警民关系，确保基层治安工作"时时有人抓、事事有人管"。

5. 创建"人民调解工作室"。由司法行政机关牵头负责，依托所辖乡镇（街道）建立以司法行政干部或者以调节钩工作人员名字命名的"人民调解工作室"，主要从事人民调解、普法宣传、法律服务、社区矫正、矛盾纠纷排查化解、指导完善村规民约、实施诉调对接等工作，预防减少矛盾纠纷发生。

二、规范运作，发挥作用

1. 力量在一线配置。选派到"一线工作室"任职的工作人员原则上为在编正式干警，具有一定的基层工作经验，业务精通，群众基础好、威信高。派驻干警每周到"一线工作室"工作不少于一次，联系电话保持 24 小时畅通。全市各级政法机关有计划地选派 200 余名年轻干部、后备干部特别是新进大学生到"一线工作室"挂职锻炼，使他们在一线了解基层、丰富阅历、增长才干。

2. 民情在一线了解。派驻干警与群众谈心交流，广泛收集群众的意见、建议，撰写《民情日志》，做到民情心中有数、问题记录详细，每季度进行一次分析汇总，形成有数据、有分析、有措施的民情调研报告，及时向党委、政府及有关部门通报。今年以来，全市政法机关通过"一线工作室"搜集各类维稳信息 1300 余条，提供维稳工作情况及应对建议、措施 150 余件次。

3.问题在一线解决。将派驻干警姓名、职务、办公时间、地点及联系方式全部向群众公开，及时处理群众反映的问题和诉求，依法维护群众合法权益，为基层群众提供"零距离、全天候、低成本、便捷式、高效率"的执法服务；充分利用"一线工作室"接近群众、熟悉群众的优势，进一步畅通民意诉求表达渠道，真正把各类矛盾纠纷化解在基层和萌芽状态。

4.感情在一线融合。派驻干警在一线工作中坚持以积极、热情、文明的态度接待、联系、服务和帮助群众，开展"一个政法支部联系一个基层支部、一名党员干警联系一个帮扶对象"等主题教育实践活动，通过捐款捐物、走访慰问、扶贫济困等方式，为基层群众办实事、做好事、解难题，再为群众服务的过程中加深群众感情，密切与群众的联系。

5.干警在一线考评。制定"一线工作室"考核办法，定期听取工作情况汇报，进行督导检查和年度群众满意度测评，将派驻干警履职情况纳入干警业绩考核和干警经常性考查内容，对工作开展出色的，予以表彰奖励，重点培养，在晋级晋职、评先树优时优先考虑，对工作敷衍塞责的严肃追究责任。

6.形象在一线树立。"一线工作室"的设立，使群众足不出户就直接感受到实实在在的执法服务，看到政法机关执法作风的转变。派驻干警主动铺下身子，深入一线，从群众最不满意的事情改起，从群众最希望的事情做起，注意以自身言行影响、教育和带动群众，赢得群众尊重，工作中坚持食宿自理、不给基层添麻烦增负担，在一线树立政法机关公正、廉洁、文明的良好形象。

（2011年中央政法委《政法动态》深入推进三项重点工作专刊第61期）

统筹推进城乡社区建设
均衡发展城乡社区公共服务

日照市东港区委政法委

2012 年，东港区先后被确定为"全国农村社区管理和服务创新实验区""全省社会管理创新综合试点区"。我们以此为契机，坚持城乡统筹理念为先导，把城乡社区建设作为统筹城乡经济社会发展、推进城乡一体化发展、深化社会管理创新的重要载体和抓手，坚持统筹规划布局、统筹服务管理、统筹资源整合，着力推进城乡社区一体化发展，有力提升了城乡社会服务管理水平，改善了城乡社区人居环境，增强了社区居民群众的满意度和幸福感。今年上半年，群众对社会治安满意度达 95.83%，同比上升 0.2%。

一、统筹规划，均衡推进城乡社区建设

坚持因地制宜，科学规划，合理布局，分类推进，统筹探索符合东港实际的城乡社区发展新模式。一是全域统筹规划城乡社区。根据地域特点和经济发展分布现状，确定了"东中西"三大区域经济发展板块，即东部为现代服务业发展区，中部为新型工业区，西部为生态特色农业区。我区坚持"东港全域、城乡一体"的发展理念，着眼于全区 918 平方公里，按照"东中西"三大区域经济发展板块，配套构建"东中西"三位一体的城乡社区空间格局，推进城乡社区科学规划、一体发展。二是统筹规划布局城市社区。坚持人口与用地相适配、坚持资源集约配置、坚持尊重现状边界、坚持社区边界均衡规整、坚持社区边界不跨越交通干道、坚持利于社会阶层融合等六项原则，着眼于居住集中、便于管理，以路街巷等为界，分纯商业房地产开发

社区、城中村改居社区、城市片区改造社区三种模式，在城市规划区内规划了86个城市社区，每个社区人口规模一般为3000人～10 000人，力争5年内全区实现城市社区全覆盖，90%以上的城市社区成为"居民自治、管理有序、服务完善、治安良好、环境优美、文明祥和"的和谐社区。目前，我区参照居民入住率等指标，按照成熟一批、组建一批的原则，通过保留、新建、整合等方式，已经完成了70个纯城市社区的组建任务，有效促进了零散小区统筹纳入城市"大社区"统一管理。三是统筹规划布局农村社区。结合推进"全国农村社区管理和服务创新实验区"试点工作，根据村庄地域分布、经济发展、产业特点、历史因素、群众认同感等情况，探索实行中心村辐射、合村并居等模式，将农村社区分成一村一社区、多村一社区等多种类型。"一村一社区型"原则上村庄人口规模在2000人左右，"多村一社区型"服务半径一般不超过2公里～3公里，辐射3000人～5000人。全区规划建设农村社区80个，其中一村一社区3个，多村一社区77个，每个社区服务中心按照建筑面积不少于500平方米、室外活动场所不少于1000平方米的标准规划建设，社区服务中心统一内设"一厅"（综合服务大厅）、"十室"（党员活动室、村民议事室、社区卫生室、警务室、计生服务室、图书阅览室、文化活动室、居家养老社区日间照料室、志愿者服务室、残疾人康复训练室），配备必要的便民服务设施，为社区居民提供优质、高效、便捷的服务，力争到2013年全区农村社区全部建成，到2015年底，全区农村社区全部建立新型的社区管理服务体制。目前，我区已完成51个农村社区组建工作，社区功能完善，运转良好。

二、科学管理，着力提升城乡社区服务效能

坚持民生为本，通过网格化管理、信息化支撑、全方位服务、公众化参与，统筹拓展社区服务领域，丰富社区服务内容，改进社区服务方式方法，改善社区人居环境，强力推进城乡公共服务均衡发展，满足社区居民物质文化生活需要。一是大力实施网格化管理，构建全员化、无缝隙的的社区管理

网格员在社区进行法治宣传

服务体系。按照"定格、定人、定岗、定责"的要求，对已建成的 56 个农村社区、70 个城市社区探索实施"网格化"管理。在农村社区，以"十户联组"划分网格，即坚持"治安联防、矛盾联调、困难联帮"的原则，每十户建立一个联组网格，每网格设一名网长（党员或群众代表），负责格内安保、纠纷调处、民政优抚、特殊人群管控、社区矫正、信息报告等事务，由镇综治办进行考核备案，层层签订责任状，以网格小平安推动农村社区大平安，建立起"邻里守望、联组共防"管理服务网络。同时，充分发挥"一警多能、一室多用"的作用，确定辐射面广的 30 个农村社区和 7 处校园，投资 500 余万元高标准新建 37 处农村警务室，并由财政负担新招聘 74 名协警充实到农村警务室，与社区（村居）治保力量联勤联动，对所驻社区和周边村居实行治安联防、矛盾联调、问题联治，逐步形成农村社区网格化管理的"地网"系统，提升农村社区群防群治效能；在城市社区，采取"百户联管"的方式设置网格，即坚持"条块结合、属地管理、高效服务"的原则，对城区社区以 100 户左右居民（或一栋楼）划分为一网格，依托社区服务中心实施"111 服务法"，即 1 名党员（或离退休干部）任网长、1 名社工为联络员、1 名平安志愿者任楼长，初步形成了 1300 多人的网格固定服务队伍，逐步把人、地、物、事、组织等要素全部纳入网格，实现管理全覆盖、服务零距离，确保"小事不出网格、大事不出社区"。二是以信息化为支撑，提升社区管理服务水平。加快建设统一的区级社会管理服务信息指挥平台，主要设置呼叫中心、短信平台、网上诉求、电子阅览室、信息服务等板块和自助终端，进一步规范城乡社区各类信息的采集上报，为居民提供便捷性的综合管理服务。结合社区"六进"，完善社区内常驻、流动、暂住、出租、商住等人员电子档案信息，将公安、计生、民政等 14 个部门的管理信息资源联网运行，打造实有人口信息资源共享平台，实现了社区暂住（流动）人口"人、房、业、证"四项联管，提高社区管理服务信息化水平。同时，制订社区视频监控建设布点方案和实施方案，积极推进治安视频监控进社区，社区之间互相联网，并与已经设立的遍布城乡的 1.68 万个视频监控探头全部整合联网，以信息化手段实现对社区治安防范的全天候监控，维护社区治安稳定。三是实行全方位服务，大力推进城乡社区公共服务均等化。加快推进城市公共服务向农村社区延伸和覆盖，着力在城乡社区均衡发展社会救助、劳动就业、综治安全、卫生计生、文化体育和便民利民等各项社会事业，向城乡社区居民提供均等化服务，进一步缩小城乡社区差距，逐步推进城乡统筹发展。建立和完善以社区服务中心为依托、政府公共服务为主体、自助互助服务和市场化服务为"两翼"的社区服务体系，通过在社区设立为民服务代办点或便民服务中心，将财政补贴、经管审计、民政优抚、劳动保障、合作医疗、农技服务、计生服务、水利建设、综治调解等与社区居民日常生产生活密切相关等由镇级办理的服务项目下放到社区直接办理，不能直接办理的由社区代办，对于邮政通讯、金融保险、商业物流、缴费充值等市场化服务，引导相关部门在社区服务中心设立营业网点，推动实现社区居民日常购物、看病诊治、文体娱乐、幼儿上学、技能培训、纠纷调解、日常事务办理"七不出"社区，为社区居民提供全方位服务。四是着力促进公众化参与，推进社区管理服务共建共享和民主自治。通过组织考察、民主选举、公开选聘等方式，重点抓好社工、镇街道下沉人员、村（居）委会原有人员和社区志愿者等社区公益性组织参与社区管理服务，形成公众广泛参与的良好态势。在纯城市社区，设立社区共建理事会，驻社区单位共同协商解决共驻共建事宜。在其他城市社区，健全党组织、为民服务中心、城乡警务室及其他社会组织等，具备条件的直接设立社区党委，形成职责明晰、坚强有力的社区管理服务体系。在农村社区，推动成立社区党总支，提倡总支书记、主任"一肩挑"，相应成立社区议事会、理事会，推进社区事务民主监督。同时，完善实施社区事务听证、大事公决等制度，成立社区党员代表会议和村民代表会议，组成听证员库，对农村低保、救灾款物发放等9大类重大社区事务，由社区统一听证、统一公示、统一决策，对产业结构调整、合同承包等重大事项采取村务大事公决的形式进行，由社区居民民主决策，实现社区自我管理与服务。

三、强化保障，合力推进城乡社区一体化发展

坚持条块结合，统筹整合各类服务管理资源，逐步构建起推进城乡社区一体发展的保障机制，确保各项公共服务和社会管理措施落实到城乡社区。一是统筹构建组织体系架构。充分发挥党委总揽全局、协调各方的领导核心作用，在区级层面，成立由区委副书记任组长，两名区委常委、两名副区长任副组长的社区工作小组，并成立专门负责社区建设的职能部门——社区建设管理局，直属区政府的正科级单位，具体负责协调推进城乡社区建设、管理和服务；在镇村层面，9个镇街道分别成立了由党委书记任组长的领导小组，设立镇社区办，下沉工作人员和村"两委"联合办公，统筹推进各项工作；在综治方面，区社会管理综合治理委员会专门成立社区管理专项组，进一步推进城乡社区服务与管理机制建设，指导、协调、督促各成员单位抓好社区管理和服务，形成了一级抓一级、层层抓落实的良好局面。二是统筹

构建共建协作机制。一方面，着眼于城乡社区管理服务均衡发展，按照"城乡统筹、以城带乡"的思路，通过开展"双带双联"活动，实行城乡社区结对共建，推动城乡社区一体发展；另一方面，围绕群众最关心的教育就学、惠民补贴、医保社保、公正执法等方面组织开展"社会公平、机会均等"工作，推动各项惠民服务进社区，通过在社区设立服务窗口、派驻工作人员等方式，把人员、力量有机整合到社区，积极参与社区管理服务，形成齐抓共管的整体合力。如我区政法系统按照"警力下沉、一线服务"的思路，通过设立"驻社区法官工作室""警官任村官工作室""社区调解工作室"、成立薄弱社区"第一书记"工作组等方式，帮助社区抓班子、带队伍、理清思路、化解矛盾、促进发展，有力维护了社区稳定。三是统筹构建政策支撑体系。坚持把社区建设纳入城乡建设整体规划，把社区管理服务纳入全区经济社会总体规划和年度目标绩效考核管理，制定出台了《东港区主城区城市社区布局规划》《创建全国农村社区管理和服务创新实验区工作方案》等一系列文件，为推动城乡社区规范化建设、管理与服务提供了政策导向和制度保证；在财力投入保障方面，采取"财政出一点、村集体一事一议出一点、市场运作筹一点、社会各界捐一点、对上争取引一点、群团组织帮一点"的方式，建立多元化社区共建投入保障机制；为改善城乡社区发展不均衡的现状，对农村社区建设采取以奖代补的政策给予扶持，市、区财政按 50% 的比例给予补助，引导政府资金和社会投资向农村社区集中，基础设施建设向农村社区聚集，公共服务设施和社会化服务设施向农村社区布局，有力推进了城乡社区一体化发展。

（中央政法委《社会管理实践丛书》2013 年收录）

五莲县完善"四项工作机制"
加大黑恶线索摸排核查办理力度

五莲县委政法委

今年以来，各级按照中央、省市统一部署，不断加大黑恶线索摸排核查办理力度，通过完善四项工作机制，扎实推动新一轮扫黑除恶专项斗争向纵深发展，为上合组织青岛峰会营造了安全、稳定、和谐的社会环境，取得明显成效。

1. 建立群众举报激励机制。出台举报奖励办法，提高奖励标准，充分运用电话、信件、QQ 群、微博、微信和"大回访"平台等多种方式，广泛收集黑恶犯罪线索，并加强与上级部门的交流互通。截至目前，共接到群众举报线索 10 条，市扫黑办转来举报线索 11 条。

2. 建立线索拉网式摸排机制。定期组织刑侦、治安、经侦以及基层派出所警力，深入治安状况复杂、流动人口聚集的城乡结合部，以及容易滋生霸痞恶势力的重点行业和领域，全力搜集各类霸痞恶势力线索和倾向性情报信息，严格落实"五个必查"制度。其中，在矿山领域，截至目前，已对 4 个乡镇、19 个村、118 个矿点、35 家花岗石废料处置点、203 个废料渣土堆进行了全面的摸排登记造册，分门别类建档备查，排查重要线索 10 余条。

3. 建立线索快速核查反馈机制。积极借助信息化手段，依托"刑专"系统，对搜集到的涉黑涉恶情报信息，进行分析研判，对重大线索进行秘密侦查，组织专门力量进行调查，快速立案办理，坚决摧毁黑恶势力根基。目前，共核查线索 12 条，其余线索正积极核查中。

雪中演练

4.建立部门联动工作机制。同有关职能部门互相交换线索以及重要资源,对容易滋生黑恶势力的专业市场、资源开采、土地开发、工程建设等重点行业和领域,发现问题,及时给予打击。政法各部门统一思想,加强沟通、协调,由检察机关派员提前介入,帮助审核案卷,提出侦查建议,确保每一起案件的侦查、起诉、审判各环节能做到环环跟进,做到执法尺度和证据标准的统一,提高打击合力和打击精度,实现快捕快诉快判。

(2018年《山东政法综治简报(全省扫黑除恶专项斗争专刊)》第33期)

五莲县实施三项工程
在更高层次更高水平上推进平安建设

五莲县委政法委

近年来，五莲县坚持以习近平新时代中国特色社会主义思想为指导，全面贯彻党的十九大、十九届二中全会、十九届三中全会、中央和省市委政法工作会议精神，紧紧围绕全县经济社会发展大局，牢固树立以人民为中心的发展理念，创新实施"风险防控、综治强基、全域平安""三项工程"，着力解决好群众关心、关注的社会治安热点、难点问题，推动平安五莲建设提档升级，为全县经济社会发展创造更加和谐稳定的社会环境。群众安全感、满意度连续多年位居省市前列，"无刑事警情日"年平均达145天以上。

一、实施风险防控工程，推动维护稳定能力升级

1. 常态化开展"一排查四防范"专项行动。制定出台常态化开展"一排查四防范"的实施意见，将这项机制进行固化。成立专项督查工作组，高密度、大频次地深入重点部位、场所进行明查暗访。完善情况通报、考核奖惩、责任倒查等工作机制，对各级明查暗访发现的问题，分别进行通报、处罚、整改、问责，并纳入"红黑榜"信用评价体系，在全县进行公开宣传曝光，目前社会面上风险隐患问题基本得到有效控制。

2. 突出抓好信访积案化解。聚力开展心系群众、化解积案和初信初访集中攻坚行动，按照减"存量"、控"增量"的要求，转变工作思路，对"老案"严格落实县级领导包案制度和"五个一"信访工作措施，加大工作力度，化解信访积案无一起反弹，有效减少了风险隐患问题。在全县深入开

展"零非访"创建活动和"无信访积案、无大规模进京集访、无因信访问题引起的舆论炒作事件""三无"乡镇、村居创建活动，2018年实现全县进京"零非访"，为全市唯一，"三无"乡镇、村居分别达到80%、95%。

3.突出抓好矛盾纠纷排查化解。健全社会稳定风险评估工作运行体系，完善评估备案审查等制度规定，在评估内容、评估领域、评估要素上实现全覆盖。健全城乡社区、村（居）、网格调解网络，让问题在一线和萌芽状态得到解决。以县矛盾纠纷调处中心为依托，成立8个专业调解室，提高调解工作的针对性和实效性。以开展信访基础业务规范化建设年活动为总抓手，积极打造微信、网信等多元信访渠道，信访事项及时受理率、按期办结率均达100%，群众满意率达80%以上。

二、实施综治强基工程，推动基层服务管理能力升级

1.完善基层网格规范化建设。制定出台《关于进一步加强和完善城乡网格化管理指导意见》，对网格员工作职责、管理、考核奖惩、网格工作流程等全部进行明确。定期组织网格管理培训会议，不断提升网格员业务素质能力和水平。配齐配强网格员，农村网格员以村"两委"干部和村民小组长为主，吸收村警务助理、计生查访员、保洁员、护林护路员、平安志愿者等加入；在城区网格吸收社区居委会成员、物业管理人员、离退休干部、公益性岗位人员等进入网格员队伍，确保网格事物有人管、有人办。

2.探索建立"综治中心+网格化管理"模式。一方面，加快推进镇、村综治中心标准化、信息化建设，统筹整合公安、司法、信访、反邪办等进驻综治中心集中办公，配齐配强镇、村综治队伍，建成智能化信息平台，县乡村三级综治中心互联互通率达到100%。充分发挥综治中心信息、人力等资源作用，加强对矛盾纠纷、安全隐患的指挥调度、分析研判、风险评估、应急处置和跟踪督办，确保风险隐患发现在早、处置在小。另一方面，以网格为单位，加强信息摸排，由网格员负责对网格内的实有人口、房屋、矛盾纠纷问题等逐一进行排查摸底，建立台账，实行动态管控，确保人、地、物、事、组织底数清、情况明。

3.依托网格抓好重点人员管控。按照"属地管理"责任，将涉稳重点人员、易肇事肇祸精神病人、刑满释放人员、社区矫正人员、邪教组织人员等重点人员全部落实到具体网格，明确网格包保责任人。建立网格包联责任人日常排查工作制度，通过入户走访等方式，随时掌握其思想动向，一旦发现可能引发不稳定问题的苗头性、倾向性风险隐患信息，及时上报，确保行知轨迹，动知去向。

三、实施全域平安工程，推动保障发展大局能力升级

1.以保障全域旅游发展为"点"，开展"定向专属"服务。制定政法工作服务保障全域旅游实施方案，依托县游客集散中心，由县委政法委牵头，法院、公安、消防、司法等部门配合，通过部门间的协调联动，实现涉旅问题"一站式"速裁处理。挂牌成立旅游法庭、旅游警察中队、旅游纠纷调解委员会，配备专业化工作人员，主要负责解决"两山"景区内的纠纷事项。同时，在旅游法庭内设巡回法庭，在旅游警察中队、旅游纠纷调解委员会和各辖区派出所、司法所之间建立联动机制，确保其他旅游景点发生纠纷事项，能够快速反应、快速处置。

2.以专项行动为"线"，精准打击发生在群众身边的违法犯罪行为。认真开展为期三年的扫黑除恶专项斗争，针对11个方面的重点问题，以"组织建设、行业管理、综合治理、督导问责"为抓手，以"石材产业领域、农村资产资源领域、重点人员群体"为突破口，以严打黑恶与严惩腐败为重点，强化组织保障，开展"铺天盖地深入人心"的宣传发动，出重拳、下重手，全县社会环境得到进一步优化。深入开展严打恶意逃废银行债务、金融诈骗、执行难、禁毒等专项行动，进一步净化社会风气，让"平安五莲"金字招牌更加靓丽。

3.以立体化治安防控体系为"面"，全面增强社会治安打防管控能力。加快推进"雪亮工程"建设，在全县基本构建起"四环九全三联"监控

网络，实现视频监控全域覆盖、全网共享、全时可用的目标。"四环"即："环城区、环乡镇、环'四大旅游板块'、环工业园区"四个监控圈。"九全"即："党政机关、重点场所、重点企事业单位、人员密集场所、危险物品生产经营使用单位、重要道路主要路段和部位、出入镇（村）主要路口、治安复杂区域、案件高发区域"全覆盖。"三联"即：将监控资源联入县、乡、村三级综治中心，实现数据联通、信息共享。完善"一警多能、屯警街面、网格布警、合成巡逻"的合成化警务模式，实现重点部位 1 分钟反应、公共场所 3 分钟处置、涉案区域 10 分钟封控。深入开展"万人红袖标"治安联防行动，组织动员网格员、警务助理、平安志愿者、出租车司机等社会力量参与治安防范，提升群防群治水平。

4. 以"平安'数'评"活动为"载体"，倒逼各项工作措施落实。制定出台全县"平安'数'评"活动实施方案，将治安、信访、消防、反邪教、精神病人管控等与群众生产生活最密切、最直接的指标纳入平安数字评价体系，通过测算指标数字来反映各村居、社区、小区、行政机关及企业事业单位的平安状况，每月进行分析研判，定期通报平安创建情况。对不合格的进行社会治安问题预警，采取通报、约谈、挂牌（挂不合格牌）、整治、督办、一票否决等惩戒手段，限期进行整改，有力提升了各级抓平安建设的积极性和主动性。

（2018 年中央政法委、中央综治委机关刊物《长安》第 12 期）

全域统筹　精细管理
日照市域社会治理再上新台阶

日照市委政法委

近年来，日照市以深化改革为抓手，围绕提升群众获得感幸福感安全感，积极探索乡镇、街道精细化管理体制，着力在"统、管、用、提、立"上下功夫，推动市域社会治理和城镇精细化管理能力全面提升，日照乡镇、街道整体环境发生明显变化。

一、全域统筹，把城镇管理和社会治理"统"起来

日照市委、市政府高度重视市域社会治理工作，市委书记齐家滨在全市政法暨平安建设工作会议上对市域社会治理工作进行专门部署，市委副书记、市长李永红多次就市域社会治理和城镇精细化管理工作提出明确要求。市委副书记李在武，市委常委、政法委书记耿学伟多次到一线督导。按照"以人为本""城乡一体"理念，提出"规划有高度、建设有厚度、管理有力度、城市有温度"的总体思路，制定出台《关于进一步加强城市规划建设管理的意见》，提出 42 项精细化管理举措，创造性地把城市管理和乡村振兴嫁接、融合，一体谋划、一体推进、一体督察。"全域化"的改革思路，充分体现以人民为中心的发展思想，成为日照城镇精细化管理和市域社会治理的鲜明特色。

二、责任成链，把城镇管理和社会治理末梢"管"起来

针对"看得见的管不了、管得了的看不见"等难题，日照市从改革管理

体制、创新责任落实机制入手，拧紧责任链条，把管理责任传导到最基层。一是压实边界清晰、分工明确的四级责任体系。严格落实"一把手"工程，按照"属地管理、分级负责""谁主管谁负责"的原则，各级党政和部门将市域社会治理工作落实作为极端重要的工作，厘清市、县、镇、村4级在城镇管理工作中的职责，形成主要领导亲自抓、分管领导靠上抓、业务力量具体抓的责任体系。二是构建"两级政府、三级管理、四级网络"精细化管理体系。按照市域社会治理和城镇精细化管理工作要求，着眼工作实际，形成市级督导考核、区县属地管理、乡镇街道及社区组织实施的城镇管理工作体系。三是创新"四长"责任落实机制。把辖区内所有主次干道、背街小巷、市场、居民小区等全部纳入网格化，采取购买服务或自行组建等方式，建立网格长、街长、楼长、店长的"四长"队伍，有效弥补基层执法力量不足和街道、社区工作人员数量有限的短板，实现"事事有人抓、时时有人管"。

三、创新驱动，把城镇管理和社会治理资源"用"起来

一是实现数据共享。一方面，加快横向互联，推动公安天网工程、城镇精细化管理和应急、民政、住建等部门平台数据对接，实现社会治安、市域治理、精细管理等数据共享共用。另一方面加快纵向互通，完善市、县、乡三级综治平台建设，推动雪亮工程提档升级，将数据资源纳入市域治理和城镇精细化管理一盘棋，提升社会面管控、基层治理信息化和平安建设水平。二是多网融合。将服务管理资源最大限度向网格延伸，推进城乡社区党组织主导下的"多网融合、一网统筹"，将社会综合治理、城镇精细化管理功能全部融合下沉网格，将重点群体和刑满释放人员、吸毒人员、易肇事肇祸精神病患者等重点人员、矛盾风险点纳入社区网格化管控，实现大事全网联动、小事一格解决。三是多元化解。向前一步，推动关口服务前移、力量下移，践行新时代枫桥经验，建立完善矛盾多元化解机制，融合法律援助、法律服务、基层调解室，创新矛盾纠纷调解机制和做法，推动矛盾纠纷化解。

市委市政府部署开展"心系群众、化解积案"百日攻坚行动，出台 14 条督查意见，对各区县、镇街和各部门每月进行调度、排名、约谈、问责。落实市县领导包信访积案机制，主动接访、带案下访，成功化解一大批信访积案，取得良好成效。

四、精准考核，把城镇管理和社会治理基层热情"提"起来

日照市创新设计严格、精细的综合考核办法，实行全覆盖、无缝隙的精准考核，考核成果纳入市域社会治理工作考核体系。一是分类建立考核指标。将 55 个街道乡镇分成 A 类（11 个）、B 类（18 个）、C 类（26个）三类，每个类别考核项目各有侧重：A 类考核对象涉及 13 类 80 项具体指标；B 类考核对象涉及 10 类 60 项具体指标；C 类考核对象涉及 10类 40 项具体指标。这些指标既是考核的重点任务，也是乡镇街道加强管理的工作重点和努力方向。二是采取第三方考核和专业考核相结合的办法。聘请山东海洋律师事务所、山东外国语职业学院作为第三方，每季度考核 1次，每年全覆盖检查网格 2 遍以上，重现场、重证据，确保考核工作客观公正。三是将考核结果直接与"票子""位子"挂钩。对每类考核成绩前两

2019 年，公安交警铁骑队"授旗"出征

位的乡镇街道"奖票子",市、区按一定比例配套,目前已累计奖励资金200余万元,考核成绩后两位的乡镇街道要缴纳一定数额的城市管理补偿金。对连续3个季度考核成绩前两位的乡镇街道党政主要负责同志,优先列入提拔对象;对连续3个季度排名后两位的乡镇街道主要负责同志,进行诫勉谈话;让连续4个季度排名后两位的乡镇街道相关负责人"挪位子"。四是坚持边考边改边提升。对4次全市现场考核发现的5.7万个问题,各乡镇、街道持续抓整改抓落实,"问题一次比一次减少,差距一天比一天缩小",把各个层面的积极性和热情都充分调动起来。

五、长效管理,把城镇管理和社会治理规矩"立"起来

一方面,注重把成功经验上升为制度。进一步固化全国文明城市创建成果,继2017年出台全省首部《城市管理条例》以及地级市首部《物业管理条例》后,去年又出台《日照市文明行为促进条例》,搭建起城镇精细化管理制度体系的"四梁八柱",让城镇管理告别"突击式""一阵风",走向常态化、制度化、法治化。另一方面,坚持问题导向,不断完善可操作、能落实的制度规范。在城市管理方面,制定城区禁养大型犬标准、户外广告设施与招牌标识设施设置技术规范等一整套标准规范;在物业管理方面,制定物业服务招标投标管理办法、物业服务企业信用综合评价办法等配套政策文件。通过制度创新,靶向聚焦,为城镇管理"立"起规矩,使城镇管理更加精准有效、便于操作。

(2019年《省委政法委简报》第16期)

山东日照中院推行院领导视频接访制度
全力做好送上门的群众工作

日照市中级人民法院

2010 年以来，山东省日照市中级人民法院积极探索、大胆革新，连续 4 年推行院领导周三视频接访制度，努力创新群众工作方法，全力做好送上门的群众工作，使得大量矛盾纠纷化解在了基层和萌芽阶段，司法作风有效改进，司法公信力进一步提升。主要做法是：

1. 院领导轮流接访群众，变"被动处访"为"开门迎访"。确定每周三为院领导接访日，提前排定院领导接访日程表，并在报纸进行公示，两级法院院长及班子成员轮流接访。4 年多来，仅日照中院领导班子成员累计现场接访 192 场次，接待来访、咨询 4092 人，涉及案件 2822 起。全市两级法院均设立了单独的"院领导接访室"，与群众平等见面、谈话。编发《重要涉诉信访情况专报》290 余期，对接访情况及案件化解进度予以通报。把解决群众合理合法诉求作为根本立足点，对重点案件进行督办，做到每一个涉诉信访案件都有调查、有结论、有反馈，不让案件来回"折腾""翻烧饼"。

2. 开通同步远程视频接访系统，让"法官多跑腿、群众少跑路"。以信息化技术为支撑，在中院、基层法院之间建立声音、视频图像传输通道，同步开发安装了信访业务管理软件，由专人将信访信息完整录入信访业务管理系统。通过建立远程视频同步接访，健全公开透明的诉求表达和办理方式，院领导可以远程现场了解案情和交办案件情况，上访群众不出区县，可"面对面"向中院领导反映情况和问题，真正实现了"一站式同步接访、一

日照市中级人民法院举办开放日活动

揽子解决问题"，既免去群众奔波之苦，又起到减少群众越级上访的作用。

3.规范接访、处访流程，依法有序协同治访。先后出台了《院领导定期接待群众来访实施办法》等10余项制度，明确接收、交办、督办、结案等流程，着力构建规范有序、畅通快捷的接访长效机制。狠抓源头治理，部署开展"争创无涉诉信访审判庭、争当无涉诉信访法官"活动，配套实施初任法官到立案信访岗位锻炼制度，接访过程中全面落实"四心工作法"，视情况通知业务部门负责人及承办法官到场接访，增强了法官的信访意识，倒逼了审判执行质效不断提升，良好的涉诉信访工作局面加快形成。

（2014年5月22日《最高人民法院简报》信息专刊第18期）

山东莒县法院
以"警务化"为突破 打造一支"铁军"

莒县人民法院

山东省莒县法院法警大队共有 68 人（其中在编 28 人），占全院干警的 28%。2012 年以来，莒县法院认识到法警工作在法院全局工作中的重要地位和作用，把强化法警工作作为快速增强司法权威、推动法院工作全面发展的重要突破口，历经两年多的努力，初步建成了一支有较高素质、较强战斗力的法警队伍，在解决"执行难"、维稳安保、增强法院整体队伍活力、改善司法形象诸方面都取得了明显的成效。

一、推行执行警务化，全力破解"执行难"

"执行警务化"是解决"执行难"的必然途径。莒县法院将执行局与法警队混编，成立 20 个执行小组，每个执行小组由一名执行长、两名法警、一名书记员组成，配备一部警车、一台执法仪。法警大队作为执行"先锋"，采用凌晨出击、饭空蹲守、夜间执行的方式，对全县 20 个乡镇的"老赖"采取"篦式"搜索、拘留。所到之处，"老赖们"无处遁形，乖乖履行判决。今年以来共执结案件 1631 件，实际执行率 72%，同比上升 18.3%。同时，由于执行力度的加大，当事人越级访大大减少，维稳压力大为减轻。

二、实现外勤警务化，让法警参与多项工作

让法警参与立案信访、财产保全、庭审值庭、押解护送、执行拘传、查

法院干警重温入党誓词

封扣押、安全保障、秩序维持等工作。一是强化日常警务保障。严格把好安检第一关，年均安检参加诉讼、旁听人员 6 万余人，无一漏检，无一失误。做好日常巡逻，设立巡逻小分队，在审判办公区域实行不间断巡逻，重点部位重点巡视，确保机关安全、值庭押解安全、庭审执行安全；做好刑事押解、值庭工作，重点抓好押解途中及上下车、庭审安全保卫、羁押室的看管警戒环节，杜绝隐患。二是妥善处置突发事件。法警队时刻保持高度戒备态势，反复开展执行预警演练，提高处理突发事件能力，与法庭建立安全联动机制，确保在接到指令或者求助信号后，周边乡镇 15 分钟内到达现场。去年以来共妥处突发事件 38 次，制止了 6 次殴斗行为，无一发生责任事故。三是积极参与大局工作。警队先后参与了县委、县政府领导的治理"祭车"陋俗、整顿矿业秩序等社会公益事业，惩恶扬善，伸张正义，群众好评如潮。

三、强化组织管理，建设作风过硬、素质精良的法警队伍

莒县法院党组多次召开会议，统一建警思路：形势不等人，等不来资金和编制，就自己筹资，自己增编。一是招兵买马，定岗定责。扩充正式法警编制 28 名，在编法警全部归队，另外自费招聘法警 40 名，使法警总数达到 68 人，为 2011 年前的 5 倍。大队下设 5 个中队，分别负责机关安全保卫和值庭值班、派驻执行局、10 处人民法庭。二是配齐装备，健全设施。腾出 60 多间办公用房、2600 平方米空间建设内外培训设施，让法警无论刮风下雨都能正常进行训练；3 年投入 200 多万元购置了警务指挥车、网枪、执法记录仪等 16 种装备、35 台（套）器材，建设了信息化学习室、录音录像同步询问室、室内体能训练室、法警文化长廊等设施，办公、学习、训练条件一应俱全。三是以制治警，规范管理。坚持雷打不动的训练制度，每周一早 6∶00～8∶00、每周五下午为集中训练课时，派驻法庭、执行局的法警提前归队。与武警中队建立了训练一体化工程，邀请武警部队教官施教，强化擒敌拳、盾牌术、摔擒、防暴队形等科目训练，锻造了过硬的身体素质，提高了实战能力。四是从优待警，拴心留人。大幅改善聘用人员的工资待遇，两年内将工资翻了一番；坚持以事业留人，对法警成功办结的每起案件，及时在内外网上宣传，激发大家的荣誉感、成就感、归属感，始终保持昂扬士气；坚持科学管理，实行积分考核制，半年一中考，全年一大考，及时奖励先进、淘汰落后，形成良性循环。

（2015 年 1 月发表于《最高人民法院警务通讯》）

日照中院多措并举推进案件繁简分流

日照市中级人民法院

今年以来，山东日照中院坚持问题导向，主动作为，积极推进案件繁简分流，优化司法资源配置，缓解案多人少矛盾。近日，该院专门出台《关于贯彻实施<最高人民法院关于进一步推进案件繁简分流优化司法资源配置的若干意见>的立项分工方案》，从立案环节、审理环节、资源优化等方面入手，细化了贯彻实施最高法院意见的具体措施，确保各项目标任务落实到位。

一、源头过滤案件，推进立案环节的繁简分流

1. 完善诉调对接工作机制。自今年 6 月份在全市两级法院诉调对接中心打造"四室"以来，大力实施诉前调解、立案调解、委托调解、律师调解、信访调解的"五环调解法"。6 月～9 月份，全市基层法院共委派（托）调解 1293 件，调解成功 581 件，调解成功率为 44.9%，委派（托）调解率、案件分流率呈逐月上升趋势。

2. 制定繁简案件分流规则。指导各区县法院综合考量本院的案件数量、类型、难易程度及法官的数量、办案能力等多种因素，制定简单案件与复杂案件的分流规则，合理分配案件，确保简单案件由人民法庭和机关速裁庭及时审理，复杂案件由专业化合议庭审理，系列性及关联性案件由同一审判组织审理。同时要求全市基层法院受理的一审民商事案件，除法律规定不得适用简易程序的，立案时一律适用简易程序。1 月～9 月份，全市法院简易程序适用率达 73.25%，较去年同期提升 17.3 个百分点。

3. 积极推行送达方式的转变。完善送达地址确认书格式，指导当事人

集中发放执行案款

准确填写并明确告知送达地址确认书效力，告知其确认的送达地址在该案二审、执行、申请再审程序中均适用，如有变更未及时告知，法院其后向该地址送达文书被拒绝签收的，视为已经送达。积极推行电子送达，征得当事人同意利用微信、微博、QQ、电子邮箱等媒介进行电子送达，助力提高送达效率。

二、实行分类审理，推进审理环节的繁简分流

1. 探索实行庭审方式改革。制定出台了《关于加快办案节奏提高审判效率的暂行规定》，从 26 个方面对庭前准备阶段、案件审理阶段等作出了明确要求。充分发挥庭前会议功能，解决核对当事人身份、组织交换证据目录、促成当事人调解、和解等相关程序性事项；创新开庭方式，积极采用视听传输技术，探索通过远程视频方式开庭；将当庭宣判率纳入全市各区县法院审判质效指标考核，逐步提高案件当庭宣判率。

2. 推进审理环节的程序简化。对于适用简易程序的民事案件、适用速裁程序或简易程序审理的轻微刑事案件，实行集中时间连续审理；对涉及系列性、群体性诉讼的同类批量案件，实行示范诉讼；制定刑事速裁程序操作

规范，探索适用刑事速裁程序，在日照看守所建立速裁办公区，促进案件办理简化提速；对于适用小额诉讼程序审理的民事案件和适用刑事简易程序审理的刑事案件，要求法官不受法庭调查、法庭辩论等庭审程序限制，进一步简化审理程序。

3.推进裁判文书的简化。从已审结的民商事案件中选取典型类案的判决书，制作成判决书参考文例下发至各区县法院，统一全市法院裁判尺度；积极探索撰写要素式、表格式裁判文书，目前对事实清楚、争议不大的行政案件，制作表格式裁判文书，将当事人信息、诉讼请求、诉辩意见、争议焦点、法官分析及判决结果分类填写，并均予以简化，内容更加简洁明了、重点突出，使判决更具针对性且清晰易懂。

三、人员科学配比，推进司法资源的优化配置

1.提升人案配比科学性。加强对全市两级法院人员、案件数量、工作量的调研论证，在此基础上动态调整业务部门的审判力量，合理确定法官、法官助理、书记员的配置比例；通过购买社会化服务等方式，配齐配强书记员队伍，使法官从事务性工作中解脱出来，更加专心做好审判工作，提高审判质效。

2.设立专门速裁组织。指导各区县法院设立专门的速裁庭，专司负责办理院机关辖区范围内的小额诉讼、申请支付令、大批量简单类案等简单民商事速裁案件。为速裁法官设定的人均年结案基数约是该院人均结案数的1.5倍，案件平均审理周期、调撤率、上诉率等考核指标基数也远高于其他业务庭，督促速裁法官对案件进行"一站式"快速审理。

3.成立专业化审判组织。按法官业务特长，成立专业化合议庭，对民间借贷、建设工程、婚姻家庭、商事合同、侵权等类型化案件进行集中专业化审理。相关专业化合议庭通过定期召开专业法官会议，总结证据采信、事实认定、法律适用等方面的常见问题，形成审理要点处理同类案件，统一了裁判尺度，确保同案同判。

（2016年《最高人民法院简报》信息专刊第31期）

日照检察机关积极开展刑事被害人救助工作
实现保障民生与化解矛盾的有机统一

日照市人民检察院

近年来，山东省日照市检察机关认真贯彻执行中央八部委联合制定的《关于开展刑事被害人救助工作的若干意见》，准确把握刑事被害人救助的补充性、抚慰性、应急性等特点，积极开展刑事被害人救助工作，取得了服务保障民生、化解社会矛盾的良好效果。2010 年以来，共救助刑事被害人 11 人，发放救助金 25.6 万元。

一、主动排查，明确救助对象

该市两级检察院控申部门增强工作主动性，组织人员对全市需要救助的刑事被害人和相关案件进行调查摸底和分析研判，掌握总体情况后，采取多种方式确定救助对象：一是通过审查来信来访中当事人提出的救助申请确定；二是主动与侦监、公诉部门联系，定期了解情况，从其办理的刑事案件中确定；三是从下访、巡访受理的案件中确定。

二、严格审批，依法实施救助

严格审批，依法实施救助的具体措施有：一是把好救助对象确认关。通过审查法律文书、调阅卷宗等方式，查清拟救助对象是否属于救助办法规定的救助类型，对于符合条件的予以确认，对于不符合条件的向申请人说明原因。二是把好救助条件审核关。通过调查取证，查清拟救助对象是否已获得相关赔偿或救助，是否生活紧迫急需，是否属于检察机关管辖范围，确保救

检察官深入案件当事人家中开展调查

助依法准确实施。三是把好救助金额审定关。综合考虑犯罪行为给被害人或其近亲属造成的实际损失，被害人对案件发生是否存在过错情况，犯罪嫌疑人、被告人及其他赔偿义务人实际履行民事赔偿情况，被害人丧失劳动能力程度及被害人或其近亲属生活实际困难等因素，公平公正地确定救助金额。

三、搞好结合，注重救助实效

该市检察机关注重发挥救助工作促进涉检信访积案化解的作用，努力实现服务民生与矛盾化解"双赢"，最大限度地增加社会和谐因素，最大限度地减少社会不和谐因素。如，蒋某某夫妇年近七旬，因对有关部门认定其儿子死亡的处理决定不服，连续上访18年，心力交瘁，体弱多病，生活非常困难。该市检察院受理该案后，对蒋某某及其家人耐心疏导情绪，入情入理分析，并为其申请救助金7万元。蒋某某夫妇深受感动，不但彻底息诉罢访，还表示要以自身经历来说服教育别人。

四、延伸服务，强化救助效果

该市检察机关积极更新办案理念，不断拓展救助深度，在给予刑事被害人经济救助的同时，提供法律咨询、释理维权、心理关爱等多种形式的帮助，并坚持长期跟踪回访，帮助他们恢复正常的生产生活和学习。如，莒县库山乡张某某姐妹均未成年，其父母在一起刑事案件中双亡，姐妹俩与年迈的爷爷奶奶相依为命，家庭生活异常困难。该市检察机关了解情况后，积极为姐妹俩争取刑事被害人救助金 6.6 万元。为使救助效果最大化、长期化，该市检察机关在开展救助的同时，为姐妹俩建立关爱档案，定期上门走访，并协调当地党委政府和学校等有关部门对其帮扶。今年"六一"节前夕，该市检察机关还专门安排干警看望姐妹俩，并送去学习和体育用品，姐妹俩非常感激，专门致信感谢检察机关。通过长期跟踪救助和心理辅导，姐妹俩逐渐走出阴影，和同龄人一起健康成长。

（2012 年 8 月最高人民检察院《检察工作简报》第 9 期）

日照市岚山区检察院
探索建立"向前一步解决问题"工作模式效果好

日照市岚山区人民检察院

近年来，日照市岚山区检察院积极倡导"向前一步解决问题"工作理念，把法律监督触角从事后向事前、事中延伸，最大限度地把矛盾纠纷化解在基层、解决在萌芽状态、止息在检察环节，有效发挥了检察机关在促进经济社会发展中的职能作用。

一、向前一步、超前谋划，制定有效管用举措，增强服务的针对性和实效性

向前一步，超前谋划，其具体措施有：一是坚持调研先行，精心谋划服务大局举措。坚持无论是制定出台服务举措还是重大事项决策之前，都先组织调研论证，通过调研来进一步总结经验、研究问题、解决困难、指导实践。有关做法在《人民日报》等刊物发表。二是坚持紧贴中心，用心制定服务大局举措。制定实施服务经济社会科学发展意见 31 个，进一步明确了服务切入点和着力点。针对当前经济下行压力、民营企业生产经营遇到困难的实际，细化出台"十六条"服务措施。三是坚持主动融入，及时跟进服务大局举措。与区发改局、区蓝色经济办公室联合制定服务重点项目建设意见，探索实施"同步预防"工作模式，跟踪监督全区项目招投标 135 次，建议取消 11 家单位的投标资格，使 2.7 亿元资金避免流失风险。依托派驻检察室，对 47 个重点村居的换届工作实行现场监督，及时解决影响换届选举的矛盾纠纷。

开展法治宣传活动

二、向前一步、主动出击，严肃查处职务犯罪，及时回应社会关切

向前一步，主动出击，其具体措施有：一是在保持办案规模的同时，更加注重查办大要案和窝串案。坚持每年查办 1 起～ 2 起有影响、有震动、社会各界关注的大案要案、窝案串案，在每年区人代会上都能引起广泛热议和好评，在代表委员评议、群众满意度测评中得分最高，检察机关执法公信力和社会形象得到明显提升。二是深挖重大违法事件背后的职务犯罪，从根本上解决问题维护民生促进发展。针对日照近海海域盗采海砂现象愈演愈烈、对沿海群众生命财产构成严重威胁的问题，依法查处市海洋与渔业局 7 名国家工作人员内外勾结、放纵盗采海砂的职务犯罪窝案，盗采海砂现象得到有效遏制。三是着眼于发展大局，依法稳妥处理涉企案件。建立涉企案件办理"绿色通道"，坚决防止因执法不当给企业生产经营造成负面影响。在查处日照海关驻岚山港办事处原主任陆某受贿案时，多家贸易公司负责人为在通关放行时得到照顾，多次向陆某行贿且数额巨大，充分考虑企业特点、

国际信誉及被迫行贿情节，依据相关法律政策作出宽缓处理，避免了企业停产、员工失业等问题。

三、向前一步、源头稳控，加强矛盾调处化解，全力维护社会大局持续稳定

向前一步，源头稳控，其具体措施有：一是拓宽服务渠道，引导群众合理合法解决诉求。建成集"控告、申诉、举报、查询"于一体的民生服务大厅，畅通联系渠道。帮助全区10225户家庭退付了独生子女"两全"保险本金及收益460万元，妥善解决了历史遗留信访积案，中央联席会议办公室、高检院和国家信访局作为典型案例刊发。二是办案考虑稳定，依法妥善处置群体性突发事件。虎山镇部分村居不满拆迁补偿，当地村民在个别人的煽动下阻断交通、阻扰施工甚至围堵工作人员。区院受理后，多次与公安、法院研讨案件，引导调查取证、固定证据，依法对涉嫌寻衅滋事的4名犯罪嫌疑人作出批捕、起诉决定，通过教育训诫、规劝疏导、耐心说理等，确保了该起群体性突发事件得到妥善处置。三是突出源头治理，预防和化解社会矛盾。针对办案中发现的农村财务管理混乱、危害食品安全犯罪多发、道路安全存在隐患等问题，向区委区政府及有关部门提出预防对策建议。建议环保部门移交9起涉嫌环境污染犯罪案，食品药品监督管理部门对全区桶装饮用水和渔产品干货市场进行专项整治，促进相关问题的解决。

（2015年8月《山东检察简报》第10期）

日照市岚山区检察院探索推行四维度工作法
着力提升检察建议效果

日照市岚山区人民检察院

近年来，日照市岚山区检察院秉承"向前一步解决问题"工作理念，探索实施"加速、规范、公信、实效"四维度工作法，检察建议规范化试点取得良好成效。2017年10月以来，该院共制发各类检察建议32份，实施公开宣告6份，提出整改措施95条，推动相关部门和行业建章立制17项。

一、在探索研究中争取支持，增强检察建议可操作性

增强检察建议可操作性，其具体措施有：一是抢抓机遇，先试先行。迅速吃透全省检察建议试点工作要求，第一时间制定出台《关于规范检察建议工作的意见》，对检察建议的应用范围、文书制作、工作程序、场所仪式、效果评估等方面作出明确规定，有效促进检察建议的规范化。二是积极汇报，争取支持。就检察建议试点工作向区委、区人大作专题汇报，定期邀请大人常委会通过调研、参与检察建议公开宣告、实地检查等形式监督检察建议落实情况，积极争取区人大常委会审议通过《关于加强检察建议工作的决议》，将检察建议工作纳入人大监督，针对敷衍对待检察建议单位依法启动监督程序。三是理念引领，不断创新。倡导"向前一步解决问题"理念，围绕当前检察建议工作面临的焦点、难点问题，深入细致进行分析论证，为试点工作注入新的内涵。

二、在制发过程中公开宣告，规范检察建议送达程序

规范检察建议送达程序，其具体措施有：一是转变方式，探索建立公开

举行检察建议公开宣告

宣告制度。将检察建议工作纳入检察宣告范围，以公开宣告的方式向被建议单位送达检察建议书，2017年11月对一起非法加工砂石污染环境检察建议案进行公开宣告，被建议单位岚山区环保局、国土局、碑廓镇政府作表态发言，区人大常委会、人大代表、特约检察员等与会代表全程监督并点评，取得良好社会效果。二是规范场所，建成检察建议工作室。建成占地120平方米的检察建议宣告室，科学设置划分宣告区和旁听区，宣告过程中通过展示证据照片、播放录音录像以及幻灯片等形式，直观形象举证示证，客观真实还原现场，增强检察建议观点的说服力。三是细节创新，提升检察建议工作实效。量身制定《立项登记表》《风险评估表》等系列法律文书，对检察建议进行全面风险评估、充分研判并督促落实。增强释法说理，对重要或复杂案件（事项）提出检察建议时，一并附上判决书、调查报告等资料。重视数据管理，研发"检察建议管理系统"，实现信息共享、流程监控和动态管理。

三、在督促落实中提升公信，确保检察建议权威性

确保检察建议权威性，其具体措施有：一是以考核抓落实。与区委考核办协调对接，将落实检察建议情况纳入全区年度科学发展绩效考核体系，同时将检察建议及被建议单位的整改落实情况向区人大常委会报送备案。二是以问责保落实。与区纪委联合会签《关于在督促落实检察建议工作中加强协作配合的若干意见》，对检察建议落实不力，造成严重后果和影响的，建议纪检部门启动调查问责程序，依法严肃处理。对行政执法机关不依法履职行为的，提起行政公益诉讼。三是以公开促落实。启用"岚山检察"官方微博直播平台，聚焦检察建议宣告现场，全程予以网络直播，提升检察建议的透明度和参与度。

四、在多方联动中见到实效，扩大检察建议社会影响

扩大检察建议社会影响，其具体措施有：一是横向联动。与毗邻的江苏赣榆、莒南、临沭等地检察院签署《鲁苏边界跨区域检务合作框架协议》，加强跨区域检察监督工作的协同合作。二是纵向联动。与环保、工商、国土、公安等部门联动执法，形成联合打击破坏环境资源犯罪的整体规模和态势。三是引入第三方监督。探索在检察建议中引入第三方回访评估机制，对被建议单位进行实地回访、评议评价，确保检察建议落地见效。

（2018 年 5 月最高人民检察院《检察情况反映》第 16 期）

日照市公安局构建治安防控体系五张网

日照市公安局

日照市公安局紧扣人民群众盼平安和谐的要求，最大限度地整合警力、发动民力，运用科技手段，积极构筑"五张防控网"，形成了"屯警街面、专群结合、攻防兼备"的治安防控体系，达到了主动预防和打击违法犯罪的目的，确保了治安局势持续平稳。

一、"攻防兼备"的公开和便衣巡逻防控网络

在公开巡逻方面，一是大力推行网格化布警，屯警街面，科学划片分段、合理设置巡逻责任区域，提高发现犯罪、打击现行的能力。目前，仅在市区就设立巡逻点 61 处，每天近 700 名公安民警和专业治安联防队员巡逻在城乡大街小巷。二是严格实行"警车上路即巡逻"制度，要求所有警车上路行驶必须亮警灯，随时接受群众的报警求助，在不增加巡逻成本的前提下，进一步加大了巡逻密度，提高了见警率。三是坚持多警种联动、综合执法，边防部门和武警支队分别组建专门巡逻力量，加强对边防辖区和市区重要路段、重点部位的巡逻防控；交警部门在严密路面交通巡查的同时，加强对疑人疑车盘查。四是坚持专群结合、警民共建，构建起严密的警务区网络和群防群治网络，进一步压缩了违法犯罪空间。在便衣巡逻方面，组建市局机关特别行动队、便衣行动队、"出租车"巡警队、打击"两抢一盗"专业行动队和打流反扒专业行动队。

二、"管中有打"的易发案人群、场所管控网

在场所管控方面，一是主动开辟严打新战场，加强对流动暂住人口和出租

坚守卡口，筑牢治安防控屏障

房屋的集中整治，以派出所为单位，积极依靠社会力量建立专门的人口管理网络。二是推进信息化应用，进一步严密场所日常管理。依托派出所和警务区网络，大力推行旅馆业、废旧物品收购业、机动车维修业微机化管理，并实现与公安部网上追逃、被盗抢机动车系统自动比对。三是将网吧管理纳入治安防控体系，列为新的破案打击增长点，不间断地开展网吧治安检查，有重点地在网吧经营场所安装视频监控系统，加大监管力度，严密对虚拟社会的管控。

三、"查堵结合"的卡点堵控网

先后在省际、市际、县际交界处设立 12 个治安检查站和堵截点，形成维护治安的首道防线和末道屏障；由交警部门在国道、省道上设立 10 个警务工作站，承担紧急堵截、盘查任务，构筑起第二道防线；在进出市区、城区主要路口设立 11 个治安卡点，组织交警和派出所民警联合行动，开展经常性查堵工作，形成第三道防线；在未设固定卡点的市区、城区所有主要交通路口，全部设立流动治安卡点。

四、"三防合一"的单位、村居防范网

在城区，督促厂企单位建立自防自治队伍和职工轮流夜巡制度；大力发展保安服务业；对于经常发案的宾馆、外来人员较多的企业、商场等地，督促其建设监控系统；在金融营业网点全部安装报警系统，与110指挥中心联网。在农村，采取三种模式狠抓农村群防群治网络建设。对经济状况较好的村庄，动员他们人防、物防、技防多管齐下，全方位加强治安防控；对经济状况一般的村庄，重点抓好人防建设，建立健全专职巡逻队伍，提高自防自治能力；对经济条件差的村庄，大力开展义务巡逻活动，搞好十户联防，有效提高农村治安防范水平，促进农村治安状况的进一步好转。

五、"快速联动、一呼百应"的科技防控网

在科技防控方面，一是加强快速联动机制建设，进一步完善"三台合一"接处警系统。新建 GPS 卫星定位系统、统一市区各级公安机关的无线对讲系统，确保指挥中心直接指挥到街面巡逻车组、执勤民警，实现多警种一呼百应、快速联动，提高全市公安机关的快速反应和精确打击能力。二是依托接处警系统，加强警情分析研判。通过公安信息网每天发布一期警情通报，第一时间通报当日案件高发类型和时段、部位。每周发布一期警情分析，及时通报每周发案情况和发案特点、规律；每月发布一期警情研判，准确分析当月治安形势，预测发案走势，针对性地提出打防工作要求，指导各级各警种科学布警、精确打击，有效提高了警务效能。三是加强社会面监控系统建设。在市区、城区重点路口、公路收费站点建立道路监控、电子警察、电子治安卡口；按照"谁出资、谁受益"的原则，扎实开展"技防小区""技防厂区""技防乡镇"创建活动，组织动员社会力量大力发展技术防范，逐步扩大与公安机关监控系统的联网，有效延伸了治安管控视角。

（2007 年 8 月《全国公安机关基层基础建设工作简报》第 320 期）

山东省五莲县公安局积极参与大调处机制建设深入推进社会矛盾排查化解工作

五莲县公安局

今年以来，山东省五莲县公安局立足职能、积极创新，探索实施以"五级网络"整合社会资源、"五个创新"强化社会联动、"五项制度"构筑调处平台、"五大机制"保障长期效能的"四五"大调处工作机制，深入推进社会矛盾排查化解工作，取得了明显成效。截至目前，共调处各类社会矛盾纠纷 1256 件，调处成功率达 98% 以上。

一、构建"五级网络"，整合社会资源

争取党委、政府支持，整合社会资源，实行整体联动。一是在组织网络上，构建了县调处中心、乡调处中心、村（居）调处站、十户调解小组和基层调解信息员的"五级网络"。二是在工作机制上，县、乡两级调处中心由公安、司法、法庭实行"分类受理、集中梳理、归口管理、依法处理、限期办理"工作机制，将辖区范围内涉及不同主体、不同领域、不同性质的民事争议、行政争议等纳入调处范畴，做到有案必受、有受必理、有理必果、有果必公。三是在工作职能上，县、乡两级党委、政府授予调解部门矛盾纠纷分流指派、调处调度、调处督办、"一票否决"建议和责任追究倒查"五大职权"，避免了单位和部门之间推诿扯皮、把矛盾简单上交现象的发生。同时，通过设立村信息员，使矛盾调处网络延伸到村户，广大信息员成为党委、政府掌控情况的"千里眼"和"顺风耳"。

二、实践"五个创新",强化社会联动

强调社会联动,一是调处机构党政化。争取县政法综治、信访、有关行政职能部门及工会、共青团、妇联等组织的优势和力量,健全完善党委政府统一领导、综治部门统筹协调、多部门参与的矛盾纠纷大排查大调处工作平台。按照涉法涉诉、涉军、涉企、涉农、劳资纠纷、土地规划等不同类型,设置了 8 个类案调解法,分别由公、检、法、司、民政局、国土局、城建局、劳动局、农业局等相关部门负责,对各类案件实行分类归档,归口办理,使矛盾纠纷调处工作有的放矢、快速有效。二是调解主体多元化。对于一些专业性较强的案件,如劳资、房产、医疗、轻微交通肇事等民事纠纷,公安、法院等部门在受理后,在尊重当事人选择权的情况下,将一部分案件直接交给一些社会组织,如律师协会、基层组织、行业协会、民间组织、专业人士协会等进行调解,使得案件不必进入诉讼程序。三是调解效力强制化。对于民间调解组织自已受理的调解案件,预先在其工作程序中设定一个

公安机关牵头创建"警司联调"多元矛盾纠纷化解机制

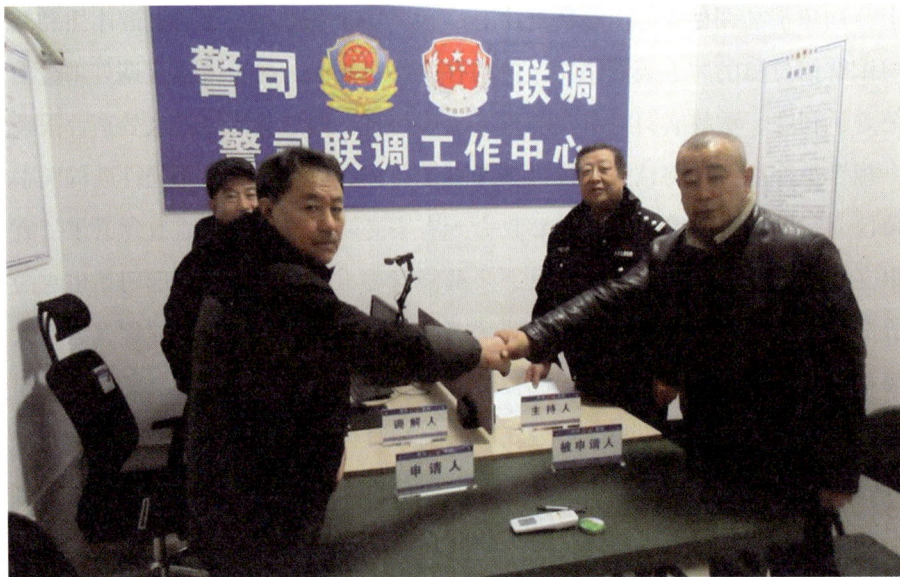

司法介入或公证程序，使其主持的调解协议同样具有"既定力"和法律强制执行效力。四是调解审判双轨化。在法院立案庭设立调解窗口，当事人起诉到法院，先由调解窗口受理，调解不成，将案件及时移送立案庭，进入审判程序。规定对13类民商纠纷案件，不论当事人是否同意调解，都必须先经调解程序，经调解无效才转入审判程序，以此提高调解在民事诉讼中的地位。五是调解领域拓展化。在巩固和完善村、居、企调委会等传统调委会建设的同时，不断延伸工作领域，积极稳妥地发展行业性、区域性的人民调解组织，在消费者权益保护委员会、个体工商者协会、私营企业协会、物业管理协会和学校、工业园区、集贸市场等行业和领域设立了9种类型的调委会，在法院、法庭、派出所建立20个人民调解室，形成了一个横向到边、纵向到底、遍布城乡、扎根基层的调解工作网络化体系，切实做到了"哪里有人群，哪里就有调解组织"。

三、健全"五项制度"，构筑调处平台

构筑调处平台，一是联席会议制度。县、乡综治办牵头，定期召开由成员单位参加的联席会议，通报矛盾纠纷排查调处工作情况，制定工作计划和安排，协调解决存在的问题。对涉及范围广、影响大、可能诱发群体性事件的矛盾纠纷和民商事案件，及时协调有关部门研究，提出解决意见。二是听证对话制度。对政府即将出台的相关政策措施，通过听证对话这一平台，就一些涉及群众切身利益的政策出台和群众关心的热点、难点问题，进行说服教育，使群众真切地了解党委、政府的决策措施。三是信息通报和工作交流制度。人民调解组织、有关行政部门和公安、司法机关及时或定期互相通报所发现、受理的矛盾纠纷情况及调解工作情况。同时，各社会调解组织，及时做好判后的矛盾纠纷调解工作，确保判决的顺利执行。四是公安、法院和行政部门指导协调工作制度。公安、法院和有关行政部门采取多种方式，对人民调解委员会和行政调解组织的工作进行指导。人民调解、行政调解组织根据需要邀请法院人民调解指导员和有关行政部门的专门工作人员进行业务

指导，并通过建立旁听、定期培训、讲评等制度，不断提高调解员的业务素质。五是调解中心与公安"110"联动联调制度。建立了调处中心与公安机关"110"接处警后调解案件的联动联调工作机制，明确对公安"110"受理的轻微违反治安管理、普通民间纠纷等三类案件通过规范程序，及时移交有关单位部门处理。同时根据各乡镇实际情况，由派出所民警采取固定坐班制和轮流值班制度等形式共同参与调解，形成了调处工作与公安"110"紧密型的防范网络，进一步形成了公安机关与调处工作联调、联防、联勤、联治工作机制，提高了化解各类矛盾纠纷的效率。

四、落实"五大机制"，保障长期效能

保障长期效能，一是注重建立以"三免"为特征的服务机制。对受理、调处矛盾纠纷，实行免费咨询、免费调解、免费服务的"三免"原则。二是建立"上管一级"的财政保障机制。县调处工作所需经费由县财政保障；乡镇调处工作经费，按辖区总人口年人均不少于0.5元的标准列入财政预算，在县财政设立专门帐户，做到专款专用；村（居）调解会主任纳入村干部职业化管理，由乡财政按月发放一定标准的固定工资。三是建立基层调解员"以奖代补"激励机制。"以奖代补"政策按季度考核兑现，对难易程度不同的四类调解给予10元至50元不等的奖励。四是建立调解员等级评定资格认证机制。出台了"调解员等级评定实施办法"，每年在全县开展调解员等级考核评定活动，评选出首席、二级、三级三个等级，实行持证上岗，并与其工资挂钩。五是建立有利于增强实际效能的考核奖惩机制。把大调解列入社会治安综合治理和平安建设考核工作评估体系，对因调处中心调处不及时、不得力以及违法调处，导致发生重大民转刑案件、群体性事件、越级上访等，实行责任倒查，对单位和部门实施社会治安综合治理一票否决。

（2010年9月公安部《"三项重点工作"暨"三项建设"工作简报》）

五莲县打造"五网一体"立体化治安防控体系

五莲县公安局

近年来,五莲县以提升群众安全感、满意度为目标,探索建立情报信息导控、科学布警防控、视频信息监控、严打整治管控、群防群治稳控"五网一体"立体化治安防控模式,有力维护了社会治安稳定。今年截至目前,全县"无刑事警情日"累计达 148 天。在县委组织的 2015 年上半年群众满意度电话调查中,我县群众对社会治安的满意率为 97.31%,再次蝉联全县第一名。在市局组织的 2015 年上半年群众安全感、满意度电话调查中,我县群众对社会治安的安全感达到 99.28%,对公安工作的满意度达到 98.43%,位列全市第一名。因执法规范化成绩突出,被公安部命名为"全国公安机关执法示范单位"。

一、建立情报信息导控网,信息化导防助平安

加强信息化防控,一是把好情报信息联勤关,实现维稳安保常态化。印发《五莲县公安局一分钟现场处置预案》,紧紧围绕重要节日及敏感节点安保维稳工作,认真落实重点人员"积分预警、分类管控"措施,推行情指联动、情勤融合。加强矛盾纠纷分析研判、风险评估,牢牢掌握了工作主动权。二是把好信息采集录入关,实现信息采集基础化。依托警务云治安信息系统,围绕基本治安要素和基本活动轨迹,全面推行基础信息应采尽采、即采即录机制,实现信息采集与业务工作同步进行。三是把好数据整合关,实现信息数据融合社会化。做好各类社会信息资源的整合,录入信息 560 余万条,实现跨部门信息资源常态化交流,确保基础信息完整准确、动态鲜

民警村官开展入户大走访

活。把全县重点涉稳人员、重点群体等信息纳入大数据平台，反恐维稳信息数据库录入信息 200 余万条。将现有 22 项公安内部数据整合，提升警务工作效能。四是把好信息资源应用关，实现基础工作效益化。按照"以考核促采录、以采录促应用、以应用促建设"的要求，依托手段、资源、权限的融合应用，推动大数据警务云建设成果转化为现实战斗力。依托旅馆业信息系统、重点人员库等资源手段，对每一起刑事警情进行轨迹碰撞、分析研判，及时把研判结果推送至一线实战单位，更好地服务反恐维稳、侦查破案。推进信息合成作战队伍建设，建立多侦联动、多轨联控、同步上案的信息合成作战新机制。

二、建立科学布警防控网，专业化巡防保平安

加强专业化防控，一是强化快速反应。依托公安"五合一" 110 应急指挥中心和 350M 对讲系统、GPS 平台系统，建立完善扁平化警务指挥体系，在全县构筑 5 分钟快速反应圈，确保重要警情 1 分钟现场处置、5 分钟增援到达、10分钟合围。二是强化社会面巡防。完善"三级巡防"机制，推行网格布警、合成巡逻、武警巡警联勤等巡防模式，在城区重点路段、部位设置3辆流动警务车，采取步巡、车巡和定点执勤相结合方式，全天候开展街面巡逻，最大限度压缩犯罪空间。建立110与出租车联动机制，在全县130辆出租车上安装GPS系统并与县公安局110应急指挥中心联网，实现"警的"联合巡防。建立派出所民警包管区常态化巡控机制，提高农村见警率和管事率。三是强化治安卡点建设。综合考虑路网布局、人车流量以及实战功能发挥等情况，在进出五莲的主要道路设置固定公安检查站或流动卡点，联点成线、固线成圈，建成环县、乡、村防控圈。四是突出敏感期巡逻。在重大节日、重大活动期间，适时启动一、二级安保巡防模式，切实提高应急处置能力，增强应对突发事件的针对性和实效性。

三、建立视频信息监控网，科技化助防建平安

积极争取县委县政府支持，经第84次县委常委会、第21次县长办公会通过，采用政府与社会资本合作的PPP模式建设智慧城市，项目总投资3亿元，其中一期投入1亿元推进智慧交通和智慧城管建设，实现向科技要警力。充分发挥全县15519个监控探头和一个监控中心、四个监控圈的作用，加强视频监控信息数据的处理、分析和研判，提高监控系统智能化水平。今年以来，利用视频监控抓获犯罪嫌疑人68人，破获案件218起。建立视频运维机制，加强对已建视频监控的运行维护，联网探头故障率由年初的27.4%下降到目前的10%。树立"舆情就是警情"理念，健全现场处置与舆情导控同步运行工作机制，完善虚实衔接的网上管控体系，做强网综平台、电子实验室，加强对网上重点阵地和无线上网场所的管控。推进电子证据勘验等网安工作向派出所和社区延伸，严格落实网上巡查"双负责制"和网吧实名登记管理。开展网上信息专项巡查52起，上报违法信息3100余条，打击网络违法犯罪9起。

四、建立严打整治管控网，常态化打防促平安

推行"一长四必"现场勘查新机制，不断提升破案攻坚能力，做到更快地破大案、更多地破小案、更好地控发案。破获刑事案件 689 起，其中现案 194 起，同比上升 30.2%；抓获犯罪嫌疑人 317 人，同比上升 14.4%。扎实开展系列安民行动，破获"两盗一骗"案件 84 起，相继破获了系列爬楼入室盗窃案、"6.29""7.29"特大网络诈骗案等一大批影响群众安全感的案件，有力震慑了犯罪。本着"破案必追赃、追赃必返还"的"完美破案"理念，返还群众损失 600 余万元，进一步提升了群众满意度。深化百城禁毒会战和缉毒会战，抓获涉毒人员、缴获毒品数均成倍上升，在全省缉毒会战排行榜第三序列 52 个县级公安机关中位列第三。加大食品药品和环境违法犯罪打击力度，破获案件 20 起，捣毁窝点 15 处，抓获犯罪嫌疑人 24 人，为食安五莲、生态五莲建设作出了突出贡献。细化完善打防责任制，严格奖惩兑现，调动多警种协同参与侦查破案工作的积极性。持续打击"法轮功""全能神"等邪教违法犯罪活动，破获省厅督办"全能神"1号专案，抓获邪教骨干 10 人（其中五莲小区代理 1 人），打掉教会组织 4 个，捣毁"全能神"窝点 5 处。推行新型经济犯罪"首案必破"新机制，共破获经济类犯罪案件 31 起，抓获 39 人，挽回直接经济损失 1000 余万元。有针对性地开展重点地区整治、重点场所清查，严打黄赌毒违法犯罪，净化社会治安环境。全面实施实有人口、实有房屋、实有组织全覆盖管理，全面掌控流动人口、涉恐涉稳群体等重点人轨迹。依托县曙光基地建设，对社区矫正、刑释人员等实行一体化教育、服务、管理，自开展社区矫正工作以来，被矫正人员无一人重新犯罪。

五、建立群防群治稳控网，社会化联防创平安

广泛动员和组织社会力量参与平安建设，构筑"点、线、面"相结合的群防群治网络。一是以开展平安创建活动为"面"。采取"以房管人、以业

管人"等措施，全面掌握流动人口、重点人员的轨迹动向。落实旅馆、出租房屋、娱乐服务、网吧等场所行业属地管理责任。加强单位内部防控，监督、指导重点单位健全治安保卫制度和防范措施，全面推广应用散装汽油销售实名登记信息系统。加强寄递物流业管理，积极参加由综治办牵头组织开展的全县寄递物流业集中检查，严防收寄各类禁寄物品问题发生。深入推进平安创建活动，以区域的小平安保障全县的大平安，全县 89.4% 的村居（社区）实现无刑事发案。二是以群防群治队伍建设为"线"。在派出所干警专业力量巡逻基础上，积极推行乡镇党政干部带班巡逻制度，组织环卫工人、护林员、护路员、扑火队员、治安志愿者等社会力量参与治安巡逻，并以"村村联""村企联""户户联"为主要模式开展治安联防，夯实基层治安防线，维护了农村社会和谐稳定。三是以提升群众自我防范意识为"点"。完善立体化、多元化、社会化的社会治安管理服务，丰富志愿者活动内容和载体，切实发挥志愿者在"平安五莲"建设中的重要作用。依托全县 56 部楼宇广告传媒平台，推进"窗口宣传"工作向"社会窗口"延伸。制作播放《山城警讯》133 期，发布公安微博 2.3 万余条，印制发放防诈骗、盗窃宣传资料 24 万余份，群众自我防范意识不断提高。

（2015 年 7 月省委办公厅《山东信息》）

日照市公安局
着力打造执法规范化建设"升级版"

日照市公安局

去年以来，日照市公安局紧紧围绕建设法治公安目标，按照省厅基层基础建设三年攻坚战和"规范警务"品牌建设工作部署，坚持以"精准警务"理念为引领，着力打造执法规范化建设"升级版"，执法管理智能化、精细化、规范化水平显著提升。

一、高标定位，集约运作，推动执法办案场所建设全面提升

深入开展实战实用的执法办案场所升级改造提升行动，高标准建设市公安局执法办案管理中心。一是场所建设集约化。投入 690 余万元，建设集案件管理中心、执法办案中心、涉案财物管理中心一体的市公安局执法办案管理中心，面积 1410 平方米，建设功能室 24 间，对外受理案件，对内办理案件、管理办案场所和涉案财物、审核案件等，实现对执法办案的全环节管理、全流程监督和全方位服务。各分县局也都分别新建高标准规范化的执法办案管理中心。二是硬件配备智能化。执法办案管理中心配备智能手环、信息采集一体机、电子防睡岗等智能化设备，依托办案中心智能管理系统，让嫌疑人在办案场所的活动节点全程留痕，并将监督提醒信息同步推送至督察部门，对违规、超期等问题第一时间介入。安装人脸识别、虹膜信息采集仪等设备，精准识别嫌疑人真实面目。建设无线审讯指挥系统、远程讯问室，方便审讯工作，提升执法效率。三是数据流转一体化。围绕"警情、案件、场所、财物、卷宗"五大核心要素，将执法办案闭环管理系统、办案中

心管理系统、涉案财物管理系统全面打通互联，把不同执法阶段的数据流转、衔接起来，实现数据复用、信息共享、在线监督。

二、智能驱动，数据引领，推动精细执法水平全面提升

深入开展集成智能的执法信息化建设应用提升行动，深度应用人工智能、大数据和云计算等信息技术，实现证据体检、智能量罚和数据研判，全面提升精准执法水平。一是创新刑事案件证据体检。依托机器学习、自然语言处理、OCR 识别等新技术，建立刑事案件证据体检模型，对民警采集的证据按照证据体系标准自动归类，通过预先配置好的运算模型进行自动检查比对，并结合检、法部门起诉要求，让数据判断案件证据材料是否缺失，精准引导办案民警做好证据采集。二是创新行政案件智能辅助量罚。利用机器学习技术，对案件的证据材料、案件内容、嫌疑人信息、违法情节、处罚标准、裁量规则、前科信息等方面的数据进行定向分析，结合本地已处罚行政案件量罚幅度，智能化生成行政处罚建议，为行政处罚决定提供参考。三是创新执法研判白皮书。坚持问题导向，将信访涉法事项纳入执法数据统计、分析、研判、预警渠道，利用大数据分析统计方式，抓取对应项目数据，自动生成分析结果，按期发布执法白皮书，及时统计、分析、研判各级公安机关及业务警种部门执法数据，提高法制部门日常执法监督和服务的针对性，提升执法数据信息预警研判效能，为各级公安机关依法决策、精准指导提供精准服务。

三、优化机制，规范助力，推动规范执法水平全面提升

以"精准"为标尺，优化工作运行机制和警务资源配置，推动执法规范水平的全面提升。今年以来，创新建立、优化完善执法管理工作标准、工作机制 12 个。一是创新建立 110 警情远程法律研判工作机制。以全警情录入为抓手，将所有警情和接处警信息全部录入 110 接处警平台，与执法办案闭环管理系统无缝对接；对群众亲临报警的，严格落实"四个统一""五个当场"要求；在以上两项措施的基础上，建立指挥中心、法制警种间的 110

警情远程法律研判工作机制，针对疑难、复杂、敏感警情，法制部门在接警过程中及时靠上支持，并借助执法现场 4G 回传音视频对处警过程提供法律监督和指导。二是创新建立推行行政案件快速办理机制和轻微刑事案件速裁速办机制。通过拓宽取证方式、明确证据规格、简化办案程序、缩短办案时限等措施，实现办案质量与办案效率双提升，相关经验做法在公安部网站发布。三是创新建立信访法制融合发展工作机制。为推进依法办访，依法治访，不断减少和消除因执法不规范引发的信访问题，制定《日照市公安局信访法制融合发展工作机制实施意见（试行）》，并成立法制专家服务组对信访案件进行集中评查，通过信访、法制信息系统和问题数据融合使用，建立起联合接访、联合评查、纠正补错、责任倒查等工作机制，使信访事项与法制程序合轨运转。

四、精准导训，实战实效，推动执法质量全面提升

通过信息化手段推动执法培训常态化、精准化、切实以民警执法能力的提升不断提高执法质量。一是搭建数字化模拟法庭。通过 VR 、 AR 技术，引进"虚拟法官""虚拟律师"，推行"对抗式"模拟法庭培训，使执法培训实战化对接庭审，增强民警出庭应诉的技巧和能力。二是搭建数字化远程庭审观摩系统。在全市各级公安机关搭建数字化远程庭审观摩系统，与法院部门开通专线专网，通过数字庭审设备和远程音视频传输设备，将刑事审判、行政诉讼现场接入全市各级公安机关案管场所，通过实时组织民警远程观摩，提升民警的执法水平和证据意识、诉讼意识。三是搭建异常数据分析指导系统。通过自主研发的精准执法实战智能应用，整合全体执法民警的执法数据，进行多维度、多因素分析，从而知悉每一个执法个体的执法习惯，分析出问题高发案件、高发环节、高发人员等信息，通过"监督画像"等模块预警，同时将异常数据接入执法考核和执法考试系统，向民警自动推送针对性的整改建议，同时方便办案单位定向开展执法培训。

（ 2018 年 12 月 14 日省公安厅《基层基础建设三年攻坚战工作简报》第 80 期）

砥砺奋进三十年

荣誉篇

　　"法"字凝聚万民意。人民群众对平安的呼唤在哪里，政法工作的重点和方向就在哪里，广大政法干警的牺牲与奉献也在哪里。日照建市30年来，全市政法系统涌现了大批成绩突出、事迹感人、为维护国家长治久安和平安日照建设作出突出贡献的先进集体和先进人物。我市连续3届被中央综治委表彰为全国社会治安综合治理优秀市并获"长安杯"，政法单位也分别荣获全国文明单位、全国优秀法院、全国先进基层检察院、全国优秀公安局、全国先进司法所等荣誉称号。在先进人物中，有的在危难时刻挺身而出，有的一心为民、无私奉献，有的廉洁奉公、坚守底线，有的忠诚履职、拼搏奉献，有的呕心沥血、不怕牺牲，分别被授予全国优秀法官、全国模范检察官、全国优秀人民警察、全国模范司法所长等称号，更多的人受到省委省政府及有关部门表彰。他们用实际行动证明，我市政法队伍是一支听党指挥、服务人民、忠于职守、正气浩荡的队伍，是一支党和人民完全可以信赖、有坚强战斗力的队伍。

　　忠诚可靠，是政法干警的首要品质。党的十八大以来，全市政法机关始终把思想政治建设放在首位，坚定不移地以习近平总书记"对党忠诚、服务人民、执法公正、纪律严明"的总要求武装头脑、指导实践、推动工作，通过开展有关主题教育和评选表彰活动，大力弘扬政法干警的忠诚本色、担当魄力、为民情怀、奉献精神，充分发挥先进典型的示范引领和激励带动作用，营造比学赶超、创先争优的浓厚氛围，使榜样的力量直抵心灵，化作广大政法干警奋进新时代的强大动力。2019年9月27日下午，市委政法委、市中级人民法院、市人民检察院、市公安局、市司法局联合举办"致敬日照政法英模"宣传活动，从近年来受中央和省委、省政府表彰的先进典型人物当中，遴选10名英模人物进行集中宣传推介，进一步营造宣传英模、学习英模、崇尚英模、捍卫英模的舆论氛围和社会环境。这都说明，把宣传政法英模作为政法宣传的重大任务和永恒主题，运用多种方式唱响新时代政法战线的英雄赞歌，是在新时代政法事业创新发展而鼓舞士气、凝聚斗志的需要。把先进典型当作标杆，以修身立德养浩然正气，以廉洁奉公树清正风气，在促进社会公平正义中自觉强固理想信念、砥砺初心使命，就能在追求崇高中收获更有意义、更有价值的精彩人生，不断谱写新时代政法事业新篇章。

第七章　先进集体与先进人物

先进集体

一、国家级荣誉

（一）市委政法委

2009 年、2013 年、2017 年，日照市连续 3 届被中央综治委表彰为"全国社会治安综合治理优秀市"。

2017 年获"长安杯"。

（二）法院系统

2002 年，莒县人民法院城阳人民法庭被最高人民法院表彰为"全国法院系统指导人民调解工作先进集体"。

2007 年，日照市东港区人民法院被最高人民法院、司法部表彰为"全国法院指导人民调解工作先进集体"。

2012 年，日照市中级人民法院立案庭被最高人民法院表彰为"全国法院先进集体"。

2014 年，日照市岚山区人民法院安岚人民法庭被最高人民法院表彰为"全国法院人民法庭工作先进集体"。

2016 年，莒县人民法院城阳人民法庭被最高人民法院表彰为"全国法院先进集体"、五莲县人民法院被最高人民法院表彰为"全国法院党建工作先进集体"。

2017 年，五莲县人民法院被最高人民法院表彰为"全国优秀法院"。

2018 年，莒县人民法院执行局被最高人民法院表彰为"全国法院先进集体"、五莲县人民法院洪凝人民法庭被最高人民法院表彰为"全国法院家事审判工作先进集体"。

（三）检察系统

2006 年，五莲县人民检察院被最高人民检察院记"集体一等功"。

2009 年，莒县人民检察院被最高人民检察院表彰为"全国先进基层检察院"。

2017 年，莒县人民检察院被中国关心下一代工作委员会表彰为"关爱明天、普法先行"——青少年普法教育活动先进单位、岚山区人民检察院被中央文明委评为"全国文明单位"。

（四）公安系统

1991 年，五莲县看守所被公安部记集体一等功。

1995 年，五莲县公安局被公安部表彰为全国优秀公安局。

1998 年，东港分局望海路派出所被公安部表彰为全国创建"人民满意派出所"先进单位、莒县公安局被公安部表彰为全国优秀公安局。

2000 年，莒县公安局巡警大队被公安部表彰为人民满意基层单位。

2003 年，交警支队车管所被公安部表彰为全国优秀公安基层单位。

2004 年，港航公安局铁路场区派出所被公安部表彰为全国优秀公安基层单位、港航公安局交通警察大队被公安部表彰为全国优秀公安基层单位。

2007 年，东港分局大沙洼林场派出所被公安部表彰为全国优秀公安基层单位。

2010 年，特警支队被公安部记集体一等功。

2012 年，东港分局经济犯罪侦查大队被公安部表彰为全国优秀公安基层单位，交警支队岚山大队被公安部表彰为全国公安机关执法示范单位。

2014 年，五莲县公安局被公安部表彰为全国公安机关执法示范单位。

2015 年，日照市公安局被中央精神文明建设指导委员会表彰为全国文明单位。

2016 年，五莲县公安局被公安部表彰为全国公安机关执法示范单位，市公安消防支队岚山区大队被公安部记集体一等功，市公安消防支队被公安部记集体二等功。

2017 年，特警支队特警四大队被公安部表彰为全国优秀公安基层单位，莒县公安局被中央精神文明建设指导委员会表彰为全国文明单位。

2018 年，莒县公安局交警大队车管所被公安部表彰为全国优秀县级车辆管理所。

（五）司法系统

2005 年，莒县桑园乡人民调解委员会、日照市东港区南湖镇人民调解委员会被司法部表彰为"全国模范人民调解委员会"。

2005 年，日照市东港区西湖镇司法所被司法部表彰为"全国先进司法所"。

2006 年，东港区被中宣部、司法部表彰为全国"四五"法制宣传教育先进县（市、区）。

2009 年，日照市司法局被中宣部、司法部、全国普法办表彰为全国"五五"普法中期先进集体、市司法局基层工作科、岚山区司法局被司法部表彰为"人民调解宣传工作先进单位"。

2010 年，东港区日照街道人民调解委员会被司法部表彰为"全国模范人民调解委员会"。

2011 年，东港区被中宣部、司法部表彰为全国"五五"法制宣传教育先进县（市、区）。

2011 年，五莲县司法局街头司法所被司法部表彰为"全国模范司法所"。

2011 年，岚山区司法局被司法部表彰为"全国司法所建设工作先进单位"。

2012 年，日照市法律援助中心被司法部表彰为"全国法律援助工作先进集体"。

2012年，日照市法律援助中心被司法部表彰为第二届全国"十佳法律援助单位"。

2013年，莒县夏庄镇人民调解委员会被司法部表彰为"全国模范人民调委会"。

2013年，日照市法律援助中心被司法部表彰为"全国法律援助便民服务示范窗口"。

2014年，日照市被全国普法办表彰为全国"六五"普法中期先进城市。

2015年，莒县司法局夏庄司法所被司法部表彰为"全国模范司法所"。

2015年，东港区司法局南湖司法所被司法部表彰为"全国先进司法所"。

2016年，日照市被中宣部、司法部、全国普法办公室表彰"全国法治宣传教育先进城市"、日照市司法局被人力资源和社会保障部、司法部联合表彰"全国司法行政系统先进集体"、东港区法律援助中心被司法部表彰为"全国法律援助工作先进集体"、莒县陵阳镇人民调解委员会被司法部表彰为"全国模范人民调解委员会"。

2017年，日照市司法局被人力资源和社会保障部、司法部联合表彰为"全国司法行政系统先进集体"、莒县司法局被中国关工委、司法部、中央综治委联合表彰为全国"关爱明天、普法先行"——青少年普法教育活动先进单位、莒县司法局陵阳镇人民调解委员会被司法部表彰为"全国模范人民调解委员会"。

2018年，东港区司法局河山司法所被司法部表彰为"全国模范司法所"、岚山区司法局中楼司法所被司法部表彰为"全国先进司法所"。

二、省部级荣誉

（一）政法委系统

1992年，市委政法委被省委、省政府表彰为"山东省社会治安综合治理先进单位"。

1996 年-2000 年，东港区连续 5 年被省委、省政府表彰为"山东省社会治安综合治理先进区（模范区）"。

2004 年，五莲县被省委、省政府表彰为"平安山东建设先进县"。

2005 年，莒县被省委、省政府表彰为"平安山东建设先进县"。

2006 年，东港区、岚山区被省委、省政府表彰为"平安山东建设先进区"、五莲县被省委、省政府表彰为"平安山东建设模范县"。

2007 年，东港区、岚山区被省委、省政府表彰为"平安山东建设先进区"。

2008 年，莒县被省委、省政府表彰为"平安山东建设先进县"。

2009 年，东港区被省委、省政府表彰为"平安山东建设先进区"。

2018 年 5 月，东港区委政法委被省委省政府表彰为全国"两会"安保维稳工作先进集体。

2019 年 10 月，东港区、岚山区被省委省政府表彰为全省新中国成立 70 周年安保维稳工作先进区县。

（二）法院系统

2008 年，日照市中级人民法院被省委、省政府表彰为"人民满意政法单位"。

2015 年，莒县人民法院被山东省委政法委、省人社厅、省公务员局表彰为"人民满意政法单位"。

2017 年，日照市中级人民法院刑事审判第一庭被省委、省政府表彰为"全省社会治安综合治理先进单位"。

2019 年，莒县人民法院被省委、省政府表彰为"山东省人民满意的公务员集体"。

2019 年，五莲县人民法院刑事审判庭被省政法委、省人力资源和社会保障厅表彰为"全省人民满意政法单位"。

（三）检察系统

1999 年，莒县人民检察院被省委政法委授予"全省政法系统创人民满意活动先进单位"。

2002年，五莲县人民检察院被省委、省政府表彰为"人民满意政法单位"。

2003年，东港区人民检察院被省委、省政府表彰为"全省严打政治斗争先进集体"。

2005年，五莲县人民检察院被省委政法委、省人事厅表彰为"公正执法先进单位"。

2007年，莒县人民检察院被省委政法委、省人事厅表彰为"公正执法先进单位"。

2017年，日照市人民检察院、日照市人民检察院控申处被省委、省政府表彰为"社会治安综合治理先进单位"。

（四）公安系统

2005年，东港分局被省委省政府表彰为全省人民满意政法单位。

2008年，日照市公安局被省委省政府表彰为全省人民满意政法单位。

2013年，五莲县公安局被省委表彰为全省人民满意的公务员集体。

2014年，莒县公安局被省委省政府表彰为全省人民满意政法单位。

2017年，日照市公安局被省委省政府表彰为全省党的十九大安保维稳工作先进集体、东港分局被省委省政府表彰为全省党的十九大安保维稳工作先进集体、东港分局被省委省政府表彰为全省社会治安综合治理先进单位。

2018年，日照市公安局被省委省政府表彰为全国"两会"安保维稳工作先进集体、莒县公安局被省委省政府表彰为全国"两会"安保维稳工作先进集体、日照市公安局被省委省政府表彰为上合组织青岛峰会山东服务保障工作先进集体。

（五）司法系统

2011年，日照市开发区普法办被省委、省政府表彰为"2006年—2010年全省普法依法治理先进集体"。

先进人物

一、全市政法委系统省部级以上表彰的先进个人

王宗友

时任日照市综治办副主任。2001 年 12 月被省委、省政府表彰为"全省社会治安综合治理先进个人"并记个人一等功。

李洪杰

时任日照市委政法委常务副书记。2007 年 1 月被省委、省政府表彰为"平安山东先进个人"并记个人一等功。

李先民

时任日照市东港区委政法委常务副书记、综治办主任。2011 年 12 月被省委、省政府表彰为"平安山东建设先进个人",记一等功。

王守升

　　莒县县委政法委常务副书记。2017年5月被省委、省政府表彰为"平安山东建设先进个人",记一等功。

黄金华

　　时任日照市委常委、政法委书记。2010年被省委、省政府表彰为"平安山东建设先进个人",记一等功。

二、全市法院系统省部级以上表彰的先进个人

韩玉国

　　时任日照市中级人民法院副处级审判员。2001年被最高人民法院表彰为"全国信访先进个人"并记个人一等功。

王海宏

　　时任日照市东港区人民法院三庄人民法庭庭长。2016年被最高人民法院追授"全国优秀法官",入选"2016年度人民法院十大亮点人物"。

范学青

　　日照市岚山区人民法院党组成员、执行局局长。2010年被最高人民法院评选为"全国法院办案标兵"，2012被最高人民法院表彰为"全国优秀法官"，2014年被省委、省政府授予"全省人民满意的公务员"称号。

杨培然

　　时任莒县人民法院党组书记、院长。2008年被省委政法委、省人事厅记个人二等功。

席　刚

　　莒县人民法院党组书记、院长。2003年被省委、省政府表彰为"全省严打政治斗争先进个人"并记个人一等功；2017年被最高人民法院表彰为"全国法院先进个人"。

冯爱伦

　　时任五莲县人民法院党组成员、副院长。2005年被最高人民法院表彰为"全国人民法庭优秀法官"并记个人二等功。

刘春明

　　日照经济技术开发区人民法院审判委员会委员、二级法官。2013 年被最高人民法院表彰为"全国法院先进个人"，2015 年被最高人民法院评为"全国法院办案标兵"。

三、全市检察系统省部级以上表彰的先进个人

韩　敏

　　日照市人民检察院党组书记、检察长。1996 年被公安部表彰为"全国优秀人民警察"；2006 年被最高人民检察院授予"全国模范检察官"称号。

薛俊太

　　时任莒县人民检察院党组副书记、副检察长兼莒县县委打击严重经济犯罪办公室主任、正科级检察员。1991 年被最高人民检察院授予"为检察事业做出贡献"荣誉称号并获荣誉证书和勋章。

费立茂

　　时任日照市东港区人民检察院正科级检察员。1991 年被最高人民检察院通报表扬为"优秀刑检干部"。

董书堂

时任日照市人民检察院党组书记、检察长。1992年被最高人民检察院授予"先进工作者"荣誉称号。

魏绪珊

时任日照市人民检察院党组成员、副检察长。1994年被最高人民检察院记个人一等功。

刘贤洪

日照市岚山区人民检察院党组副书记、副检察长。1997年被最高人民检察院记个人一等功。

秦泗顺

时任五莲县人民检察院党组书记、检察长。2002年被最高人民检察院记个人一等功。

陈为永

日照市人民检察院检察委员会专职委员。2010 年被最高人民检察院记个人一等功。

邵明强

莒县人民检察院党组成员、派驻经济开发区检察室主任。2000 年被最高人民检察院授予"全国人民满意检察干警"称号；2011 年被最高人民检察院表彰为"全国模范检察官"。

武海英

日照市人民检察院控告申诉检察处处长。2014 年，被最高人民检察院记个人一等功。

高月清

日照经济技术开发区人民检察院党组书记、检察长。2018 年被最高人民检察院记个人一等功。

四、全市公安系统省部级以上表彰的先进个人

张培林

　　日照市副市长，市公安局党委书记、局长。2018年被省委省政府表彰为"新时代　新担当　新作为"先进典型。

孙金友

　　五莲县看守所教导员，二级警督警衔。2012年被公安部授予"全国公安系统二级英模"荣誉称号、"全国优秀人民警察"。

张仲武

　　生前任日照市公安局党委委员、交警支队党委书记、支队长，三级警监警衔。2019年被公安部追授"全国公安系统二级英雄模范"荣誉称号。

高竹兴

　　退休前任五莲县公安局山阳派出所指导员。1994年被公安部授予"全国优秀人民警察"荣誉称号。

杨西军

莒县公安局党委委员、正科级侦察员，一级警督警衔。1995年，被公安部表彰为"全国优秀人民警察"。

郭同华

退休前任日照市公安局党委委员、副局长，三级警监。1996年被公安部授予"全国优秀人民警察"荣誉称号。

田连增

生前任日照市公安局东港分局刑警大队教导员，二级警督。2006年被公安部记个人一等功，1997年被公安部授予"全国优秀人民警察"荣誉称号。

葛长松

退休前任日照经济技术开发区分局主任科员。1998年被公安部授予"全国优秀人民警察"荣誉称号。

李 伟

日照市公安局东港分局昭阳路派出所科员。1999年，被公安部授予"全国优秀人民警察"荣誉称号。

刘 军

日照市公安局党委委员、副局长、东港分局党委书记、局长，一级警督。2000年3月被公安部授予"全国优秀人民警察"荣誉称号。

张连太

退休前任莒县公安局副局长、政委。2000年被公安部授予"全国优秀人民警察"荣誉称号。

杨乐清

日照市公安局党委委员、交警支队党委书记、支队长。2003年6月被公安部授予"全国优秀人民警察"荣誉称号；2017年11月被省委、省政府表彰为"全省十九大安保维稳工作先进个人"，并记一等功；2018年4月被省委、省政府表彰为"山东省先进工作者"。

顾世栋

　　退休前任日照市公安局食药环侦支队支队长。2005年被公安部授予"全国优秀人民警察"荣誉称号。

郑培宏

　　退休前任日照市林业局调研员兼大沙洼林场场长。2007年被授予"全国优秀人民警察"荣誉称号。

董加岭

　　日照市公安局交通警察支队岚山大队教导员。2009年5月被省公安厅荣记个人二等功，2012年4月被授予"全国优秀人民警察"荣誉称号。

张　斌

　　日照市港航公安局党委委员、副局长。2012年被公安部授予"全国优秀人民警察"荣誉称号。

韩　伟

　　日照市公安局东港分局望海路派出所所长，二级警督警衔。2017 年被公安部授予"全国优秀人民警察"荣誉称号。

丁淑滨

　　日照市公安局交警支队岚山大队大队长，一级警督警衔。2017 年被公安部授予"全国优秀人民警察"荣誉称号，记一等功。

刘银贤

　　退休前任日照市公安局正处级侦察员，一级警督。1995 年被山东省委、省政府记一等功。

张永善

　　退休前曾任五莲县公安局局长。1996 年被山东省政府记个人一等功。

赵修品

退休前任日照市公安局正处级侦察员，三级警监。2001年被省委、省政府记一等功，2006年被国务院某机构记一等功。

陈维宽

退休前任日照市公安局岚山分局岚山头派出所所长，一级警督警衔。2004年被省委、省政府授予"执法为民先进个人"荣誉称号，并记一等功。

谷 伟

莒县公安局党委委员、正科级侦察员，一级警督警衔。2005年被省委、省政府表彰为"山东省模范公务员"，并记个人一等功。

刘召海

日照市公安局信访处处长。2006年被公安部记个人一等功。

王善良

　　退休前任山东省公安边防总队党委常委、政治部主任（副师职）。2007年，被省委、省政府表彰为"山东省拥政爱民先进个人"，并记一等功。

盛聚堂

　　退休前任日照市公安局党委副书记、政委，三级警监。2009年被山东省委、省政府表彰为"第十一届全国运动会筹办工作先进个人"并记一等功。

兰海涛

　　日照市公安局特警支队政委。2018年因参与专项行动表现突出，被省委、省政府记一等功。

五、全市司法系统省部级以上表彰的先进个人

庄乾山

　　时任莒县夏庄镇司法所所长。2005年被司法部表彰为"全国模范司法所长"。

王　智

　　时任日照市司法局局长。2011 年被人力资源和社会保障部、司法部表彰为"全国司法行政系统先进工作者"。

迟明生

　　时任日照市东港区司法局日照街道司法所所长。2011 年被司法部表彰为"全国模范司法所长"。

陈志华

　　时任莒县司法局招贤司法所所长。2015 年被司法部表彰为"全国模范司法所长"。

郑世英

　　时任东港区司法局秦楼司法所所长。2015 年被司法部表彰为"全国模范司法所长"。

单艳艳

东港区司法局河山司法所所长。2018 年被司法部表彰为"全国模范司法所长"。

刘平刚

时任山东阳尔律师事务所主任。2017 年被省委、省政府表彰为"山东省劳动模范"。

陈维芹

莒县法律援助中心主任。2017 年被省委、省政府表彰为"山东省先进工作者"。

第八章　先进典型事迹介绍

孙金友：默默无闻写忠诚

　　孙金友，男，1964年5月生，大学文化，中共党员，现任五莲县公安局监管大队政治教导员，二级警督警衔。从警二十二年来，他立足本职，不畏艰险，与巡逻队员们日夜战斗在巡逻防控最前沿，先后被县委、县政府记个人三等功2次，被市政府记个人二等功1次，被省公安厅授予全省110

报警服务工作先进个人、全省公安机关优秀军队转业干部等荣誉称号，被省委宣传部表彰为"山东省城市魅力形象大使"，被公安部表彰为"全国公安系统二级英模""全国优秀人民警察"，2019 年被评为全国模范退役军人。

孙金友各项工作都是冲在前头，2000 年以来在执行任务中英勇负伤三次。从警以来，他通过巡逻抓获各类违法犯罪嫌疑人 164 人，缴获赃款赃物折合价值 160 余万元。2010 年 4 月，他所在的巡警大队被省总工会命名为全市党政机关和公安系统中唯一的"山东省工人先锋号"。2000 年 4 月 28 日，5 名不法分子盗窃各类武器 19 支、子弹 8500 发后潜逃。时任巡警大队副大队长的孙金友主动请缨，带领民警当晚冒雨赶到 206 国道汪湖堵截点执行任务。在检查过往车辆的过程中，他不幸被一辆违章行驶的货车碾于车底并被拖出 10 多米远，受伤入院治疗未完全康复就回到单位工作。时年被五莲县委、县政府记个人三等功。2010 年 4 月 28 日 12 时许，孙金友带领民警在五莲县城巡逻时，发现鲁 G3R***牌照的黑色轿车上 3 人形迹可疑，遂要求其停车接受检查。该车拒不停车向北逃窜，逃至诸城市泰盛公司东丁字路口，因车胎损坏被迫停车，3 名犯罪嫌疑人持枪抢劫路边一辆别克商务车，民警赶到进行抓捕，犯罪嫌疑人王某某开枪击中孙金友左眼，孙金友忍痛持防暴枪还击，击伤犯罪嫌疑人刘某某，并与其他民警一起将犯罪嫌疑人王某某和姜某某抓获。公安部发来贺电，省、市领导先后做出批示高度褒扬。

他父亲瘫痪在床、妻子无工作且患病手术一直身体不好，家中仅靠他的工资生活，但无论有什么困难，他都默默地承受，工作绝不受一点影响。在亲情、金钱和法律面前，他选择的始终是法律与群众，表现了一名共产党员一身正气敢碰硬，两袖清风不染尘的高风亮节。用他的话说，那就是：做人，就要无愧于心，我对得起自己的工作，我永不言悔。

卢君峰：用真情淬炼平安之盾

卢君峰，男，38 岁，大学学历，中共党员，2005 年参加公安工作，2008 年 9 月加入中国共产党，现任东港分局陈疃派出所所长，先后被表彰为日照市公安工作先进个人、全省公安机关追逃能手、全省公安机关计划生育先进个人、东港区委十九大安保维稳先进个人，全区"防风险、化积案、保稳定"工作先进个人、日照市优秀共产党员。荣立三等功 2 次，嘉奖 3 次。

他致力于精准建设治安防控网络，打造人力加科技的立体化治安防控网，牵头组建全市第一家实现全镇视频监控组网平台，将各村、单位的视频监控接入到派出所合成作战大厅，足不出户可以 24 小时对全镇村居进行视频巡逻。陈疃派出所在全区第一个购置警用无人机，提高了对山区、林区、库区和蓝莓园区的安全防范、消防管控、禁毒铲毒等工作的能力。带领派出所民警自主研发了可视化一键报警，在中小学、幼儿园、主要景点等重点场

所安装前端报警装置，可以和 110 值班室互视互联，精准定位，反向监视等功能，实现了精准出警和快速反映能力的提升。自主研发陈疃派出所可视化出警系统，通过安装 APP，实现了即时指挥、即时回传、同步存储，对重大警情和案事件，指挥中心和 110 接处警民警同步分析研判，提升了 110 治安巡逻和接处警的处置能力，节省大量开支。

卢君峰积极向分局党委汇报，协调陈疃镇司法调解专职人员进驻派出所联调中心，打造了公安派出所与司法所对接的"警司联调"工作机制。作为陈疃镇矛盾纠纷处置的唯一进出口，全镇所有矛盾纠纷、初信初访、信访积案统一由联调中心收纳处置和化解，对无法化解的保障导入法律程序。2019 年初，陈疃派出所创新在全镇村居、景区和重点场所合理位置安装自主研发的"可视化一键报警箱"。村民报警或求助时，按动报警按钮，便可直接与派出所民警面对面对话，实现精准定位和快速反应。还建立以户籍民警王金朋为中心，社区民警覆盖 6 个总支，警务助理覆盖 38 个村的"小王热线"，需要到派出所办理业务的群众只需要摁下按钮说明需要，社区民警、警务助理便可以代捎代办服务到门，让群众零跑腿。民警们谈起自己的卢所长，言语中总是充满着佩服和敬意。但卢君峰却憨厚地说："我做的都是一名警察该干的，不能辜负辖区群众的期盼。"

赵连杰：刑侦战线上的"拼命三郎"

赵连杰，男，1984 年 12 月出生，2005 年 8 月参加公安工作，2009年加入中国共产党，先后在岚山分局岚山头派出所、刑侦大队、市公安局扫黑除恶专业队工作，多次被评为严打先进个人等荣誉称号，荣立个人三等功2 次，集体二等功 1 次，2018 年 4 月被山东省公安厅聘为全省扫黑除恶专家组成员，2018 年获日照市最美警察提名奖。

从警 13 年以来，赵连杰一直战斗在刑警工作第一线上，他直接抓获各类犯罪嫌疑人 150 余名，在担任刑警中队长和副大队长期间收到群众送来感谢锦旗 50 余面。主办多起命案、系列重大侵财案件，在破获岚山区

"8·23"杀人焚尸案、2016年岚山区系列盗窃保险柜案等重大案件中发挥了关键作用。2012年，他参与并主办岚山区代某黑社会组织案件，成功摧毁以代某为首的涉黑组织，省公安厅专门发来贺电。在市扫黑除恶专业队工作以来，先后参与东港区某黑社会性质组织、莒县黑社会性质组织等案件侦办。2018年2月至7月侦办东港区某案件期间，赵连杰同志在审讯室和办案点度过了80多个夜晚。为了完善证据链条，他几乎跑遍了市区所有的农贸市场和猪肉销售网点，蹲在市场边、肉摊前完成笔录。2018年7月，他进驻莒县某涉黑案件专案组，为侦查取证有时一天走访60余户，经过3个月艰苦奋战，共取证100余份，抓获团伙成员11人，带破案件70余起。

热血激荡梦想，青春谱写华章。他在日记本扉页上写下"身在公门，正好修德；力行善事，不改本色"。在分局工作期间多次救助困难、受伤群众，及时为受害群众破案追赃，甚至拿出自己的钱帮助困难群众，赢得群众的信任和支持。赵连杰说："既然选择了做警察这个职业，就选择了忠诚无悔。"

邓秀芝：用公证诠释公正

邓秀芝自从事公证工作以来，勇于创新服务理念和服务模式，努力增加公证服务的法律含金量，使所从事的公证工作在服务经济社会发展大局、服务全面建成小康社会、服务和谐社会建设中体现价值，实现突破。

她作为市公证协会会长、省公证协会业务指导委员会委员，始终把加强思想作风建设和职业道德建设作为修身之本，勤奋学习法律知识以及房地产、金融、税务等方面的相关知识，积极指导、参与解决全市乃至全省公证工作中出现的疑难问题，成为处理疑难复杂事项的公证专家。她办理的公证事项达数万件，出具法律意见书几十份，为当事人避免和挽回经济损失几十亿元，办证数量、质量等各项业务指标均位居本市前列，办证合格率达百分之百，在省市组织的历次公证质量检查中总是名列前茅。

她不断探索公证工作的新领域、新方式，先后以金融、房地产交易、企业改制、政府采购、新旧动能转换等业务为突破口，积极联系国土、金融、建委、法院等相关部门，在全市率先办理了赋予借款合同强制执行效力公证及政府采购招投标等公证事项，并在财产分割，股权转让，对外留学和交流等多个领域的业务取得了显著效果。她先后为港口建设、日照水运基地、山钢日照精品钢基地建设、日照机场、林水会战等大项目提供公证法律服务，办理重点项目公证事项达上千件。同时，积极为招投标项目提供公证服务，仅近几年来就办理政府采购现场监督公证事项 400 余件。还先后参与旧城改造、拆迁、分房公证活动达 30 多次。她始终以实际行动践行着全心全意为人民服务的宗旨，对行动不便的当事人，主动上门服务；工作日无法前来办证的当事人，就利用休息日为他们办理业务，被评为日照市维护妇女儿童权益先进个人、山东省维护妇女权益先进个人。

她积极参加公证业务探讨与研究，多次参与制订与修改全省各类公证业务规范与指南。多年来她撰写的《刍议对监护人代签的遗赠扶养协议办理公证的问题》《以人为本，创新模式，努力实现公证价值》等近二十篇理论调研文章在省内公证理论研讨中获奖并发表。作为省公证协会讲师团成员，她多次在省内各市地讲授公证业务知识与实务，深受银行系统、学校及省内外同行好评。

范学青：手握法槌　心装天平

　　范学青，男，2006年进入岚山区人民法院，现任山东省日照市岚山区人民法院党组成员、安岚法庭庭长，并分管执行工作，先后获得全国政法系统优秀党员干警、全国优秀法官、全国法院办案标兵、全省法院办案能手、山东省法治人物、山东省维护妇女权益先进个人、全市法院十佳办案能手、全市法院民事审判工作先进个人等荣誉称号，被省高院记个人二等功。他所在的安岚法庭被记集体一等功1次、二等功3次，并被授予市级青年文明号。

　　范学青总结创新，用心办案，总结出了"三色卡片"工作模式，以将案

件分类处理的方式，大大提高了工作效率，结案数量连续多年居全市两级法院第一，几年来所承办的案件无一发回重审或改判。他用心领会"调解优先、调判结合"的司法理念，总结出了热心、诚心、细心、耐心、公心"五心调解法"，并将使用心得结合案例编印成册予以推广，连续多年案件调撤率保持在 70% 以上。10 多年来记下 25 本、近 60 万字的"办案手记"。他所承办的千余起案件中，从未有一起因疏忽或者延误，而被当事人反映过、投诉过。2009 年，他承办高某诉刘某离婚纠纷一案，在调解离婚后，了解到高某将不满两周岁的女儿藏起来，胁迫刘某按照他的要求达到离婚的目的，他通过对工作手记的记录、疏理，主动介入，利用全国法院被执行人信息查询系统查询出高某在外地法院有近 60 万元的执行款，他指导高某就财产问题提起诉讼，并最终促使高某给付刘某 20 万元。刘某激动地对他说："原打算把孩子托付给父母，我就不活了，多亏你救了我……"

他创新社会管理，在安岚法庭搭建了法律适用、邀请调解、司法建议"三大服务平台"，助力山东钢铁精品基地等项目建设。山东钢铁集团以会议纪要的形式推广他依法化解拆迁安置纠纷的经典案例。山东电视台、齐鲁网均对法庭助力地方经济建设的事迹进行报道。在范学青的带领下，安岚法庭开展了"法槌敲响、法规透亮、法官多样、心情舒畅"的"三法一情"党支部活动，每个人都在微型党课中获得启迪，进而提升审判质量。他始终恪守清正廉洁的底线，几年来承办的几千起案件，从未有一起因违规、违纪而被反映、投诉过，并在省高级人民法院举办的全省法院办案能手报告会上作经验介绍发言，多次在日照市政法委、市中级人民法院、岚山区政法委组织的先进事迹报告会上作典型事迹报告。2014 年 5 月在国家法官学院参加由中组部和最高法院联合举办的全国法院基层党支部书记示范培训班，并作经验介绍发言，赢得领导和同志们的一致好评。

姜怀洋：用信仰书写检察人生

"办案过程中时刻告诫自己手中的权力是人民给的，必须以人民的利益为重"说这话的是日照市人民检察院未检处处长姜怀洋。从检17年，他一直秉持这样的办案理念，多次被评为先进工作者、荣记三等功，荣获日照市五一劳动奖章、山东省优秀检察官等荣誉称号。

2002年，姜怀洋进入日照市人民检察院工作。他积极认真，勇于创新，从书记员、助理检察员、检察员，到现在担任日照市人民检察院未检处处长，从未停止过奋斗的足迹，始终处于打击犯罪的最前线。自2002年以来共办理各类疑难、复杂案件300余件，涉案人员近400人，所办案件法院判决率保持100%。这期间他办理了多起有影响、有震动的大案要案，攻坚克难，打击犯

罪。2008年接到通知去东营办理陈某某案件时,他的孩子刚满月,但他没有迟疑,第二天就奔赴东营,一去就是三个多月。2017年初,他参加日照港系列贪腐案件的办理工作,经常深夜加班审查证据,同步提前介入杜某某等大要案件10余件,共审查证据材料上万份,提出补证意见上千条,并成功指导46件涉港务局案件的审查起诉工作,帮助挽回损失近亿元。2009年~2010年办理日照市检验检疫局原局长李某某特大贪污、挪用公款案件,他对涉案三十几个公司和个人近百余个账户中的数万笔资金进行认真梳理,向案件的会计鉴定人员提出了数百条建议,取得了良好的办案效果。还有一起看似一起普通的二审案件,姜怀洋详细看完卷宗后,发现是一起长达十几年的因为邻里纠纷而引起的故意伤害上访案件。在领导的支持下,他主动到被告人、被害人家里了解情况,化解矛盾。在被告人家中做讯问笔录的时候,遭到其亲属的谩骂和侮辱,连他们携带的打印机都被摔坏了,姜怀洋和同事仍然针对案情释法说理,最终消除了被告人对办案机关的怨气,成功化解了一起久访、缠访的案件。

姜怀洋在从事未检工作过程中,力求务实、创新,为未成年人提供专业的司法保护。这期间,日照市青少年法治教育基地成为山东省首批省院挂牌的基地,2018年被评为全国检察机关创新实践基地,真正解决青少年法治教育路上的"最后一公里"。2017年~2018年,在连续两年的全省加强未成年人司法保护工作评比中,有2项工作入选"十佳事例"、2起案件入选"十佳案例"。市检察院未检处被表彰为山东省"青少年维权岗"。2019年以来,姜怀洋还带领干警探索建立社会化帮教观护机制,号召青年干警成立"爱心护未"法律志愿服务队,积极开展"法治进校园"全市巡讲和六一全市法治集中宣传活动,印制并发放《"未"你倾心·爱心护未法治宣传手册》8000余份。

17年的从检经历,姜怀洋坚持做到四个从来没有:从来没有和案件当事人吃过一次饭,从来没有和案件当事人的律师吃过一次饭,从来没有收受过案件当事人的任何财物,从来没有因为说情而违法办案。本着一份对正义的信仰与追求,姜怀洋深刻认识到,时刻把责任刻在心里,扛在肩上,勇于担当亮剑者,才能真正实现公平正义。

刘春明：恪守职责护民生

刘春明，男，1982年3月出生，中共党员，大学学历，2004年7月参加工作，现任山东省日照经济技术开发区法院审判委员会委员、民一庭庭长，先后获得"全国法院办案标兵""全国法院先进个人""全省法院优秀法官""全省法院办案能手""日照市人民满意的公务员""日照经济技术开发区劳动模范"等荣誉称号，并荣立个人三等功1次，多次在全市法院作典型经验介绍，《人民法院报》、《山东法制报》、山东省电视台等多家媒体对其事迹进行了报道。

刘春明始终做到爱岗敬业，勤奋工作，自2006年独立办案以来，年均

结案 300 余件，连续多年居全市法官结案数前列。其中 2011 年结案 511
件，最忙的时候一天开 6 次庭。这些年他所办结的案件，没有一起错案，
群众满意度 100%。他办理案件的调撤率一直保持在 70% 以上。在市中院
组织的精品案件及优秀裁判文书评选活动中，连续多年多个案件被评为精品
案件，多篇法律文书被评为一等奖，多篇学术论文获省市级一、二等次
奖励。

2012 年 10 月，荣某某的老母亲早上晨练，被一辆接新娘的汽车撞伤，
送进医院后不治身亡。荣某某将司机告上了法庭。荣某某说："案子起诉到
法院后，担心法官能不能公正处理，就托人找到刘法官让他照顾照顾，刘法
官拒绝了。开庭时，刘法官既讲法律，又论情理，双方当场达成协议，第三
天对方就把钱赔给了我们，这样的法官我们信任。"多年来，刘春明始终恪
守法官职业道德，坚决不办"关系案、金钱案、人情案"，无一次被当事人
投诉。

刘春明在担任道交庭庭长期间，针对道路交通事故案件数量多、调解率
底、办案周期长的实际，建立了行政调解、人民调解、司法调解联动协作的
"道路交通事故纠纷联调速裁"机制，每年在诉前调处纠纷 400 余件，为
当事人节省诉讼费用 30 余万元，道交案件成诉率降低了 27%。市、区领导
对该做法多次做出重要批示，国家、省、市媒体进行了报道，2014 年被上
级法院评为"法院工作创新奖"。担任奎山法庭庭长期间，针对基层社会矛
盾纷繁复杂、人民群众司法需求多元的实际，从人员配置、工作模式、工作
机制等方面创新人民法庭运行模式，通过履行司法调解、指导人民调解、综
合治理、法治宣传、司法确认和联络人民陪审员六大职能，为人民群众提供
方便快捷、灵活多样的纠纷化解方式。法庭每年诉前调解纠纷 100 余件，
指导民调组织调解纠纷 70 余件，诉讼调解 200 余件，司法确认 50 余件，
法庭所办案件无一上诉改判发回，并与院文化建设办公室高标准规划设计法
庭文化，使该庭文化建设跨入全市法庭先进行列。

刘新华：

忠诚诠释检察官初心

刘新华，男，1974年3月出生，日照市岚山区人，中共党员，现任岚山区检察院民事行政检察科科长。他以实际行动诠释了一名人民检察官的思想境界和不懈追求，承办案件先后获评"全国行政检察十佳精品案件""全国民行检察优秀案件""全省十佳民事行政检察案件精品示范案件""全省检察机关民事行政检察'十佳'创新案件"，得到全国人大常委会副委员长、时任最高人民检察院检察长曹建明，省委常委、政法委书记林峰海，省检察院党组书记、检察长陈勇和市委书记齐家滨同志的批示肯定，入选"全省民事行政检察人才库"，先后荣获"齐鲁最美检察官""富民兴鲁劳动奖章""全国精品案件承办人""全国优秀案件承办人""全省优秀办案人""全省公益诉讼试点工作先进个人""全市十大敬业标兵""山东好人""全市检察机关第一批拔尖人才""全市人民满意政法干警""全市道德模范提名奖"等荣誉称号。

他一直战斗在工作一线，出色地完成每一项工作。担任科长以来，岚山区检察院民行科连续六年被最高人民检察院确定为"全国民事行政检察工作联系点"。他率先在全国检察系统探索创新督促纠正行政不作为、乱作为和向前一

步解决问题等做法，起到了示范标杆作用。在办理部分乡镇村民参保的独生子女"两全"保险费未得到有关单位及时退付案件时，他依法向计生、保险部门发出履行保险合同的检察建议，并牵头成立工作组，历时 3 个多月逐户逐项整理参保家庭的档案资料，帮助 10225 户投保家庭兑付"两全"保险本金及收益 460 余万元，使这起拖延近 10 年的信访积案得以圆满解决。中央处理信访突出问题及群体性事件联席会议办公室以简报形式呈报中央领导，中央组织部专题调研该案做法。

他秉承"向前一步解决问题"工作理念，主动担当作为，创造并形成了许多可复制、可推广的"岚山检察"样本。积极探索行政检察监督的方式和路径，参与对行政不作为、乱作为的治理，有关创新作为被最高人民检察院誉为"岚山模式"并在全国检察系统推广。创新实施公益诉讼"三公开"模式，有关做法被山东省标准化主管部门批准确定为" 2018 山东标准"试点项目。与区监察委联合出台全国首个《关于在履行行政公益诉讼职能促进依法行政中加强协作配合的若干意见》，制定全省首个英烈保护公益诉讼工作机制，成功办理新修改行诉法实施后全国首例获判决行政公益诉讼案、全省首起英烈保护行政公益诉讼诉前程序案，有关办案经验在全省、全国检察机关推广。他以工匠精神锻造一个又一个"精品案件"，先后被省委常委、政法委书记林峰海，省院检察长陈勇等领导作出批示 62 次。他承办的巨峰镇一千余亩被破坏耕地复垦案获评"全国首届民行检察优秀案件""最高人民检察院民行检察工作 30 周年经典案例"，时任最高人民检察院检察长曹建明作出重要批示给予充分肯定。绣针河流域盗采河砂行政检察监督案被评为"全国行政检察十大精品案件"，成为我省唯一入选案例。督促查处 25 家钢渣磁选厂环境污染案，督促区住建和城乡规划建设局处置裸露垃圾 19200方、补植黑松 13000 余株案，督促查处关停 37 家非法沙石场等多起典型案件入选全省检察机关新闻发布会。

刘治峰：用生命书写忠诚

　　刘治峰，男，1974年10月出生，中共党员，2004年参加公安工作，现任莒县公安局峤山派出所负责人。从警15年，他始终奋战在公安基层一线，无论在环境艰苦的边远派出所，还是在直面犯罪的刑侦战线，始终忠实履行人民警察的神圣职责，恪尽职守、冲锋在前。2015年荣获"全省优秀人民警察"称号，被省公安厅评为"全省公安机关三大活动安保工作先进个人"；2017年被授予"日照市五一劳动奖章"，被省委宣传部、省公安厅授予2017年"齐鲁最美警察提名奖"。

　　2004年，刘治峰在库山派出所担任片警，辖区的老百姓都亲切的叫他"大个刘"，说有事找"大个刘"准没错。2005年冬天，库山辖区盗窃农户山羊的案件频发。刘治峰不顾风雪严寒，挨家挨户走访调查，一遍遍地到现场寻找线索，在一次走访中得知辖区内刘某某没有正当工作，经常白天在家睡觉。刘治峰立即带人在附近蹲守，连续坚守7个晚上，一举将该团伙5

名犯罪嫌疑人一网打尽。

2008 年初，刘治峰调到刑警大队工作，迅速进入角色，成为能独当一面的"行家里手"。2009 年秋，刘官庄镇发生一起恶性抢劫杀人案件，由于线索不足，案件侦破一时陷入僵局。刘治峰通过认真梳理分析，向专案组领导提出扩大调查范围的建议。他起早贪黑跨地区到沂南县摸排 12 个村庄，在最短的时间内连续排查上万人，最终锁定莒县籍犯罪嫌疑人许某某和沂南籍犯罪嫌疑人张某，带领抓捕小组连夜将正要逃往广州的 3 名犯罪嫌疑人抓获，最终 23 名嫌犯全部落网。刘治峰从警以来参与办理治安案件 210 余起、刑事案件 520 余起，处置群体性事件 13 起，查处交通违法行为 1300 余起，受到各级领导和群众的一致好评。

2017 年 2 月 20 日，担任交警的刘治峰在查纠交通违法行为时，面对强行闯卡的危险车辆，为保护同事和群众挺身而出，被轿车撞得右胫骨下段粉碎性骨折，左膝关节 3 条韧带断裂，前额划伤深度触及额骨，双层缝合四十余针，落下八级伤残。在双腿刚能行走，便提出回到公安一线岗位的申请，坚定地走上新的工作岗位。

"对治峰来讲，工作就是他的全部。"这是战友们对刘治峰由衷的评价。从片警、刑警、特警、交警这一路走来，刘治峰牢记使命，诠释了"对党忠诚、服务人民、执法公正、纪律严明" 16 字的内涵，为坚不可摧的金色盾牌增光添彩。

陈维芹：情系法援　大爱无疆

　　陈维芹，女，中共党员，1968年9月出生，岚山区中楼镇人，大学本科学历，一级律师，1985年7月参加工作，现任莒县法律援助中心主任，从事法律援助工作近20年来，先后荣获全国新时代最美法律服务人、山东省先进工作者、山东省法治人物、全省司法行政系统2015年度人物、全省十佳法律援助工作者、全省维护妇女儿童权益先进个人、齐鲁巾帼十杰提名奖等近40项市级以上荣誉，并被省司法厅荣记一等功、二等功各1次，被推选为日照市第十二届党代表、山东省第十三届妇代会代表、山东省第十二届、十三届人大代表、全国第十届侨代会代表、全国侨联委员。

　　2011 年担任莒县法律援助中心主任后，她经过多方努力，在 28 处县直部门单位设立法律援助工作站，依托 20 处乡镇（街道）司法所设立法律援助工作站，在全县所有的律师事务所、法律服务所设立法律援助案件受理点，在全县所有社区（村居）、学校设立法律援助工作室及联络站，在每个自然村配备至少 1 名法律援助联络员，形成了覆盖县、乡镇（街道）、社区、村的四级法律援助网络体系。为保证全县法律援助工作持续健康发展，近年先后牵头制定《关于进一步完善法律援助制度的实施意见》《莒县法律援助案件质量评估办法》《莒县刑事法律援助工作联席会议制度》等规章制度，在全省率先制定"一案一评"的法律援助案件质量评估制度，在全省法律援助案卷质量评查中莒县多个案卷获得全省第一名，2018 年莒县代表日照市参加全省案件质量评估时获得全省第一名。

　　按照"大法援"和"有困难，找法援"特色服务品牌的要求，陈维芹加强与妇联、工会、老龄委等部门互联互通、信息共享，加强法律援助工作与人民调解、信访工作、法院的联动，建立"援调对接""援访对接""援裁对接""援诉对接"的工作机制，分别在法院、看守所等处设有律师值班室，在全社会逐步建立了党委政府主导协调、司法行政机关具体负责、各有关部门协作配合、多种力量共同参与的法律援助实施体系。她的多篇论文先后在《民主与法制》《山东审判》等期刊发表。在她积极倡导和组织领导下，莒县多项经验在山东省内被推广，莒县的法律援助工作一直走在全省前列。

　　作为全省法律援助系统唯一一名省人大代表，陈维芹先后就如何做好法律援助工作等问题提出《关于进一步加强我省法律援助工作的建议》《关于加强司法救助与法律援助对接的建议》等 20 余条建议，得到有效落实。她深入各乡镇、社区、学校举办法律讲座，普及法律知识，受教人员 10 余万人。2014 年 3 月 5 日，全国"两会"期间，莒县 414 名职工因公司逃避支付经济补偿金而与公司产生争议，职工集体上访。陈维芹立即着手开展法律援助工作，经过 15 天艰辛努力，最终让该公司与 414 名职工签订协议，支付了职工 240 余万元的经济补偿金。2010 年刘某患上严重的肾病综合症，其丈夫觉得她成了累赘，一纸诉状起诉离婚，苦求无门的刘某找到了法律援助中心。最终在陈维芹一次次的努力下，法院判决刘某的丈夫给予刘某 5 万元的经济帮助，并将其婚前个人房屋给刘某永久居住。事后，陈维芹又为其争取到了社会低保金。为方便残疾人职工，陈维芹在莒县福利服装厂设立法律援助工作站，为残疾人职工上门提供法律援助服务。莒县福利服装厂也被评选为"山东省助残先进集体"。

陈维芹无私奉献，做弱势群体的守护者，为贫弱群体撑起一片公平正义的天空。2016 年 3 月 10 日下午，莒县法律援助中心来了一位八十多岁的刘某。老人共有 4 个子女，老伴跌倒受伤，去大儿子家要钱治病，大儿子不但不给，还将老人殴打出家门。陈维芹当即联系刘某所在乡镇的司法所及法庭的负责人，当天下午赶赴老人所在的村进行诉前调解。在陈维芹的劝说下，老人 4 个孩子每人先支付医疗费用 1500 元，后期支出再根据情况平摊。就这样，一起可能激化的家庭矛盾，在陈维芹的努力下得以化解，解决了老人的燃眉之急。

多年来，莒县法律援助中心在陈维芹的带领下，充分发挥法律援助职能，维护社会公平正义，被授予全国巾帼文明岗、全国工会职工法律援助维权服务示范单位、省级文明法律援助中心、省司法行政系统政风警风行风示范窗口等荣誉称号。陈维芹时刻将这些荣誉与奖励作为鞭策自己奋进的动力，努力让法律援助这一民生工程、阳光工程惠及更多的困难群众。